言語の科学6　生成文法

編集委員
大津由紀雄
郡司隆男
田窪行則
長尾　真
橋田浩一
益岡隆志
松本裕治

生成文法

言語の科学

6

田窪行則
稲田俊明
中島平三
外池滋生
福井直樹

岩波書店

執筆者
学習の手引き　田窪行則
第1章　　　　稲田俊明
第2章　　　　中島平三
第3章　　　　外池滋生
第4章　　　　福井直樹

〈言語の科学〉へのいざない

　私たちが日常，あたりまえのように使っている言語．その言語の性質を解明することは，長年にわたる人間の知的挑戦の対象であった．では，言語を科学的に研究すること，すなわち自然科学的な方法で研究することは可能だろうか．それは可能であり，また必要であるというのが私たちの見解である．

　歴史的に見ても，すでに，紀元前のインドでは形式的な文法体系の記述がなされ，下って19世紀にはヨーロッパの言語を対象とした比較言語学の厳密な方法論が確立されていた．20世紀に至ってからは，初頭の一般言語学の確立を経て，20世紀後半には音韻体系，文法範疇などの形式的記述が洗練され，言語を科学的にとらえる試みは着実に成果を上げてきたと考えられる．

　さらに20世紀以降のコンピュータの発達は，言語現象に対する情報論的視点という新たな見方をもたらした．現在，音声認識・音声合成技術の発展，形式化された文法による構文解析技術を応用した機械翻訳システムの開発など，言語のさまざまな側面が，機械処理の対象となり得るほどに明らかにされつつある．

　しかし，従来の学問観に従う一般的な認識では，言語学は自然科学の一部門ではなく，人文学の領域に属すると見なされる傾向が強いのも事実であろう．本叢書では，言語を一種の自然現象と見なす方法を前提としている．特に，物理学のような典型的な自然科学に範をとるだけでなく，情報のような抽象的な存在を対象にする情報科学など，近年の自然科学のさまざまな方法論に立脚し，言語を，人間が，そして人間のみが，自在にあやつる，情報の一つの自然な形態として捉える見方に立っている．

　そのような言語観に立った場合，さまざまな興味深い知的営みが可能になる．現在どのような分野の研究が言語の研究として行なわれているのか，言語の研究者によってどのような研究対象が設定されているのか，それぞれの研究はどのような段階に至っているのか，また，今後どのような研究が期待されているのかということを，人文系・理工系を問わず，できるだけわかりやすく読者に示すことを試みた．

本叢書はもともと，岩波講座「言語の科学」として刊行されたものである．本叢書の特色は，言語の研究に深く関連している言語学，国語学，言語心理学，言語教育，情報科学，認知科学などの研究分野の，従来の縦割りの枠に捉われず，これらの学問の最新の成果を学際的に統合する観点に立っていることにある．

　本叢書のもう一つの特徴は，各巻を研究対象ごとに分けた上で，さまざまな角度からの研究方法を統合的に紹介することを試みたことである．文科系の読者が自然科学的な方法を，また，理工系の読者が人文学的な知識を，無理なく身につけることが可能となる構成をとるように工夫した．

　以上のような趣旨をいかすため，各巻において，言語に関する研究の世界の第一線の研究者に執筆をお願いした．各執筆者には，基本的な事柄を中心にすえた上で，ときには最先端の研究動向の一端も含めて，読者が容易に理解できるように解説していただいた．幸いにして私たちの刊行の趣旨を理解していただき，現時点において最良の執筆陣を得られたと自負している．

　全体の巻構成と，この叢書がなぜこのように編成されたか，ということを簡単に説明しておこう．本叢書の各巻のタイトルは次のようになっている．

　　1　言語の科学入門　　7　談話と文脈
　　2　音声　　　　　　　8　言語の数理
　　3　単語と辞書　　　　9　言語情報処理
　　4　意味　　　　　　 10　言語の獲得と喪失
　　5　文法　　　　　　 11　言語科学と関連領域
　　6　生成文法

　「科学」としての言語学という性格を一番端的に表わしているのは，第6巻で解説される「生成文法」という，20世紀半ばに誕生した文法システムであろう．生成文法は言語獲得という事実にその経験的基盤を求める．そこで第10巻『言語の獲得と喪失』では，言語の獲得と喪失が言語の科学とどう有機的に結びつくのかを明らかにする．一方，第5巻では，生成文法誕生以前にさかのぼり，特定の理論的枠組によらない，文法研究そのものを検討する．「文法」に関する2つの巻，およびそれと深く関連する第10巻は，言語学の科学としての性格が特に濃厚な部分である．

第7巻『談話と文脈』は，これとは対照的に，言語の使い手としての人間に深くかかわるトピックを扱う．その意味で，人文学的な研究とも通じる，言語研究の「醍醐味」を感じさせる分野であるが，形式化などの点からは今後の発展が期待される分野である．

　文法に関する2つの巻を第7巻と反対側からはさむ形で第4巻『意味』がある．ここでは，科学的な性格が色濃く出ているアプローチ（第2章）と，言語の使い手としての人間という見方を強く出しているアプローチ（第3章）が並行して提示されているので，読者は意味の問題の奥深さを感じとることができるだろう．

　第2巻の『音声』については，音響に関して物理学的な研究法がすでにある．この巻では，そのような研究と，言語学の中で発達してきた方法論との双方が提示され，音声研究の幅の広さが示されている．

　第3巻『言語と辞書』は音声と意味との仲立ちをする装置としての語彙についての解説である．これも，言語学や心理学の中で開発されてきた方法論と，より最近の機械処理の立場からの研究の双方を提示している．

　第8巻『言語の数理』と第9巻『言語情報処理』は言語科学の研究の基礎的な部分の解説であり，特に，数学や情報科学になじみのない読者に必要最小限の知識をもっていただくことを意図して書かれている．これらは，言語科学の技術的側面が最も強く出ている巻でもあろう．言語の研究におけるコンピュータの役割の大きさは，ほとんどの巻にコンピュータに関連する章があることからも明らかであるが，特に言語を機械で扱う「情報」という形で正面から捉えた巻として第9巻を位置付けることができる．

　最後の第11巻『言語科学と関連領域』は，言語の科学そのものに加えて，それに関連する学問との接点を探る試みである．特に，言語の科学は，人間そのものを対象とする心理学，医学，教育学などと深い関連をもつので，それらに関する章が設けられている．

　言語に関わる現象は多岐にわたるが，本叢書の巻構成は言語現象ごとに1ないし2巻をあて，各巻の内容は大筋において独立なので，読者はどの巻からでも読み始めることができる．ただし，第1巻では本叢書の中心的な内容を先取りする形で，そもそも「言語の科学」という課題がなぜ設定されたか，という点について述べているので，まず最初に読むことをお薦めする．

この叢書は，言語学科に学ぶ学生や言語の研究者に限らず，言語に関心をもつ，すべての分野の，すべての年代の人々を読者として企画されたものである．本叢書がきっかけとなって，従来の言語学に何かつかみどころのない点を感じていた理工系志向の読者が言語の科学的研究に興味を示し，その一方で，今まで科学とは縁がないと考えていた人文系志向の読者が言語の研究の科学的側面に関心をもってくれることを期待する．そして，その結果，従来の志向にかかわらず，両者の間に真の対話と共有の場が生まれれば，編集委員としては望外の幸せである．

　2004 年 4 月

大 津 由 紀 雄
郡 司 隆 男
田 窪 行 則
長 尾 　 真
橋 田 浩 一
益 岡 隆 志
松 本 裕 治

学習の手引き

　本巻は，生成文法の立場から，言語の科学的研究を概説したもので，言語学と生成文法についてのある程度の知識を前提として書かれている．したがって，言語学や生成文法についてまえもって知識が必要と感じられる方は，本叢書第1巻『言語の科学入門』を読んでいただきたい．ここでは，予備知識なしで本巻を読む読者のために，導入として最低限の解説をしておきたい．

　本巻は，本叢書の他の巻とくらべてやや特殊である．他の巻は，言語のさまざまな分野に関して，言語学，情報工学，心理学，生理学，脳科学などの諸科学がどのようなアプローチをしているのかを概説するという構成をとっている．それに対して本巻は，生成文法，それも N. Chomsky の変換生成文法を中心としたアプローチのみを扱っている．このような構成をとったのにはいくつかの理由がある．まず，第1巻でも述べられているように，言語を真の意味で経験科学の対象にしたのは，Chomsky の生成文法をもってはじめとする．Chomsky のアプローチに賛成してそれを利用するにしても，反対して別の理論を立てるにしても，経験科学として言語の研究をするためには，生成文法の正確な理解が不可欠であると考えられる．また，他の巻の多くの章は，生成文法についてのある程度の知識を前提としているか，生成文法に直接関連したものである．これまでに日本で出版されている生成文法の概説書は，特定言語の記述（多くの場合，英語）を主体としたものが多く，生成文法理論の本来の目標や射程を中心にしたものは少ない．この意味で，生成文法の正確な知識をまとまった形で提供する必要があった．

　では，生成文法とはいったい何であるのか．これは，Chomsky が生成文法を唱えた1950年代における「認知革命」の文脈において考える必要がある．認知科学の基本的なテーゼは，「人間の精神・脳は，表象と表象変換からなる計算装置である」ということであった．Chomsky は，この基本テーゼを，人間の言語のある側面，すなわち「文法」において実証してみせた．この計算装置は，離散的な要素を規則に従って無限につらねることができるという特性を持つ．Chomsky は，この計算装置は視覚などの他の認知器官と同じく，**言語機

能(language faculty)という器官の発達により生じるとする．彼によれば，言語機能は，生得的であり，人間という種に特有の器官である．彼は，認知科学としての言語学の目標は，この言語機能の研究であるべきだとした．つまり，生成文法は，

(i) 人間の精神・脳には，有限の言語要素を使って無限の文を生じさせる計算装置である文法が存在する．

(ii) 子どもには，データに接して文法を生物学的必然として生じさせる言語機能が備わっている．

という二つの仮定を実証しようという営みである．

生成文法は，人間の言語のうち，非常に限られた部分を対象にしている．生成文法が対象とする言語の構造(文法)は，文内の構造関係に関わる知識(文文法)である．文間の構造関係や，文内の構造が規定する意味以外の意味(語用論的意味)を扱うことは，原則としてはしない．また，生成文法で扱われる言語の知識は，記憶能力の制限や，運用の制約を捨象したものである(この間の事情は本叢書第1巻第2章を，またこのような文間の構造関係，談話構造や意味は第4巻『意味』，第7巻『談話と文脈』を，運用に関わる制約は第11巻『言語科学と関連領域』を参照していただきたい)．

本巻第1章は，生成文法の目標と理念を述べたもので，後の章への導入も兼ねている．生成文法の入門的知識がある読者はこの章から読みはじめてよい．生成文法に関する知識がない読者は，第1巻第1, 2章，あるいは本巻第2章を読んで，多少とも具体的な分析を見てからこの章にたちもどっていただくのがよいだろう．

第1章は，句構造文法などの形式理論のみを通じて生成文法に触れている工学系の読者，あるいは，日本語，英語などの個別言語の記述の道具としての生成文法を知っている読者に詳しく読んでいただきたい．ここでは言語に関して，自然科学的手法，あるいは自然科学的態度をとるということがどのような内容を持つかを概説している．言語はさまざまな側面からとらえることができるが，科学，それも自然科学の対象として考えた場合に，考えられる言語の側面は非常に限られる．ここで展開されているのは，我々成人の持つ文法の知識を言語機能という心的器官の発達としてみる見方である．この心的器官の初期状態を**普遍文法**(UG, Universal Grammar)と呼ぶ．幼児の持つ普遍文法は，環境

による刺激を受けて発達し，一定期間内に**定常状態**(**安定状態**，steady state)に達する．この状態が特定言語の話し手である我々成人の知識状態である．この臨界期をすぎてしまえば，もう言語を母語として身につけることは不可能に近い(第10巻『言語の獲得と喪失』参照)．

　第2章は，生成文法を1950年代に起きた認知革命の一部として捉えたものである．1950年代に主流であった構造主義的言語観による人間の言語行動の説明は，刺激に対する反応が習慣として形成され，それが類推により拡張されるといった，行動主義心理学に基づくものであった．Chomskyの生成文法は，これを全面的に否定するものである．言語学における認知革命としての生成文法のテーゼは，「精神・脳には言語を対象とする表示および表示変換の計算規則が存在する」と捉えることができる．つまり精神・脳には非常に複雑な計算装置が備わっており，それが行動を制御しているとする．その意味で，第1次認知革命後の数年間は規則の時代といえる．Chomskyは，この計算装置である「文法」の規則は，刺激–反応や，類推などにより形成することが原理的に不可能であることを，文法を明示的に規則として構成することにより示した．生成文法の「生成」は，「明示的な規則による文の数え上げ」という意味で使われていた．1960年代から1970年代にかけて，生成文法により多くの言語が記述され，言語ごとに多くの規則が設定された．

　たとえば，英語で「動詞と名詞句を動詞・名詞句の順序でならべると動詞を主要部とするまとまりをなす」という規則性が発見されたとする．これは，次のような規則として書くことができる．

(1) 　VP $\longrightarrow$ V NP

しかし，ここで「英語では」という注釈をいれると，「日本語では」あるいは「中国語では」別様であってよいということを述べているに等しい．英語で動詞句というまとまりを言語学者が設定する根拠は，それがまとまりとして移動したり，削除されたり，代用形で置き換えられたりするからである．たとえば，John bought Chomsky's *Barriers*. という文は，次のような句に分けられる．

(2) 　John 　Past 　buy Chomsky's *Barriers*.
　　　　NP　　AUX　　　　VP

ここで，bought Chomsky's *Barriers* を助動詞と動詞句に分けて，buy Chomsky's *Barriers* を動詞句というひとまとまりとする理由は，これがひとまとま

りの句として振る舞うからである．(3)では節頭に移動しているし，(4)では削除されている．

(3) John promised to buy Chomsky's *Barriers*, and buy Chomsky's *Barriers*, John did.

(4) Did John buy Chomsky's *Barriers*?
Yes, he did.

このように振る舞う単位を動詞句という形で数え上げることで，動詞句の節頭への移動や，削除という現象をとらえることができる．これらの規則は，まとまりを単位としてかかる，つまり，構造に依存するという性質を持つのである．とすると，この構造依存的な性質に基づいて，動詞句や他のまとまりを同定することが可能で，実際，英語における句のリストはそのようにして設定された．もし，このような根拠で句のリストを作るなら，「日本語」ではこのような移動規則や削除規則がないということで別の規則を立てることが許されることになる．実際，一時期日本語では動詞句はないとされた．

文の構造を別の構造に写像する規則である**変換規則**(変形規則ともいう)についても同じである．英語で，受動変換のような，能動態と受動態の関係を示すある規則が経験的にたてられたとする．第1章の表記を用いると次のようになる．

(5)

	X	NP	Aux	V	NP	Y
構造記述：	1	2	3	4	5	6
構造変化：	1	5	3+⟨be+EN⟩	4	⟨by⟩+2	6
適用条件：	随意的					

これは，ある文を句の構成で分析し，上の構造記述の形に分析できたものはすべて，下の構造変化を受けた構造に随意的に写像される，という規則である．たとえば，sincerity may frighten the boy は次のように分析できるので，the boy may be frightened by sincerity という受動形に随意的に変換できる(X, Y は変項で，空 ∅ でもよい)．

(6)　　∅　sincerity　may　frighten　the boy　∅
　　　　X　　NP　　AUX　　V　　　NP　　Y

この規則は英語においてなりたつ規則性を反映したもので，別の言語では別の

規則がまったく独立に立てられる．それぞれの言語には，規則の違いだけの違いがあることになる．1960年代はこのような規則が乱立した時代で，話し手の直観に合ってデータを過不足なく記述できる一般化が行われた．しかし，このような記述をいくら積み重ねても，言語機能の本質に迫るという当初の目的を達成することはできない．新しい言語現象が見つかるたびに，それを記述するために規則を設定していけば，記述精度は上がるが，本来の目的である「言語機能」の研究からは離れていく．

　そこで，ある規則が呈示された場合，その規則のどの部分が生物学的必然（正常な言語機能の発達）によって生じたもので，どの部分がたまたまある特定の言語のデータに触れたために生じたものかが問題となる．規則自体の性質は，実際に子どもがデータを見て決められるものでなければならない．ある文が，その言語において不適格であるという情報（**直接否定証拠**と呼ぶ）は，言語を観察して規則を一般化しようとしている科学者は使えるかもしれないが，子どもは使えない．とすれば，規則を設定する際に，直接否定証拠を必要とする条件を持つようなものは，その言語の規則としては正しくないことになる．実際には，それまでのほとんどの規則は非常に複雑なため，直接否定証拠がなければ発見できない形で述べられていた．つまり，科学者が実験を繰り返して発見した結果的に正しい一般化を，科学者でない子どもがいかに実験なしで到達できるのかを究明しないといけないのである．したがって，「言語機能」の研究は，子どもの持つデータの評価法，すなわち「メタ理論」の研究につながっていくのである．

　そこで，それまで句構造，変換などの規則について述べられた性質のうち，どれが真にその言語固有の特徴で，どれが普遍的な性質であるかを洗い出していく作業が行われた．1970年代，このような観点から句構造，変換規則の総点検が行われる．第3章はこの総点検の過程を述べたものである．第3章は規則の体系としての初期理論の欠陥を補うべく発展してきた理論（**統率・束縛理論**）の概説である．この時代はある意味で，生成文法のもっとも実り多い時代である．それを反映して，非常に多くの事柄が扱われているため，初めてこの理論に接する読者は，全体像が見えにくく感じられるかもしれない．読者は，第1章および第4章を読んで全体像を把握し，そこで議論されている内容をより深く理解するために，適宜この第3章を参照していただければよいかと思う．

1980年代には，1960年代，1970年代に立てられた規則群はほとんどすべてが解体されることになる．基本的な解体の作業は，さきほど述べた二つの観点からなされる．句構造は，それまでは構造のテンプレートとして作られていた．それはその言語での句(構成素)のリストであり，基本的には言語ごとに立てられていた．その際の基本的な句の設定の根拠は**構造依存性**である．すなわち，移動や削除，代用形などの規則は，句構造により指定されるまとまりの単位に基づいていることが観察されたため，逆に，これを利用してまとまりの単位を決める作業が行われたのである

　しかし，さまざまな言語で立てられた句構造の類型論的比較考察を行うと，実際に現れる構造は限られており，結局，主要部になる単語にいろいろな要素をくっつけてできているにすぎないことがわかった．また，そのくっつけ方は，名詞，動詞などの品詞間でも共通しており，共通の制約があることが発見された．言語間の句構造の実質的な差は非常にわずかであることが判明したのである．これを制約の形で述べたのが **X バー理論** である．

　さまざまな「構文」を記述していた変換規則は，構造記述，構造変化，適用条件という形で述べられ，しかも，各規則には，随意的，義務的といった指定までついており，また，個々の変換の間には適用の順序が指定されていた．このような規則は，直接否定証拠がなければ「発見」することは不可能であり，その意味で幼児の言語発達を説明することを目標とする「言語機能の理論」とはなりえない．そこで，構造記述，構造変化，適用条件を個別的に指定することをやめた．また，たとえば受動変換のように，ある特定の「構文」を記述するためにさまざまな操作を組み合わせることを止める．そのようにすると，ほとんどの変換は，句の移動，語の移動，すなわち「α を移動せよ：α は任意の範疇」という規則一つだけに収斂する．もとの規則では，構造記述，構造変化という形で述べられた条件も，移動する要素の一般的な性質から予測できるようにする．この間の事情は第3章に詳しく述べられているのでこれ以上は述べないが，ある言語における個別的，特殊的な規則を因数分解し，普遍的な規則，普遍的な制約に解体していく作業が営々と行われたわけである．

　これらは，原則的に子どもが実際に触れるデータのみで，つまり言語学者の行う「不適格な文との比較」なしに，なぜ当該言語の文法が構成できるかという問いに答えるためのものである．すなわち，生成文法が言語機能の説明理論

であろうとするための要請である．1980年代におけるこの一つの到達が**原理とパラメータのアプローチ**である．このアプローチでは，基本的に言語機能の初期状態として，可変スイッチ付きの少数の原理の体系を一つだけ仮定する．つまり，普遍文法は人類にとってただ一つで，これに肯定データに基づいてスイッチを設定することにより，さまざまな言語の違いを説明するのである．

　第4章は，現在日本語で書かれたもっとも包括的な**極小モデル**（ミニマリストプログラム，minimalist program）の概説である．科学理論としての生成文法がどのようなものであり，また，これからどのようでなければならないかを非常に明晰に述べたものである．生成文法は，「言語の科学」というより，たんに「科学」であることをめざす営みであることを伝え，さらに，言語を対象とする科学が真の説明理論を持つことができるかどうかを探る．

　Chomskyは，言語の研究方法として方法論的な自然物主義をとるとしている（Chomsky 1994，黒田（1999）も参照）．すなわち，言語現象を他の自然科学と変わらぬ方法で扱い，最終的に，自然現象を対象とする科学（例えば物理学）がなしとげたような真の説明理論をめざすのである．このアプローチをとることには，科学理論上二つの意義があると考えられる．一つは，第1章にあげられた実在性の仮定である．生成文法では，一般化は実在の言語知識に関する仮説であり，構造主義言語学や経験主義に基盤をおく言語分析のような，単なる発話サンプルの分類や現象のまとめ，帰納的一般化ではない．その意味でデータを超えた検証可能な予測をするものでなければならない．いま一つは，極小モデルでの仮定に見られる最適性・簡潔性の原理の存在である．この意味で，言語機能の計算部門は生命体の器官の機能であるよりも，あたかも自然物であるかのような振る舞いをすると考えられ，また，そのような見通しで研究することにより，より実り多い成果をあげる可能性がみえてきている．

　生成文法の研究の過程において，ある規則や原理による一般化のカバーする範囲が，別の規則や原理のカバーする範囲と重なる場合がある．そのときは，できる限り重なり合いや無駄のない「完璧な」システムを求めると，それにともなって，現象を正しく，一般的に説明でき，記述的にも妥当な規則や原理が抽出できるのである．「自然は簡潔性（simplicity）を好む」という自然科学や数学にも見られる原理の文法バージョンである，「文法は簡潔性を求める」とでもいえる原理が存在するという見込みのもとで研究を進めようというのが極小モ

デルの本質の一つである．この性質は，言語という認知システムを生物器官としてみた場合には，驚くべき性質であるといえる．生命体の他の器官は，さまざまな偶然や試行錯誤の積み重ねを経て生じたもので，およそエレガントで簡潔なものといえないからである．

　また，極小モデルでは，言語機能の特性は，それが接する他の運用システムから動機づけられるとする観点が採用されている．言語という認知システムは調音・知覚機構（あるいは構音・聴覚機構）および概念・意図機構という運用システムと接し，それらに対して指令を出している．逆にいえば，調音・知覚機構と概念・意図機構は，言語という認知システムによってつながっているといえよう．言語に関しては，アプリオリに前提できるのはこれだけだといってよい．つまり，言語は音声と意味をつなぐシステムであるということである．言語がこれらの二つの運用システムにだす指令の表示を，π（音声：従来の音声形式 phonetic form における表現形式），λ（意味：従来の論理意味形式 logical form における表現形式）と呼ぶとすると，π は調音・知覚機構で，λ は概念・意図機構で解釈可能でなければ不適格となる．この意味で，言語という認知システムがそれが接する運用システムによって動機づけられる，という観点である．すなわち，言語という計算システムが使う要素（道具）は，原則的に運用システムが解釈可能なもののみにより構成されていなければならず，運用システムが必要としない要素を言語システム内に導入するためには，非常に強い経験的な根拠がなければならないとするのである．この観点に立てば，従来立てられていた D 構造や S 構造といったレベルは，言語内部の要請によるもので，運用システムの解釈にとって必要ないものであり，理論的には不要となる．

　人間の言語機能は辞書と計算部門からなる．言語の計算は語彙項目（意味と音の複合体）の集まりである辞書から，語彙項目の特定の集まりを入力として，π, λ の対に写像すると考えられる．

　極小モデルとは，言語が運用システムの中に埋め込まれてそれから制約を受けるという**素出力条件**（bare output conditions）と，言語の計算システムが深い意味での最適性・簡潔性に従っているという経験上の見通しとの二つの条件のみで，他の要素を介在させずにどこまで言語機能の本質に迫れるかを問う試みであるといえる．第 4 章は以上のような観点に立ち，このモデルがいかなる意味で，言語の真の意味での説明理論への道を開くかを熱く語っている．

本巻では，英語や他の言語の記述のたんなる道具としての生成文法の姿ではなく，科学理論としての生成文法の目標と現状を見ている．残念ながら，言語機能に関してはまだ定性的な研究が主体で，本格的な定量的研究はなされていない．したがって，理論の検証作業がかなり直観的，主観的な部分を含み，研究の積み重ねを阻害している．また，対象が英語などのインド・ヨーロッパ語が中心となり，日本語や中国語などのアジアの諸言語や，アフリカの諸言語などで信頼できる研究はまだそれほど多くない．日本語はもっとも多くの研究者がいる言語の一つであるはずだが，信頼できる研究は非常にわずかであり，本巻の説明にあまり日本語が使われていないことは，一部それを反映している．また，生成文法はたかだか40年ほどの歴史しかもたず，しかも，そのほとんどがChomskyというただ一人の天才によって切りひらかれたという，ある意味では不幸な状況にある．その意味で，これからの生成文法の展望はかならずしも明るいものではない．しかし，人間の言語を対象として真に説明的な科学理論を目指そうとする試みとしては，我々は現在，生成文法しか持っていないといえる．

　生成文法は，最終的には，脳内の神経モデルとの対応づけをめざすとしても，現在はまだ，生成文法と脳生理学は独立して研究をせざるをえない（両者の関係に関しては本叢書第10巻『言語の獲得と喪失』，第11巻『言語科学と関連領域』参照）．また，第1巻第2,3章で示されているように，言語処理やコミュニケーション理解に応用するには，かなり研究が進まなければ役に立たない．しかし，生成文法は，人間の言語間に存在する種としての共通性，および，実際に存在する言語間の差異の本質的な部分に関し，かなり明確なイメージを結び得るまで，あとわずかのところまで来ていることも事実である．文科と理科の枠をこえて，人間の言語，数学，物理学，生物学などに興味を持つ，これからの世代を担う若い研究者たちがこの学問に参入して，さらなる発展に寄与してくれることを，本巻の筆者たちとともに望んでやまない．

目　次

〈言語の科学〉へのいざない ・・・・・・・・・・・・・ v
学習の手引き ・・・・・・・・・・・・・・・・・・・・ ix

1　生成文法：目標と理念 ・・・・・・・・・・・・・ 1

1.1　生成文法理論の目標 ・・・・・・・・・・・・ 3
　(a)　生成文法の三つの課題 ・・・・・・・・・ 4
　(b)　言語獲得と普遍文法 ・・・・・・・・・・ 8
　(c)　個別文法と普遍文法 ・・・・・・・・・・ 15

1.2　言語とは何か ・・・・・・・・・・・・・・・ 21
　(a)　理論言語学の対象としての言語 ・・・・・ 22
　(b)　I-言語と E-言語 ・・・・・・・・・・・・ 23

1.3　文法と説明の理論 ・・・・・・・・・・・・・ 24
　(a)　記述的妥当性と説明的妥当性 ・・・・・・ 25
　(b)　前期理論と文法評価の尺度 ・・・・・・・ 27
　(c)　生成文法の展開：説明的妥当性の追究 ・・ 31

1.4　経験科学と理想化 ・・・・・・・・・・・・・ 42
　(a)　演繹的説明法と実在論 ・・・・・・・・・ 43
　(b)　瞬時獲得モデルと理想化 ・・・・・・・・ 44
　(c)　漸進的な研究プログラム ・・・・・・・・ 45

第 1 章のまとめ ・・・・・・・・・・・・・・・・ 46

2　第 1 次認知革命 ・・・・・・・・・・・・・・・・ 49

2.1　なぜ Chomsky 理論は「認知革命」か ・・・・ 51
　(a)　「認知革命」とは ・・・・・・・・・・・・ 51
　(b)　変形文法の誕生 ・・・・・・・・・・・・ 53
　(c)　第 1 次認知革命としての変形文法 ・・・・ 54

2.2　ことばの特質 ・・・・・・・・・・・・・・・ 57
　(a)　規則に支配された創造性 ・・・・・・・・ 57
　(b)　規則の性質 ・・・・・・・・・・・・・・ 58

2.3 ことばの知識の仕組み 61
- (a) 規則の演繹体系 61
- (b) 句構造規則 61
- (c) 句構造規則の限界 64
- (d) 変形規則 65
- (e) 変形の働き 68

2.4 初期の変形規則 70
- (a) 変形規則の機能 71
- (b) 変形規則の操作 72
- (c) 変形規則の形式 72
- (d) 変形規則の表現力を制限する 74

2.5 規則の一般的特性と認知操作 75
- (a) 構造依存性 76
- (b) 自律性 77
- (c) 構造保持の仮説 78
- (d) 上昇移動 79
- (e) 局所性 80
- (f) 構造の複雑性：島の制約 82

2.6 説明的妥当性を求めて 84
- (a) 説明的妥当性と普遍文法 85
- (b) 変形規則の単純化 85
- (c) 下接の条件 88
- (d) 句構造規則の単純化 91
- (e) 第1次認知革命の回想 93

第2章のまとめ 95

3 第2次認知革命 97

3.1 移動現象 99
- (a) Aの上のAの原理 99
- (b) 島の制約 101
- (c) 制約の統合 102
- (d) 付加部条件 107
- (e) 障壁 107
- (f) 動詞句の問題 110

(g)	境界理論の問題点	*111*
(h)	文法の仕組み	*112*

3.2 格理論 · *114*
    (a) 格付与と統率 · *114*
    (b) 格フィルター · *119*
    (c) θ 理論：項構造と意味役割 · *120*
    (d) 属格と内在格 · *123*

3.3 Xバー理論 · *124*
    (a) 句構造の規則性と句構造規則の廃止 · *124*
    (b) 文の構造と名詞句の構造 · *127*
    (c) 付加部 · *129*
    (d) 範疇素性 · *130*

3.4 束縛理論 · *131*
    (a) 束縛 · *131*
    (b) 統率範疇 · *135*
    (c) 移動と束縛条件 · *137*
    (d) PRO · *139*

3.5 空範疇原理 · *143*
    (a) 説明されるべき現象 · *143*
    (b) 空範疇原理 · *144*
    (c) γ 標識 · *147*
    (d) 相対的最小性 · *149*

3.6 文法のモジュール構造 · *152*

3.7 原理と媒介変数のアプローチ · *153*
    (a) 普遍文法と言語獲得 · *153*
    (b) 境界接点の媒介変数 · *154*
    (c) Pro-drop 媒介変数 · *155*
    (d) Xバー理論の媒介変数 · *155*

第3章のまとめ · *159*

4 極小モデルの展開——言語の説明理論をめざして *161*
  4.1 理論的背景 · *163*

xxii 目次

4.2 極小モデルの基本的発想と考え方 ・・・・・・・ *166*
4.3 極小モデルにおける UG の構成 ・・・・・・ *180*
　(a) 辞　書 ・・・・・・・・・・・・・・・ *182*
　(b) 計算部門 ・・・・・・・・・・・・・・ *187*
4.4 経済性原理 ・・・・・・・・・・・・・・・ *196*
4.5 言語の科学は可能か ・・・・・・・・・・・ *202*
第4章のまとめ ・・・・・・・・・・・・・・・・ *210*

用語解説 ・・・・・・・・・・・・・・・・・・・ *211*
読書案内 ・・・・・・・・・・・・・・・・・・・ *215*
参考文献 ・・・・・・・・・・・・・・・・・・・ *219*
索　引 ・・・・・・・・・・・・・・・・・・・・ *229*

1
生成文法：目標と理念

【本章の課題】

　生成文法の研究法には，これまでの他の言語理論には見られない様々な特徴がある．そのような生成文法の言語への接近法について解説する．本章では，特に次の点について述べる．

（1）　生成文法理論の基本的な課題とは何かについて概説する．

（2）　生成文法における言語普遍性の探究は，言語獲得を可能にする生得的な「言語機能」の特性の解明であることを説明する．

（3）　生成文法が「説明の理論」であることを踏まえながら，生成文法理論の歴史的な展開について最小限の概説をする．

（4）　生成文法における「言語」「文法」「言語能力」「言語獲得機構」などの概念は，言語の科学のために理想化された概念であることを説明する．

（5）　経験科学としての生成文法は，演繹的説明法を採用し，実在論的立場に立つものであることを示す．

本章では，このように生成文法の基本的な立場を中心に述べ，具体的な研究の内容に関しては，簡単な歴史的経過を除いて，次章以下に譲る．

　特に，「極小モデル」の導入以来，従来の理論における概念の多くが撤廃されるなど，現在大きな変更が進行中でもあり，具体的な内容は必要最小限に抑えている．詳細については次章以下で述べられているものが参照できることを前提にしている．

1.1 生成文法理論の目標

　言語研究には紀元前のインドや古代ギリシャからの長い歴史がある．近代だけに限っても，比較言語学や構造主義言語学など豊かな言語研究の伝統が生成文法以前に存在した．そのような長い言語研究の流れのなかで，N. Chomsky の文法理論の登場が言語学のみならずその周辺領域にとって革命的であったのは，生成文法における言語研究の対象とその目標が，他のアプローチとはまったく異なるものであったからである．その変革の内容と言語学における衝撃は，「Chomsky 革命」を体験した研究者の次のような率直な言葉に代弁されている．
　…… 過去 30 年以上にわたる言語学の流れを体験して来たものにとっては，1950 年代後半から 60 年代前半にかけて急速に台頭，発展した生成文法の歴史は正に科学上の革命の生きた見本であった．(アメリカ流)構造主義言語学が主流を占めていた 50 年代後半チョムスキーによってはじめられた変革は，言語学の根幹にかかわる全面的なものであった．

(太田 1986, 1997, p. 201)

そして，この変革は言語を操る人間の精神・脳の特性を研究目標とする「言語の科学」へ，さらには現代の**認知科学**(cognitive science)の発展へと繋がる研究プログラムを形成するものとなった(Chomsky 1986)．
　生成文法理論が他の言語理論と異なるのは，ことばと人間の探求に関するいわば「究極の問題」を解明することにその研究の照準をあわせている点である．つまり，生成文法はことばに関する最も根源的な問いに対して究極の解答を求めている，と言っても過言ではない．それは，「人間はなぜ言語を持つのか」という問いに，「人間の精神・脳のなかに実在する**言語機能**(language faculty)によるものである」と答えて，「その言語機能の特性を解明することこそ理論言語学の目標である」と主張するのである．
　生成文法による英語や日本語などの個別言語の詳細な分析や，複数の言語間の通言語的な(crosslinguistic)調査による言語普遍性の研究も，そのような当面の問題の解決が，言語機能の解明という究極の目標の達成に至るものであるという研究プログラムによる．ここで当面の問題というのは，まず理論に先立ってやるべき作業という意味ではない．より正確に言えば，経験科学としての生

成文法理論は演繹的説明法に基づく言語機能の理論であるので，その理論の妥当性が具体的な個別言語や通言語的な研究によって検証されるという意味である．しかし，どのような証拠が言語機能の解明に役立つかは，前もって知ることはできない．様々な研究領域が研究の進展とともにその射程に含まれることになる．

また，上に述べた目標の設定によって，生成文法理論は「言語の科学」への道を歩み始めたとも言える．なぜなら，その目標は言語獲得を原理的に説明する理論の構築であるので，そのような理論は後に述べるような説明的妥当性を備えた理論としての資格を持つことになる．そして，そのことが理論言語学を原則的に反証可能な経験科学へ導く道を保証しているのである．

(a) 生成文法の三つの課題

生成文法は具体的にどのような問題を言語研究の中心的課題であると考えているかを見てみよう．まず，生成文法は言語研究の焦点を大きく転換した．構造主義言語学，またその根底にある行動主義心理学の主たる研究対象であった言語行動とその産物(つまり発話)の分析から，言語行動の背後にある精神・脳の内部状態(つまり脳に内蔵されている言語知識)の研究への焦点の転換である．そのような視点の転換により，言語研究の中心は次の三つの課題に答えることとなる．

(1) 生成文法の三つの課題
  i. 言語知識の内容はどのようなものか．
  ii. 言語知識はどのように獲得されるのか．
  iii. 言語知識はどのように使用されるのか．

これらの課題について順番に考えてみよう．まず，(1–i)の「言語知識」とは，ある言語の母語話者(native speaker)が脳に内蔵している知識のことである．言語を操るということは，その言語を話し理解する能力を話者が持つことであるのは当然であるが，生成文法ではそのような言語能力の実体が話者の脳内に貯蔵されている**言語知識**(knowledge of language)にあると仮定する．この仮定に立てば，言語知識とはある言語を話し理解し文の文法性を判断する能力に関する理論ということになり，それを個別言語の**生成文法**(generative grammar)と呼ぶ．したがって，問(1–i)への解答は，日本語，英語，スペイン語などの個

別言語の生成文法の構築によって得られることになる(1.1節(c)参照).

生成文法理論における**文法**(grammar)とは,個別言語の話者が内蔵している言語知識である.このように,生成文法は「実在論」(realism)の立場をとり,その探究の対象は実在の言語知識である.構造主義や経験主義に基盤をおく言語分析のような,発話サンプルの分類や分析によって得られる資料の帰納的一般化を文法とは呼ばない(1.4節(a)参照).

次に,生成文法理論において「生成」(generative)とは「明示的」(explicit)という意味である.文法が明示的であるとは,文の特性が形式的な規則により「定義」(define)されているという意味である.生成文法がわざわざ「明示的文法」と言うのは,伝統文法が多くの正しい洞察を含んでいるにもかかわらず,「明示的」ではなかったことによるものである.伝統文法の多くは,文の実例や例外的現象とそれについての解説を与え,文法的な文とは何かを読者に推測させるという方法を採用した.つまり,説明されるべき文の一般的な特性については明確に定義せず,個々の事例や構文についての断片的な解説に終始した.生成文法においては,後で述べるような句構造規則,変形規則,あるいは各種の一般的原理により,言語知識の内容を明確に定義している.定義の方法は,初期の理論では個別的な規則に依存し,現在の理論では言語知識そのものを表示する原理を用いるが,文法の内容をより明示的にしようとする点に変わりはない(詳細は第2章,第3章参照).

問(1-ii)に対する答えは,文法の獲得を可能にする言語機能の特性を明らかにすることである.ある言語の母語話者である成人がその言語を獲得しているというとき,獲得されたものは問(1-i)の答えである言語知識,すなわち文法である.そのような文法を人間はどのようにして獲得することができるのか,という問いへの解答を与えるのが第2の課題である.

人間は,脳のある限定された部位に損傷がない限り,鳥やチンパンジーとは異なり,自然に言語を獲得する(Pinker 1994).また,「言葉の発達」と言われるように,母語の獲得は学習とはほど遠く,身体器官の発育に類似している(Chomsky 1975).子供の言語発達の過程は,それが単なる大人の発話の模倣ではないことを示している(Pinker 1989; 詳細は1.1節(b)参照).さらに,言語を獲得した成人の文法を研究すると,それは,構造主義言語学が前提とするような「習慣形成」や「類推」などによって得られるものとは考えられない豊

かで複雑な内容を持つことも分かる．また，文法の中には「一般的問題解決機構」を用いて言語資料からの帰納的な一般化によって得られるとは考えられない側面(例えば言語に固有の特殊な原理)があることも知られている(Chomsky 1986).

これらの事実を説明するためには，人間の脳には生得的に言語獲得を可能にする言語機能という一部門があると考えるのが自然である．そしてこの言語機能は，一般的な認知機構ではなく自律した言語専用の獲得装置であると仮定して，**言語獲得機構**(language acquisition device, LAD)と呼ぶことがある．このように考えると，言語獲得とは，いわばこの言語機能という「心的器官」(mental organ)の発達ということになる．つまり，言語獲得は生得的な言語獲得機構の発動による心的発達である．この言語獲得機構は，身体的器官(physical organ)の成長と同様に，言語資料に触れることにより成長し，最終的に成人の文法に到達する．したがって，言語獲得機構の持つ特性はすべての言語の文法に反映されているので，**普遍文法**(universal grammar, UG)と呼ばれる．個別文法が日本語や英語の個々の文法を指すのにたいして，普遍文法はすべての自然言語の文法が備えている特性を規定している．

普遍文法と個別文法の関係を，言語獲得の観点から述べると次のようになる．幼児の脳に生得的に備わった言語機能は，まず「初期状態」(initial state) S_0 にあり，経験を取り込んで S_1, S_2 と変化し，「最終状態」(final state) S_f に達する．この最終状態は，語彙獲得などを除いて大きな変動のないもので「安定状態」(steady state)と呼んでもよい．このような獲得過程 $(S_0, S_1, \cdots, S_f)$ において，S_0 は普遍文法であり，S_f は個別文法である(1.4節(b)の「瞬時獲得モデル」参照).

問(1-iii)の課題は，文法の運用システムの構築である．すなわち，脳の一部門として貯蔵されている静的な言語知識が，情報処理機構すなわち運用システムによって，どのように使用されるかを解明することである．この運用システムの問題は，言語理解と言語産出の二つの問題に分けることができる．言語理解の研究には，文の「解析機構」(parser)を開発し，処理機構に加えて言語知識をその中核に内蔵する解析機構に，一定のアクセス方式により様々な文の解析を実行させるという接近法などがある．例えば，Marcus(1980)のような確定主義的方法[†]によるプッシュダウン構造とバッファを持つ解析機構の研究など

がその一つである(第7巻第3章,第11巻第3章参照).そのような解析機構は,通常の文を適格に解析し,文法的であるが人間には理解困難である**袋小路文**(garden-path sentences)の解析は困難であるように設計されねばならない.

袋小路文というのは,文の途中までは別の構文と取り違えてしまい,解析が困難になる下記のような文である(O'Grady & Dobrovolsky 1996, p. 403).

(2) a. The horse raced past the barn fell.
      (納屋を通り過ぎて疾走した馬が倒れた.)
    b. Since Jay always walks a mile seems like a short distance to him.
      (Jayはよく歩くので,1マイルはわずかの距離のように思える.)

(2a)では,raced past the barn は The horse を修飾する後置修飾句(raced は過去分詞形)であるが,The horse raced past the barn までを主節(raced は過去形)であると解析すると,最後の fell まで来たとき解析が困難になってしまう.(2b)では,since に始まる副詞節が a mile まで続くと考えると,主節の主語がなくなり解析できなくなる.

言語の理解や産出において言語知識がどのように使用されるかということは,言語を操る能力が情報処理で用いられる「手続き的」(procedural)なものか,運用とは独立に貯蔵されている「宣言的」(declarative)表示,つまり静的な言語知識であるか,という重要な問題と関連がある.基本的に後者の立場をとる生成文法においては,この問題は無視できない重要な課題であるが,先に述べた解析機構の研究などの一部の領域を除けば,言語理解の研究は実質的な成果が挙がっているとは言えない(Prichett 1992).

さらに,言語産出に関する研究は,言語理解とは異なる複雑な運用システムを必要とするが,言い間違いに関する問題の分析などを除けば,生成文法研究において実質的な成果が期待できるかどうか予測すらできない(Garrett 1975, 1991;外池 1983).これらの領域は,情報処理や人工知能の研究者との共同研究が望まれる認知科学の分野の一つである(第8巻第3章,第11巻第3章参照).

このように,生成文法は(1)の三つの問題を言語研究の中心的な課題とした研究プログラムである.現在のところ,(1–i)と(1–ii)の課題に関する限り部分的ではあるが実質的な成果が得られていると言ってもよい.しかし,このような認知システムの研究の進展に比べ,(1–iii)の運用システムの研究と認知シス

テムと運用システムのインタフェイスの研究については十分に成果が得られたとは言えない(Jackendoff 1997)．

(b) 言語獲得と普遍文法

前項で述べたように，生成文法の課題のなかの第2の問いへの解答は，言語獲得の根本的問題の解明である．Chomsky が指摘した，言語獲得に関する基本的な事実は次の二つである．

(3) a. ある言語の文の数は有限ではないので，言語獲得は模倣によるものとは考えられない．
b. 乏しい経験により短期間に文法を獲得するためには，生得的な文法獲得機構が必要である．

まず，(3a)について考えてみよう．ある言語に属する文の数は無限であるので，子供は大人の発話した文を模倣することによって，その言語の文を話したり理解したりするようになるとは考えられない．文法的な文の数が有限ではないということは，自然数が無限集合であるというのと同様に，基本的な事項である．任意の自然数が与えられればそれに 1 を加えたものも自然数であるように，文法文には何かを加えてこれ以上長くすれば文法文ではないという長さの上限はない．例えば，文中の名詞句に関係節などの修飾語句を加えて文を長くしても，その長さに限度があるわけではない．下記のような「マザーグース童謡集」のことば遊び歌を見てみよう．

(4) This is the farmer sowing his corn,
That kept the cock that cowed in the morn,
That waked the priest all shaven and shorn,
That married the man all tattered and torn,
That kissed the maiden all forlorn,
That milked the cow with the crumpled horn,
That tossed the dog,
That worried the cat,
That killed the rat,
That ate the malt,
That lay in the house that Jack built.

......
(5) ジャックが　たてた　いえに
　　 あった　こむぎを
　　 たべた　ねずみを
　　 ころした　ねこを
　　 いじめた　いぬを
　　 つので　とばした　めうしの
　　 ちちを　しぼった　みよりのない　むすめに
　　 キスした　おんぼろふくの　おとこを
　　 けっこんさせた　はげちゃびんの　ぼくしさまに
　　 あさを　しらせた　はやおきの　おんどりを
　　 かって　いる　むぎの　たねを　まく　おひゃくしょうさん
　　　……　　　　　　（石濱恒夫訳『どうぶつむらのマザーグース』より）

このように，英語でも日本語でも文末に語句を繋いでより長い文を作ることができる．(4) (5) では，さらに最後の点線部に関係節などを追加してより長い文を作ることが可能である．実際には記憶の制限などによりそのような長い文はめったに使用されることはないであろうが，必要に応じて自由に長い文を作ることができる能力が備わっていることは否定できない．このように，理論上は無限個の文を自由に生成することができる能力は，模倣や習慣形成†によっては得られない．獲得された文法の中には，文法文の無限集合を定義する有限の規則が必要となる．

　言語の創造性は，子供の言語獲得の過程を観察することによっても分かる．子供の発話資料を記録したデータベース (CHILDES CD-ROM，MacWhinney & Snow 1985; MacWhinney 1995) によると，子供の発話には大人が使わない文が数多く観察される（括弧の中は「年:月」を表す）．

(6) a. Eva (3:4): It was bandaided.
　　　　　　　（そこにバンドエイド貼りされたの．）
　　 b. Christy (4:2): He disappeared himself.
　　　　　　　（その人自分を隠れたよ．）
　　 c. Adam (5:2): Mommy, fix me my tiger.
　　　　　　　（ママ，僕に虎ちゃん直してよ．）

これらは成人の文法による出力とは異なるが，単なる誤用ではなく無制限に現れるわけではない．(a)の名詞(bandaid)を動詞に転換したり，(b)の自動詞(disappear)を他動詞化したり，(c)の他動詞(fix)を二重目的語構文に拡張する文法過程は，適用される項目が成人とは異なるが，文法規則として許容されるものである．このように，言語獲得の重要な側面は，「規則に従った創造性」(rule-governed creativity)の獲得である．言語の創造性について「有限の手段の無限の使用」(infinite use of finite means)と言ったW. von Humboldtに従うと，言語獲得はまさに有限の道具を無限に使用する能力の発現であり，模倣や習慣形成などではあり得ない．

次に，(3b)の生得的な文法獲得機構について考えてみよう．言語獲得に関する重要な点は，(i)〜(v)のように子供が乏しい経験により複雑で特殊な文法を獲得するという事実である．

(i) 子供が接する言語資料つまり経験はきわめて限定されたものである．両親や周囲の大人の実際の発話は，断片的なものであり，言い間違いなどを含む不完全な発話サンプルである．

(ii) そのような限定された資料と矛盾しない「文法」は，論理的には無数に存在し得る．

(iii) それにもかかわらず，子供は，大きな個人差もなく目標とする文法を獲得する．

(iv) また，獲得された文法(成人の文法)の中には，資料から帰納的に得られたとは考えられない抽象的な原理が含まれている．

(v) しかも，そのような文法の抽象度に比べ，獲得は比較的短期間に完了する．

このような言語獲得の特徴を説明するには，人間には限定された経験により発達する生得的な「言語機能」が備わっていると仮定する必要がある．

古くから繰り返し問われてきた人間の認識に関する問いの一つは，人間の知識の源は何かというものである．B. Russellは，その問題を「人間はなぜ，世界との限られた接触にもかかわらず，多くのことを知っているのか」という問いとして表現しているが，Chomskyはその問いを**プラトンの問題**(Plato's problem)と呼んでいる．これは乏しい経験のなかで人間はどのようにして特殊で豊かな知識を得ることができるのかという問題であり，**刺激の貧困**(poverty of stimulus)の問題と呼ばれることもある．言語獲得においても，このような哲学的問題に関する根源的な解答が与えられなければならない．「刺激の貧困」のなかで獲得した文法は，固有の内部構成を備えているため，プラトンの問題は認識一般に関する哲学的問題であると同時に，経験科学としての言語理論が解明すべき「言語獲得の論理的な問題」でもある．

この問題に答えるために，Chomskyは人間の脳の一部門として言語獲得機構を仮定し，下記のような獲得モデルを想定している．

(**7**)　Chomskyの獲得モデル

(7)の獲得モデルは，子供が経験する周囲の大人や子供の言語を入力とし，成人の文法を出力とする．言語獲得機構の中核部は普遍文法(UG)である．普遍文法は文法の持つ一般的特性を定義したものであり，いわば「文法の設計図」である．そのような文法設計図の内容が詳細に規定されていれば，言語資料から当該の文法を容易に決定することができることになる（言語獲得機構内の普遍文法以外の装置の詳細は第10巻第1章参照）．

まず，(7)の入力となる経験の種類について見てみよう．獲得の際に利用される資料は，言語学者が言語分析において利用する資料とは質的に異なる．獲得モデルの入力となる経験のなかには，ある言語表現が適格であるとする証拠はあるが，不適格である言語表現は存在しないと言ってよい．つまり資料には非文法文は現れないか，または言い間違いとして発話されてもそれが非文法文であるかどうかは明示されない．適格文が資料に含まれているという情報を**肯定証拠**と呼び，ある言語形式が適格ではないという情報を**否定証拠**と呼ぶ．言語を分析するとき，例文を作り母語話者に尋ねたり内省に基づいて判断したりすることにより，つまり現実とは異なる「実験」により，言語学者は否定的な証拠を参考にすることができるが，子供の言語獲得においては，そのような直接的な否定証拠は存在しない．子供の言い間違いに大人が訂正を加えたり，何らかの否定的な反応をするということはあり得る．しかし，意味が通じない表現であれば別だが，性，数の一致や疑問文形成などに関する文法的な誤りに関する限り，大人が訂正するわけではない．また，たとえ訂正しても，子供はその

意図を理解しないのが普通である．つまり，文法獲得にとって，直接的な否定証拠は考慮されないようである(大津 1989；第 10 巻第 1 章参照)．

次に，(7)で獲得される文法について見てみよう．乏しい経験にもかかわらず，獲得される文法には特殊な原理が含まれていることが分かっている．

  (A) そのような原理は限定された経験から導くことは不可能である．

  (B) 単純な類推では得られない原理が成人の文法には含まれている．

したがって，これらは，文法の持つ一般的な特性すなわち言語獲得機構の特性であると考えるのが最も自然である．以下で，簡単な例を見てみよう．

まず(A)についてよく知られた簡単な実例は，英語の疑問文形成などに適用される「主語・助動詞倒置」規則の獲得である(Chomsky 1975)．ある子供が英語を学習しているとき，(8)の平叙文に対応してそれぞれ(9)の疑問文を学習したとしよう．

  (8) a. The man is tall.

      b. The book is on the desk.

  (9) a. Is the man tall?

      b. Is the book on the desk?

このような事実を説明するための簡単な仮説を考えてみる．まず，(8)(9)のような事実とは矛盾しない規則は数多く存在するが，例えば，次のような仮説群が事実に矛盾しないからといって，(8)(9)の背後にある規則であるなどと誰も考えないであろう．子供がそのような規則に従っているなどとはとうてい考えられない．

［仮説1］ 疑問文形成規則

 (i)   平叙文の初めから 3 番目の語を文頭に置く．

 (ii) 平叙文の後ろから数えて偶数番目の母音で始まる語を文頭に置く．

 (iii) 平叙文の両唇音で始まる語の後ろにある語を文頭に置く．

ことばを学習している子供の使う文法規則が，仮説 1 の(i)(ii)の中に含まれるような単純な単語の順番や，(ii)(iii)に含まれる音韻的特徴に基づいた移動規則である，などとは考えられない．

次に，(8)(9)を含む多くの場合に適用可能であると思われる次のような仮説を想定してみよう．

［仮説2］ 平叙文を単語ごとに順番に処理して，最初に出てくるis (または，

may, will などの同類の語)を見つけ，その語を文頭に置いて疑問文を形成する．

仮説2は，仮説1に比べると相当もっともらしい．しかし，このような単語の配列のみによって定義される仮説は，子供の獲得する規則を正しく捉えてはいない．下記のような，関係節を含む文を見てみよう(*は文法的に正しくない非文法文を示す)．

(10) 　The man who is tall is in the room.

(11) 　a. Is the man who is tall in the room?
　　　　b.*Is the man who tall is in the room?

子供は，(10)の文が提示されると，そのような文が理解できる段階になっていれば，(11a)の疑問文を作る．子供の獲得資料には，前に述べたように，大人の発話とは異なるものが数多く観察されるが，(11b)のような間違いは決してしない．これらの事実を説明するには，仮説2のような単純なものではなく，より複雑な仮説3を想定しなければならない．

　[仮説3]　平叙文を抽象的な句に分析し，最初に出てくる名詞句に続く is (または助動詞)を見つけ，文頭に移動して疑問文を形成する．

仮説2とは異なり，仮説3は語群を句に分析している．そして「名詞句」という抽象的な統語範疇に基づいて定義されている．仮説3によって予測される子供の疑問文形成は，文が単なる語の配列ではなく，抽象的な句構造を成していることを知っていることを示している．子供が，資料を簡単に説明できる仮説2ではなくより複雑な仮説3を採用するということは，とりもなおさず文法の資格を持つものは「構造に依存する規則」(structure-dependent rules)であると，普遍文法で規定されていることを示している(言語心理学者たちの実験は上に述べたことを裏付けている(Crain & Nakayama 1986; Pinker 1994))．

　繰り返し注意したいのは，子供の言語獲得過程は，必要十分な資料を集めて分析する言語学者の作業と同じではないことである．言語学者の「主語・助動詞倒置」規則に関する仮説は，もちろん(10)(11)の資料を考慮して構築されるであろう．しかし，子供は(10)のような主語のなかに関係節を含みしかもその中にもう一つ助動詞が現れるという文を，言語獲得の早い時期に経験することは事実上ないに等しい．それにもかかわらず，正しい構造依存の規則を獲得するのは，獲得すべき文法についてのいわば「基本設計図」のなかに文法に関す

る強い制約が課されているからである．このような問題に対して，子供が訓練あるいは習慣形成によって，構造依存の規則を獲得するなどと考えるのはばかげているし，「言語のコミュニケーション効率」などに基づく説明を与えることも不可能である (Chomsky 1975)．

(B)に関する証拠をめぐっても，普遍文法の研究は多くの実例を検討してきた．よく知られている問題は，例えば次のような文の解釈に関するものである (Chomsky 1986)．

(12) a. I wonder who [the men expected to see them].

b. [The men expected to see them].

(13) a. John ate an apple.

b. John ate.

(14) a. John is too stubborn to talk to Bill.

b. John is too stubborn to talk to.

(12)には，(a)(b)ともに[ ]で表示された句の境界がある．しかし，(12a)の代名詞 them はその節の中にある the men を先行詞にすることが可能であるのに対して，(12b)の代名詞 them が指す内容は，この文が使われる状況や文脈に応じて様々に解釈されるが，決して[ ]で示された節の中の the men を指すことはできない．表面的な語の配列だけを見ると，(12a)(12b)には違いがないのに，なぜ代名詞の解釈に相違が生じるのか．前に述べた疑問文形成の場合と同様に，代名詞の先行詞に関する制限も単純な語の配列や前後関係によるものではなく構造に依存しているが，この場合には「束縛理論」というさらに抽象的な原理を仮定する必要がある(詳細は第3章参照)．しかし，子供の経験のなかにそのような抽象的で特殊な原理を保証するような資料が存在するとは考えられない．

また，(13a)の文は「John はリンゴを食べた」という意味であるが，目的語が省略された(13b)は，「John は(ある任意の)物を食べた」と解釈される(または「John は食事をした」という意味である)．このような事実から，単純な類推により表面上省略された目的語の解釈は任意の(人)物であると推論すると，(14)の対についてはその予測ははずれてしまう．つまり，(14a)は「John は頑固すぎて Bill と話をしない」という意味であることから，(14b)の意味を「John は頑固すぎて誰とも(あるいは任意のある人と)話をしない」と推論す

るのは間違いである．(14b)の意味は「John は頑固すぎるので(他の人が John と)話をしない」となる．つまり，(14b)では省略された目的語の解釈は任意の人物ではなく主節の主語の John である．この場合にも，子供が接する限定された資料のなかに，(14)の対や(14b)の意味あるいは(14b)の誤った解釈に関する大人の訂正が含まれるとは考えられない．

さらに複雑な次の例は，より重大な問題を提起している．

(15)　a.　John is too stubborn to expect anyone to talk to Bill.
　　　b.　John is too stubborn to expect anyone to talk to.
(16)　a.　John is too stubborn to visit anyone who talked to Bill.
　　　b.*John is too stubborn to visit anyone who talked to.

(14)の対に働く「類推」により，(15a)から(15b)の意味を推理して，「John は頑固すぎるので誰かが(John に)話しかけることは期待できない」という解釈が得られると考えてみよう．同様の類推により，(16a)から(16b)の意味を推理すると，「John は頑固すぎるので(John に)話しかけた誰のところにも行かない」という解釈を持つと考えられるが，(16b)はそのような意味を持たないだけではなく，どのような解釈も不可能な非文法文である．したがって，このような場合に何らかの類推†が働いていると主張することは不可能ではないが，そのような主張は，「類推」がどのような場合に働きどのような場合には働かないかに関する精密な制約なしでは意味のない空虚な仮説となる．同様のことは，帰納法的説明や一般的学習理論についても言える．また，(12)〜(16)に関する事実は，言語学者とは違って，子供の限定された経験において接する資料とは言えない．したがって，言語獲得機構そのものの特性である普遍文法の原理が，英語という個別言語の文法の中核部に反映していることを示していると考えるのが自然である．

(c)　個別文法と普遍文法

ある言語の言語知識に関する理論が個別文法であり，そのような言語知識の獲得を可能にする言語機能の特性に関する理論が普遍文法である．また，個別文法は生得的な言語機能が到達する最終状態であり，普遍文法は言語機能の初期状態である．このことから，すべての個別文法の中核には普遍文法が反映されていることになるので，結果として，普遍文法はすべての人間の言語(動物

の「言語」や他の記号体系と区別して**自然言語**(natural language)と呼ばれる）に共通の特徴を述べたものということになる．

　生成文法におけるこのような普遍文法の研究は，従来の自然言語の一般的特徴の研究に部分的に類似しているところがあるにしても，重要な点で他の言語普遍性の探究とは異なる点に注意すべきである．過去の言語研究においても，ラテン語古典文法に基づく規範文法の伝統以来，言語普遍性に関する関心そのものは常に存在した．またすべての言語理論は，その根底に自然言語の持つ一般的特徴に関する何らかの仮定を含んでいると言ってよいであろう(Chomsky 1966)．例えば，構造主義言語学も言語の一般的特徴に関するさまざまな仮説を提案している．構造の二重性†(duality)，形式と意味の関係における 恣意性†(arbitrariness)，時間と空間を離れて描写することができる 転移性†(displacement)など，様々の自然言語の持つ一般的特徴が構造主義言語学により指摘されている(Hockett 1958)．また，音素，形態素，語，統語構造などを発見するための手順に関する構造主義言語学の定義についても，言語の普遍的特徴についての仮説と考えることができる．しかしながら，生成文法における普遍文法の研究は，そのような自然言語に共通の特徴に関する主張とは，重要な点で異なっている(梶田1977)．

　生成文法理論における普遍文法の研究は次のような特徴を持っている．

　(A)　自然言語の一般的特徴を言語獲得の問題として研究する．
　(B)　普遍文法の研究が個別文法研究の指針としての役割を果たしている．

まず，(A)について見てみよう．前項でも繰り返し述べたように，生成文法が解明しようとする普遍文法とは，言語獲得を可能にする言語機能の特性である．したがって，自然言語の一般的特性のなかで重要な普遍性として研究対象となるものは，個別言語間に偶然観察される共通項ではなく，言語獲得の初期状態が持つ生得的な言語獲得機構の内容である．このような研究プログラムにより，生成文法では，従来の普遍性の探究によって得られた自然言語の共通性とは質を異にする文法規則や一般的原理が新たに提案されている．

　例えば，生成文法の前期理論における普遍文法は，文法の一般的特性として，(17)のような「規則の体系」を仮定した（後に述べる「原理とパラメータのアプローチ」が提唱されるまでの理論を便宜上「前期理論」と呼ぶことにする）．

(17) 文法の一般的特性: 規則の体系
　　　i. 辞書部門
　　　ii. 統語部門(a. 範疇部門　b. 変形部門)
　　　iii. 音韻部門
　　　iv. 意味部門

普遍文法が(17)のような下位部門からなる規則の体系であるというのは，換言すれば，自然言語の文法は，基本的に(17)の各部門で許される規則のみを用いて文法文の特性を定義するということになる．この意味で，普遍文法は自然言語の文法として許される「可能な文法」(possible grammar)の定義である．

具体的に，(17)によってどのように文が生成されるかを簡単に見てみよう．まず，(17–i)の**辞書部門**(lexicon)は，語彙目録である．語彙目録には，例えば(18)のような(a)音韻特性，(b)統語特性，(c)意味特性を持つ当該言語の語彙項目がリストされている(細部は省略)．

(18) 英語の辞書部門

	lion	big	shoot	a
(a)	/layon/	/big/	/ʃu:t/	/a/
(b)	N(名詞)	A(形容詞)	V(動詞)	Det(冠詞)
(c)	⟨獅子,…⟩	⟨大きい,…⟩	⟨撃つ,…⟩	⟨一つの,…⟩

辞書部門から選択された語彙項目は，(17–iia)の**範疇部門**(categorial component)にある**句構造規則**(phrase structure rule)により統語的単位に結合される(NP: 名詞句，VP: 動詞句，S: 文・節，また( )は随意的な要素を示す)．

(19) 英語の句構造規則の例
　　　a. NP ⟶ (Det) N
　　　b. VP ⟶ V (NP)
　　　c. S ⟶ NP VP

(19)の句構造規則は「矢印の左側の要素は右側の要素を結合したものである」ことを表している．(19)の規則により(20)の構造がそれぞれ生成される([…]は(18)の各語彙項目の指定を簡略化したもので，以下では省略することがある)．

(20) 句構造

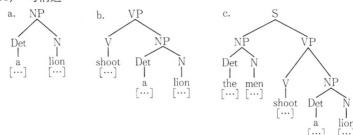

このように辞書部門の語彙項目と句構造規則により生成される(20c)の文構造は**基底構造**(deep/underlying structure, D 構造)と呼ばれる。基底構造には(17–iib)の変形部門の**変形規則**(transformational rule)が適用され、**表層構造**(surface structure, S 構造)が派生される。変形規則は文の要素を移動する規則である。例えば、(21b)の主語・助動詞倒置を起こす助動詞の移動や、(22b)の疑問節の節頭への疑問詞の移動(22b)は「移動変形」によるものである(文の内部構造は省略する、他の変形規則については 1.3 節(c)と第 3 章参照)。

(21) a. 基底構造: [John **will** shoot the lion]
　　 b. 派生構造: [**will** [John ＿＿ shoot the lion]]

(22) a. 基底構造: (Tell me) [John will shoot **what**]
　　 b. 派生構造: (Tell me) [**what** [John will shoot ＿＿]]

必要な変形規則がすべて適用された構造が表層構造である。表層構造は音韻部門と意味部門の入力となる表示である。(17–iii)の**音韻部門**(phonological component)では、**音韻規則**により表層構造が音声表示に解釈される。例えば、(23a)のような連鎖を持つ表層構造は、最終的に(23b)のような音声形式として表示される(細部は省略、1.3 節(c)の(48)参照)。

(23) a. 表層構造: [I want [to take it]]
　　 b. 音声形式: [ay]-[wana]-[teik+it]

一方、(17–iv)の**意味部門**(semantic component)では、表層構造が(最終的には意味表示に結びつく)**論理形式**(logical form, LF)と呼ばれる表示に写像される。例えば、疑問詞を含む(24a)の表層構造は、(24b)のような**演算子**(operator)と**束縛変項**(bound variable)を持つ論理形式として表示される(t_i は

what$_i$ が残した痕跡(trace)).
(24) a. 表層構造: [what$_i$ [will Bill eat t_i for lunch]]
b. 論理形式: [for what x [Bill will eat x for lunch]]

(24b)の for what x は疑問演算子で，束縛変項の x を束縛している．疑問演算子は全称記号 ($\forall x$) や存在記号 ($\exists x$) にならって，Qx のような記号を使ってもよいが，「どんな x について，Bill が昼食に x を食べるのか(答えなさい)」のように解釈される．

文法は言語表現の音声と意味との関係に関する理論でもあるが，(17)の文法組織では，統語部門の2種類の規則を介して音声と意味とが間接的に結びついていることになる．以上のことを図示すると(25)のようになる(論理形式から意味表示への写像は省略する)．

(25) 前期理論による文法の組織

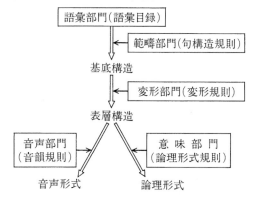

普遍文法が，このような文法組織とその下位部門において許される規則の目録であると考えると，論理的に可能な無数の規則のなかから，実際には存在しない規則を排除し，可能な文法の類を定義することになる．しかしまた，そのような文法組織は多様な句構造規則や変形規則などを許容するので記述能力が強く，様々な言語を記述することができるので多くの文法を許すことにもなる．

普遍文法は言語獲得における初期状態であるので，子供に利用可能な乏しい経験から，その言語の文法の選択が可能になるように十分な制約を持つものでなければならない．一方，言語獲得の最終産物である自然言語の多様性を記述することができるように十分な許容範囲を持っていなければならない．このよ

うな条件を満たしながら，可能な文法をより狭く定義しようという様々な試みのなかで，(17)による普遍文法の制約のみではあまりにも多くの規則群を許容し，獲得可能な文法を十分に，そしてできれば各言語に一つだけに，限定することが不可能であることが明らかになってきた．したがって，言語獲得の根本的な問題の解決のために，他の方法を採用するようになった．それは，文の構造表示を生成する可能な規則のタイプを定義するのではなく，構造表示そのもの(の適格条件)を定義する原理の体系を用いた普遍文法の規定である(1.3節(b)参照)．

次に，(B)の普遍文法の持つ個別文法研究の指針としての役割を簡単に見てみよう．個別文法は，それぞれの言語の母語話者の持つ言語知識に関する理論であるので，まず，必要条件として当該言語の言語事実を正しく記述したものでなければならない．しかし，言語知識のすべてが，当該言語の事実に直接的に反映しているわけではない．この点では，言語獲得における「刺激の貧困」の問題と部分的に類似したことが，個別言語の研究においても生じると考えられる．

例えば，英語の文法は，言語獲得機構の初期状態 S_0 が英語環境において「成長」したものであるので，達成された文法 $S_f(=G^E)$ には，S_0 の特性が何らかの形で反映されていることになる．同様のことは，日本語の文法についても言える．いずれの場合にも獲得の初期状態 S_0 は一定であるので，例えば，日本語の研究成果が，英語の研究から得られた S_0 に関する仮説が妥当ではないことを示すことがあり得る．しかし，日本語の分析によって得られる S_0 の特性が，直接的に英語の分析によっても得られるという保証はない．そのような状況で，二つの異なる英語の文法 G_1, G_2 が，英語において観察可能な事実については両者とも矛盾なく記述し，英語においては両者の優劣を議論できる他の資料はないと考えてみよう．このような場合，G_1 は日本語の研究によって得られた S_0 つまり普遍文法の特性とも合致するが，G_2 はそれとは異なる装置を必要とするならば，G_1 が英語の文法としての資格を持つことになる．つまり，別の言語によって得られる普遍文法の特性から，当該言語の文法の選択が可能となる．このように，生成文法の普遍文法研究は，個別言語の研究の指針としての重要な役割も持っている(1.3節(a)参照)．

1.2 言語とは何か

　生成文法では，言語の科学的な探求を可能にするために，「はたして言語とは何であろうか？」という素朴な問いを発する．日常会話において常識的に使われる「言語」「日本語」「中国語」という用語の概念は実体を欠いていて，科学的な研究対象としては妥当ではないことがある．例えば，「中国語」というのは，北京語，広東語，福建語などを含む様々な中国語の「方言」を総称的に指して使われるが，それぞれの方言の間の相違は，ロマンス諸語に属するイタリア語，スペイン語，ポルトガル語などの独立の「言語」の間の相違よりも大きいと言われる．また，オランダ語やドイツ語の方言は互いに理解し合えるくらい類似しているが，それぞれ別の「言語」であると通常は考えられている．このように，日常的な用法としての言語は，「国語」としての側面を含み，政治的・社会的要因によって分類されている．言語学者の M. Weinreich は，「言語とは軍隊を持つ方言である」と冗談を言ったが，日常的な用法としての言語には，それ以外の定義は難しいと思えるくらい非言語的な要素が含まれている．極端な場合には，社会的要因により，ある言語の語彙から特定の語が差別語などとして突然消滅したり容認度が下がったりすることにより，その語を含む文の容認度も変化することもある．したがって，このような用法における「言語」は等質的なものとは言えず，科学的探究の対象としては問題がある．広義の社会学や社会言語学が対象とする場合とは異なり，経験科学としての生成文法は，日常的な用法としての「言語」とは異なる等質的で精神・脳内に実在する対象を言語と呼ぶ．

　また，多少異なる観点から考えると，日常的な用法における「言語」という用語では表現しにくい場合も多い．例えば，子供が日本語を獲得する場合，獲得の途中の段階で話す言葉は，日本語を母語とする大人の「言語」とは異なる．このような場合，子供の言葉は日本語とは異なる別の言語と呼ぶのはおかしいが，それにふさわしい呼び名はない．それは「日本語を獲得する途中の子供の言語」と呼ぶ以外にないであろう．しかも，獲得の途中の段階はいくつもあるが，それぞれについて別の言語と呼ぶのは不自然である．外国語として日本語を学ぶ人の場合も同様の問題がある．

しかし，このような場合にも，それぞれの話者の精神・脳内にある言語知識を研究対象にすれば，子供や外国語学習者の持つ文法を明示的に定義することに問題は生じない．では，生成文法では何を言語と呼ぶのか，以下で他のアプローチと比較しながら概観することにする．

(a) 理論言語学の対象としての言語

構造主義言語学では，「等質的な言語共同体」(homogenious speech community)を想定して，言語とは「ある言語共同体において使われる発話の総体である」と考えた(Bloomfield 1928, 1957)．F. de Saussure の**ラング**(langue)という概念も，言語共同体における社会的産物としての言語を想定したものである．このように，構造主義言語学においても，日常的な言語という概念を離れ，言語から様々な要因を捨象して，言語共同体に共有されるはずの言語を研究の対象にした．

生成文法では「等質的な言語共同体」という概念からさらに理想化を進め，等質的な言語共同体に属し，その言語を完全に駆使し実際に運用するときに間違わない話者を想定し，「理想的な言語使用者」(ideal speaker-hearer)とする．そして，このような理念上の話者の持つ言語を言語と呼ぶ．実際に発話された言語でもなく，共同体の社会的産物としての言語でもなく，いわば個人の脳に内蔵された純粋の言語知識を言語と呼ぶ．実際の言語運用においては，言い間違いをしたり，口に物を入れて不完全な発音をしたり，興味が変わって途中で変更したりすることなどがある．このような様々な言語運用にかかわる要因は，言語知識の研究においては，非言語的要素として切り離すことができる．理念上の言語使用者は，定義上このような運用上の制約を受けないので，そのような言語知識を研究対象とすることにより，純粋の言語知識の探求が可能になるわけである．

このように研究の対象を絞ることに疑義を唱える研究者もいるが，その多くは誤解に基づくものであり，理念上の言語使用者の持つ言語という概念には理論上の問題はない．物理学における物体落下の法則は，空気抵抗のない真空中で成り立つようにではなく，摩擦があるところでのみ成り立つように定義されなければ妥当なものではない，と言うのはばかげている．同様に，運用上の摩擦を捨象して，言語知識に関する法則を立てることには意味がないなどとは言

えない．重要な点は，上に述べたような理想化によって初めて，言語能力の本質が抽出できることである．そして，そのような仮説が実在論的な立場に立つものであるならば，すなわち，脳に実在する知識であると主張するものである限り，それは反証可能な主張とならざるを得ない．他の経験科学の場合と同様に理論言語学においても，実在する脳の特性である言語知識を研究し，その言語知識が実際に運用される際の様々な要因を明らかにし，それらの相互作用を運用システムの構築などにより研究するという方法が最も妥当な接近法である．

(b) I–言語とE–言語

生成文法における研究課題の一つは，繰り返し述べるように，個別言語の文法である．したがって，生成文法において研究の対象とされる言語とは，通常の用法に近い用語で言い換えると，言語ではなく言語知識，すなわち文法である．そこで，「言語」と「文法」に関する用語上の混乱を避けるために，E–言語とI–言語を区別する．

まず，構造主義言語学，記述言語学，行動主義心理学などが研究対象にしたのは，言語行動を含む「言語共同体で使用される発話の総体」などであった．このような，精神・脳の特性とは無関係に想定されている言語運用とその産物としての言語表現を **E–言語**(E-language)と呼ぶ．したがって，このような言語観に立てば，「文法」とはE–言語の分析あるいはE–言語に関する記述ということになる．そのような研究においては，E–言語の基本的な特性の探究や母語話者の持つ言語知識の解明などという問題はそもそも生じない．まして，言語知識はどのようにして発生するのか，という問いも存在しない．一方，W. Quineが述べるように，正しい文法を確定することはそもそも不可能であるということになり，ある文法のみを正しいとし，E–言語の記述力において同等である他の文法を正しくないとする根拠はなくなる．つまり，文法がこの世界に何らかの形で実在するものについての理論であるとは言えなくなる．

このような言語観とは異なり，伝統文法家のO. Jespersenは，言語を使用する話者の心には「言語構造という何らかの内的概念」があり，その概念に基づいて文を形成する，と考えた．このような，言語を知っている話者の心にある言語構造という概念を **I–言語**(I-language)と呼ぶ．E–言語は，言語知識以外の雑多な要素を含むものであり，言語運用の産物として人間の心の外に外

在化された(externalized)言語現象である．I-言語は精神・脳のなかに内蔵された(internalized)言語知識であるが，それはまた言語構造という概念の内包(intension)でもある．一方，E-言語とは，そのような概念を満足させる具体的な事象つまり外延(extension)である．I-言語を言語研究の対象とすれば，それは脳内に実在するものの研究であるので，その理論は真か偽かが問えるものとなり，経験科学として反証可能性を持つものとなる．

このような言語観に立てば，文法とはI-言語に関する理論ということができる．また，普遍文法とは，すべての人間のI-言語に関する理論ということになる(Chomsky 1986)．

1.3 文法と説明の理論

言語研究の対象を，言語行動とその産物としての言語表現から母語話者の持つ言語知識という心的表示(mental representaion)へ移行することにより，つまりE-言語からI-言語へと「言語」という概念を移行することにより，経験科学としての様々な興味深い課題が生じてくる．まず，(I-)言語の基本的な特性とは何かが問われなければならない．言語の特性とはすなわち文法である．そして，文法の中核部は普遍文法による制約を満たすものでなければならない．そこで，普遍文法が用意する装置がその記述能力において十分に豊かなものであるかどうか，すなわち，様々な言語の多様性に対応できるような装置を備えているかどうかが問題となる．また，普遍文法は獲得される言語の基本設計であるから，到達すべき言語の特性(つまり可能な文法)に強い制限を課すことにより，限定された経験の中で言語獲得が可能になるような装置であるかどうかが問題になる．

普遍文法の持つこの二つの要請は同時に満たすのが困難な要求である．多様な言語を記述するためには豊かな装置でなければならないという要請と，言語獲得を説明するためには強い制約をもつ装置でなければならないという要請とは，いわば高度の緊張関係において初めて両者ともに満足させることができる．しかし，この緊張関係によって普遍文法の研究は高度なレベルの解答を要求する興味深い探究になるのである．

（a） 記述的妥当性と説明的妥当性

　用語に関してまず整理しておく．「文法」(grammar)というとき，理念上の言語使用者の心に表示されている実在の言語知識を指して言う場合と，そのような言語知識に関して言語学者が構築した理論を指す場合とがある．実在論的立場に立てば，言語知識に関する理論は，実際にこの世界に実在するものに関する仮説であり，いずれの意味で使用しても実質的な内容は等価であるので，問題は生じない．また，「理論」(theory)と言うとき，個別言語に関する理論である場合と言語全般に関する理論である場合とがある．文法は個別言語に関する理論であり，普遍文法あるいは言語理論はすべての言語に関する理論である．

　生成文法では，文法や言語理論の妥当性について記述のレベルと説明のレベルを区別して考える．まず，文法が**記述的妥当性**(descriptive adequacy)の条件を満たすのは，個別言語の理論が当該言語の理念上の言語使用者の言語知識を正しく記述している場合である．つまり，文法が記述的に妥当なレベルにあるためには，その文法によって与えられる文の構造記述が母語話者の直観に合致したものでなければならない．各言語には多種多様な構文が含まれるので，それらを母語話者の直観を捉えながら正しく記述するのは，それ自身簡単ではない．

　同様に，言語理論に関しても記述的に妥当なレベルにあるかどうかが問題となる．言語理論は可能な文法の定義をしなければならない．そこで，ある言語理論が，各々の自然言語に対して記述的に妥当な文法を提供することができるとき，その理論は記述的妥当性の条件を満たすと言う(Chomsky 1965)．このような記述レベルの妥当性も，すべての言語について満足させるのは容易なものではない．しかし，生成文法における言語理論つまり普遍文法は，言語獲得を説明する理論であるので，さらに高度な妥当性のレベルが要求される．

　言語理論が満たすべきより高い目標とは，**説明的妥当性**(explanatory adequacy)の条件を満たすことである．ある言語理論が一次言語資料に基づいて，記述的に妥当な文法の中から，それぞれの個別言語について文法を選択することができるとき，その言語理論は説明的妥当性の条件を満たす，あるいは説明において妥当であると言う．このように，言語理論の妥当性についてより高い目標を設定するのは，前節でも詳述したように，普遍文法が言語獲得の理論で

あること，また，個別言語の研究の指針としての役割を持つことと関係がある．

　言語獲得においては，一次言語資料が与えられると言語獲得機構が働き，個別文法が決定される．したがって，言語獲得機構の中心は普遍文法，すなわち言語理論であり，そこには(i)自然言語の可能な文法の規定と，(ii)可能な(複数の)文法のなかから一つの文法を選択する基準が必要となる．このことから，言語獲得の説明理論である生成文法理論は，(i)に加えて(ii)の装置を必要とするのである．

　さらに，言語理論が説明的妥当性を満たすものであるという要請は，個別言語の研究においても重要な役割を果たす．説明的妥当性が提案された1960年代当時，生成文法においては，記述的妥当性の条件すら満たすことができない段階であった．まして，次項で述べるような記述的に妥当な文法から当該言語の文法を選ぶための「評価の尺度」に至っては，「簡潔性」(simplicity)という基準を除けば，実質的な成果は望めず試行錯誤を重ねていた．それにもかかわらず，説明的妥当性という高い目標を掲げて，生成文法の研究が成果を挙げているのは，そのような目標が個々の資料の分析の際の指針となっているからである．他の経験科学の分野と同様に，言語学においても，対立する理論の選択にかかわる決定的な事実を発見することが研究の進展に繋がる．つまり，ある理論に従った文法においてはその場限りのアドホックな装置を用いないと記述できないが，それと対立する他の理論に基づく文法においては自然な経験的仮説によって説明できるような言語事実を発掘することが，理論の進展をもたらすことになる．したがって，具体的な研究においても，そのような決定的な資料を探すことが，最終的には説明的妥当性を満たす言語理論の構築を可能にするのであるが，同時に，その過程において個別言語における分析を刺激する役目を持っている．

　妥当性のレベルに関する問題を別の観点から整理すると，文法は二つの方向から正当化されていると言うことができる．まず，文法は，母語話者の直観に沿って当該言語の事実を正しく記述している程度に応じて，言語事実により**外的根拠**(external ground)から正当化される(Chomsky 1965)．しかし，達成するのが困難ではあるがより高度なレベルでは，文法は言語理論によって原理的な説明が与えられている程度に応じて，いわば**内的根拠**(internal ground)から正当化されるのである．

(b) 前期理論と文法評価の尺度

　生成文法の初期の理論においては，説明的妥当性のレベルを満足する普遍文法のモデルとして，文法評価の尺度が不可欠であった．それは，初期の理論における普遍文法の内容に関係がある．言語理論が説明的妥当性の条件を満たすということは，換言すると，言語獲得を説明することのできる理論ということである．普遍文法が「可能な文法」として文法の下位部門における規則の目録を与えるのみでは，そのような目録に登録された規則の形式を満たすもの（句構造規則や変形規則）は無数に存在し得る．したがって，当該言語の文法として，複数の候補が可能な文法として許容されることになる．そのような状況では，1.1節(b)の(7)の獲得モデルに基づき，一次言語資料に対応する個別言語の文法を決定することはできない．獲得機構の一部として，複数の文法候補のなかから当該言語の文法を選択する装置が必要となる．その際，前期理論で仮定した装置は，複数の記述的妥当性を満たす文法を何らかの**評価の尺度**(evaluation measure)により測定し，文法に評価値を与えるという方法であった．このような評価の尺度が言語獲得装置の中の普遍文法に備わっていると想定すれば，確かにそのような言語理論は記述的妥当性を満たす文法の候補から妥当な文法を選択することができるので，説明的妥当性の条件をも満たすことになる．問題は，自然言語の文法の評価において有効である評価の尺度が本当に存在するのかということになる．以下で，評価の尺度の概要について過去に提案されたものを概観して，その問題点を考えて見る．

　まず，**簡潔性の尺度**(simplicity measure)について，どのような場合に有効であるかを見てみることにする．簡潔性の尺度とは，規則の記述に含まれる記号の数を測定し，少ない記号で書かれた規則をより高く評価するというものである．この尺度が最も有効であるとされたのは，音韻部門の規則の評価に関するものであった．音韻規則の記述には，**弁別素性**(distinctive feature)が用いられる．弁別素性というのは，**母音性**(vocalic)，**子音性**(consonantal)，**前舌性**(front)，**高舌性**(high)など，調音点，調音法，聴覚特性などに基づく音の特性である（第2巻第2章参照）．

　構造主義言語学の音韻規則は「音素発見の手順」により言語ごとに抽出した /a, i, u, e, o, p, t, k/ などの**音素**(phoneme)によるものであったが，音素と

いう概念には様々な問題がある(Chomsky & Halle 1968). 特に,音素表記によっては言語における重要な一般化を捉えるための**自然類**(natural class)が定義できない. 自然類とは,クラス全体を定義するほうが,クラスのメンバーを定義するより簡単であるような集合のことである. 実際に様々な言語に存在する音韻過程は,{母音}, {子音}, {母音+前舌性} などのクラスに適用されるので [+vocalic], [+consonantal], [+vocalic, +front] などのように,弁別素性を用いると簡単に表記できる,つまり自然類が定義できる. これらを音素で表記すると,母音の場合には {i, e, a, o, u, …} のようにメンバーを列挙することになり,重要な一般化が捉えられない.

例えば,下記のような音韻規則があるとしよう.

(26)   x ⟶ y / ___ z

(26)の規則は,z の前という環境で x が y に変化することを示している. まず,音素表記を使って,z が /i/ である場合と z がすべての前母音(例えば,英語の i, e, æ)の場合とでどちらが簡潔に表記できるかを比較してみよう.

(27)   a. x ⟶ y / ___ i

b. x ⟶ y / ___ $\begin{Bmatrix} i \\ e \\ æ \end{Bmatrix}$

規則の簡潔性は,その規則に含まれる記号の数によって決定されるので,(27a)と(27b)を比較すると(環境以外は等価であるので除外すると)記号の数は前者は 1,後者は 3 であり,明らかに(27a)のほうが簡潔であることになる. しかし,実際の音韻過程においては,(27a)より(27b)の音変化のほうが一般性が高い. このことから,(27a)に比べ(27b)をより簡潔に表記するためには,音素表記は妥当ではないことになる.

弁別素性によって表記した場合を考えてみよう(細部は省略).

(28)   a. x ⟶ y / ___ $\begin{bmatrix} +\text{vocalic} \\ +\text{front} \\ +\text{high} \end{bmatrix}$

b. x ⟶ y / ___ $\begin{bmatrix} +\text{vocalic} \\ +\text{front} \end{bmatrix}$

(28a)は,/i/ のみを指定するために母音性以外に前舌性と高舌性が必要である. しかし(28b)では,すべての前母音の集合であるので,母音性以外には前

舌性のみでよい．したがって(28b)のほうが簡潔に表記される．このように，より一般的な音韻過程をより簡潔に表記するためには，音韻規則を記述する記号として弁別素性を採用するのが妥当であることになる(Halle 1964a, 1964b; Chomsky & Halle 1968)．

簡潔性の尺度という観点から考えてみよう．評価の尺度は，同じ言語理論の中の記述的に妥当な文法を評価する基準である．生成文法理論の普遍文法に従った音韻規則は，弁別素性を用いて記述されている．もし，ある文法 G_1 は(28a)を含み，他の文法 G_2 は(28b)を含むが，その他の点では G_1 と G_2 は等価であるとする．すると，評価の尺度を備えた普遍文法は，簡潔性の尺度に基づいて，G_2 をより高く評価するということになる．今，個々の音韻規則のみについて測定したが，個別言語の音韻規則全体についても同様の測定がなされるものとする．

音韻論以外にも，記号の数により簡潔性が測定される場合がある．初期理論では統語範疇として，N(名詞)，V(動詞)，A(形容詞)，P(前置詞)などを用いていたが，(後に述べる) X バー理論においては，音韻論の弁別素性に類似した，±V，±N という範疇素性を用いて，N = [+N, −V]，V = [−N, +V]，A = [+N, +V]，P = [−N, −V] のように表す．そのことにより，例えばある移動規則が NP (名詞句)と PP (前置詞句)にのみ適用される場合，共通の範疇特性として [−V] を指定することにより自然類を定義することができる．統語規則に用いられるこの範疇素性の数を測定することにより，統語規則の簡潔性が評価されることになる．

評価の尺度の例として簡潔性の尺度を概観したが，これは普遍文法が規則の体系であることを前提として，そのような規則の形式的な特徴に基づいて評価が可能な場合にのみ成り立つ．しかし，普遍文法の内容が規則の体系であるとする考え方は次第に再検討されるようになる．また，文法の評価には，文法規則によって生成される派生の特徴についての簡潔性を評価するという提案もなされている．実際に観察される音韻変化は，規則の形式に関する簡潔性のみでは測定できないからである(今井 1971; Kiparsky 1974)．

例えば，P. Kiparsky は，規則の透明度という概念に基づき，透明な規則は高く評価されるという尺度を提案している(Kiparsky 1971, 1972, 1974)．

(29) **透明性**(transparency)と**不透明性**(opacity)

規則 R: A → B/C__D は，下記の音声表示がその言語に存在すれば，それだけ不透明性が高くなる．透明性は不透明性の反対である．
  i. A が C__D という環境に現れる．
  ii. B が C__D という環境以外に現れる．

不透明な環境(i)(ii)は，規則 R の効果が音声表示で見えにくくなる場合である．例えば，(i)が生じる可能性としては，規則 R に例外がある場合や，規則 R が適用された後，E → C/__AD という規則によって，CAD という連鎖が派生される場合などである．また，(ii)の可能性としては，R 以外の規則によって，他の環境に B が導入される場合や，R によって CBD が派生された後に，別の規則が適用され C__D という環境を変えてしまう場合などである．

(29)の透明性の規定に基づいて，「規則は透明性が最大になるように順序づけられる」という透明度の条件が提案されている．これは，規則の形式に関する評価ではなく，規則が適用された結果生成される派生に関する評価である．したがって，透明度を測定するためには，音韻規則によって生成されるすべての派生をチェックしなければならないので，普遍文法における評価の尺度として，機能し得るかどうか検討の余地がある(詳細は梶田(1979))．

これと類似した評価の尺度として，D. Lightfoot (1979)の**透明性の原理**(transparency principle)がある．この原理は，簡単に言うと，「文の派生は最小限に複雑であり，基底構造は対応する表層構造に近くなければならない」というものである．これは，ある時期の文法 G_i が様々な原因により「不透明」になったとき，次世代の子供は資料を再分析してより透明度の高い文法 G_{i+1} を獲得しようとすると仮定すれば，間接的に文法の史的変化をも説明できるという主張である．したがって，実際の資料は史的変化に関するものであるが，これは史的変化の仮説というより言語獲得に関する理論であり，普遍文法の評価の尺度に関する主張であると考えられる(Lightfoot 1979; 梶田 1979)．この透明性という概念も，規則に用いられる記号の数のような単純な評価方式ではない．したがって，文法規則によって生成される派生の複雑さをチェックする具体的な手順がない限り，普遍文法の評価の尺度として言語獲得機構の一部に組み入れることはできない．しかし，「派生の経済性」という概念の一部は，極小モデルの計算部門に通じる点がある(第4章参照)．

言語理論が説明的妥当性を満たすために，普遍文法の中に規則の体系に加えて評価の尺度を組み込むという研究の方向は，提案された評価の尺度の妥当性に依存している．しかし，様々な提案にもかかわらず，評価の尺度に基づく説明的妥当性の達成という接近法は，十分な成果を挙げるには至らなかった．そこで普遍文法の中心が「規則の体系」ではなく，言語知識の内容そのものを表す「原理と変数」からなるという主張へと移行するのである．次項では，そのような移行の経過を，言語獲得機構の解明という生成文法の目標に沿って概観することにする．

(c) **生成文法の展開：説明的妥当性の追究**

生成文法のこれまでの研究の過程を簡単に振り返ってみよう．言語獲得の説明原理を求める言語理論は，1.3節(a)で述べた「説明的妥当性」の条件を満たさなければならない．前期理論においては，普遍文法の内容として規則の体系を想定した．つまり，普遍文法において「可能な文法」に関する制約を課すことにより，多様な個別言語を記述しながら，多くの文法を獲得不可能なものとして排除し，言語獲得の論理的問題に答えようとした．しかし，普遍文法が提供する「可能な文法」とは，形式が定義された規則の目録であり，その目録にある規則の形式を満たすものであれば，個別言語の資料に合わせてどんな規則でも許容された．したがって，当該言語の文法として多くの文法の候補を許してしまい，妥当な文法を一つに絞り込むためには，文法評価の尺度が必要であった．ところが，前項で概説したように，様々な試行錯誤の結果，有効な評価の基準となるものが提案される見通しが立たなかった．

一方，個別文法の規則として提案されたものには様々な一般的条件が課されなければならないという研究が，Chomsky(1964)，Ross(1967)以来急速に進展した．例えば，疑問詞などを移動する**WH移動**では，(30a)のように深い埋め込み構造からの移動が可能であるが，(30b)のように同格節などの**複合名詞句**(complex NP)からの移動は阻止される．

(30) a. Who do you think [John said [that Fred dated ___]]?
b.*Who do you believe [the claim [that Fred dated ___]]?

この制約は**島の制約**(island constraint)と呼ばれるが，他にも「時制文条件」「指定主語条件」など様々な制約が検討されるようになった（詳細は第2章，第

3章).

　このような規則の制約は，やがて相互の余剰性をなくし精密化するにつれて，一般原理と考えられるようになった．つまり，可能な文法規則の適用を制限する制約というよりも，文の構造表示に関する適格条件と見なすことができると考えられるようになった．このような研究の累積を背景にして，Chomsky (1981) の原理とパラメータのアプローチを境に，普遍文法は文の構造表示を生成する規則の体系ではなく，（規則の体系を不要とした）原理の下位体系からなると見なされるようになった．このように考えると，普遍文法の内容は，一般原理によって定義される構造表示であるので，言語知識そのものであると考えることができる．したがって，言語獲得機構は，資料と矛盾しない複数の文法を個別言語に提供するのではなく，どのような資料であろうとも一つの文法，つまり一つの I-言語の理論を提供することになった．このことから，前期理論で模索した評価の尺度は実質的に不要となったのである．しかし，他方では，そのような言語知識が様々な個別言語に一様に提供できることを保証する装置が必要となるが，それが**パラメータ付き原理**である．

　例えば，個別言語の語順は，その言語の資料に依存して経験的に決定されるので，従来は語順まで固定された句構造規則が可能な規則として個別言語の文法に書き込まれていたが，規則を廃した文法理論においては，そのような個別的な規定はなくなる．**原理とパラメータのアプローチ** (Principles and Parameters Approach) では，個別文法の特徴は，少数の値で変動するパラメータ (parameter) を仮定し，言語獲得を経験によるパラメータ値の設定 (parameter-setting) と考えるようになった．

　個別言語の実際の文法には，各言語に固有の例外や歴史的偶然の産物が含まれているが，このような文法の周辺部は，もちろんパラメータ値の設定によっては獲得されない．そこで，個別文法において，例外的現象のような経験にすべて依存する周辺部と，普遍文法における原理とパラメータ値の選択により到達する中核部を区別し，後者を**核文法** (core grammar) と呼ぶことにした．そして，このような区別を前提として，普遍文法は説明的妥当性の条件を満たす言語理論の資格を備えるものであると主張されるようになった．また，同時に，核文法の内容に関する限り，経験的資料の役割がますます減少し，生得的な言語獲得機構の特性が獲得の本質を説明することになり，現在の普遍文法の理論

は初期の理論に比べますます強い生得性を仮定するようになったとも言える．

以下では，上に述べたような目標に照準をあわせながら，生成文法の研究が具体的にどのように展開されたかについて簡単に概説する(第2章〜第4章で詳述される内容は割愛する)．

初期理論

初期理論は，*Syntactic Structures* (Chomsky 1957)で提案された生成文法の初期構想である．その内容は，後に出版されることになる *Logical Structure of Linguistic Theory* (Chomsky 1975)に基づいて，生成文法の基本構想を平易に概説したものである．

Chomskyは，ある言語Lの文法を「言語Lの文法的な文をすべて生成し，非文法文をまったく生成しないような装置である」と定義した．「生成する」というのは，前にも述べたように，形式的な規則により文を定義するという意味である．文を生成する文法，つまり「生成文法」の誕生である．生成文法の誕生により，自然言語がどのような性質を持つか，そしてそれを生成する装置はどのような記述能力を持つ必要があるかが問題となった．

文の重要な特性の中には，英語の If S_1, then S_2 や Either S_3 or S_4 の依存関係(S_i は文)や日本語の係り結びなどのような一種の長距離依存性(long-distance dependency)がある．このことから，自然言語は**有限状態文法**†(finite-state grammar)によって記述することはできないことが明らかにされた．

また，Chomskyは，ある文が文法的(grammatical)であることは，その文の出現頻度とは関係なく，また意味を持つ(meaningful)こととも同じではないことを指摘し，統語部門の自律性を主張した．

そのことを示すために Chomsky(1957)で「創作」され，その後，有名になって車のバンパーステッカーにされたり，詩にもなった有名な文は(31a)である(Chomsky 1957, 1965)．

(31)　a.　Colorless green ideas sleep furiously.
　　　b.*Furiously sleep ideas green colorless.
　　　c.　Large green lizards sleep soundly.

(31a)も(31b)も無意味な文であり使用頻度はそれまで0であったが，英語の母語話者であれば，(31a)のみが文法的であると判断できる．(31a)と同じ性質の

文(31c)を見ると(31a)が統語論の規則に従って生成された文であることが分かる．例えば，幼児は(31a)を容易に復唱できるが，(31b)の復唱は困難である．

特に，文法の記述能力に関する革新的な発見は，「変形規則」の必要性が実証されたことである．構造主義言語学における文の構成素分析に用いられた規則が基本的に「句構造規則」であることを示し，そのような句構造文法の限界を指摘した．そして，句構造規則により生成された構造に，変形規則を適用することにより，接辞移動，受動文形成，疑問文形成などが自然に記述されることを示した．

説明的妥当性についてもその初期構想を示した．言語理論の目標について，資料を分析することにより文法を発見するという「発見の手順」は強すぎて達成できない．したがって，資料と複数の文法候補からより妥当な文法を選択する「評価の手順」を探すべきであるという基本構想を明らかにした(Chomsky 1957)．

標準理論

標準理論は Chomsky の *Aspects of the Theory of Syntax* (Chomsky 1965)を中心とした生成文法のモデルである．初期理論に比べ，文法組織が整備され文の生成という概念がより鮮明になってきたが，多くの変形規則が提案され文法の記述能力が高まる一方，説明的妥当性の問題が浮き彫りにされるようになった．

言語研究の方法論に関して，言語理論が対象とする言語とは，「完全に等質的な言語共同体における理想的な話者・聴者で，その言語を完全に知っていて，運用上の制約(言い間違いなど)がまったくない人」の言語であると述べ，後のI-言語の概念を明らかにした．すなわち，母語話者の精神・脳に内在する**言語能力**(competence)と実際の使用に際して様々な要因を含む**言語運用**(performance)を区別して，言語能力の研究こそが人間の心に実在するもの(mental reality)の研究であると主張した．そして，生成文法が実在論的な方法を採用していることを強調した．

文の生成の仕組みに関しては，(32)のような文法組織の概要が明らかになった．

(32)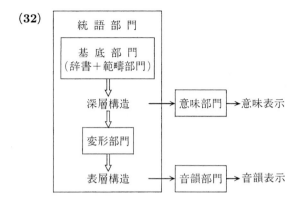

統語部門は**基底部門**(base component)と**変形部門**(transformational component)からなる。そのうち基底部門は**辞書**(lexicon)と**範疇部門**(categorial component)からなる。辞書は語彙のリストであり、範疇部門の規則は句構造規則である。辞書と句構造規則により深層構造が生成され、深層構造は意味部門において意味表示に解釈される。また、深層構造は変形部門において変形規則の適用を受け、表層構造を派生する。表層構造は、音韻部門の音韻規則により音韻表示に変えられる。

英語の句構造規則として(33)を考えてみよう(Aux: 助動詞, M: 法助動詞, 括弧内は随意的な要素)。

(33)　a. S ⟶ NP Aux VP
　　　b. NP ⟶ (Det) N
　　　c. VP ⟶ V (NP)
　　　d. Aux ⟶ M
　　　　……

また、辞書には(34)のような語彙項目のリストがあるとしよう(語彙項目の内容は省略、1.1節(c)参照)。

(34)　a. sincerity　b. boy　c. may　d. frighten
　　　　[+N, …]　　[+N, …]　[+Aux, …]　[+V, …]

(33)の句構造規則に従って(34)の語彙項目を結合することにより、下記のような深層構造が生成される(語彙挿入の詳細は省略、Chomsky(1965))。

(35)

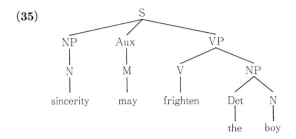

このような深層構造には,意味部門において意味表示が与えられる.また,一方では深層構造は変形規則の適用を受ける.変形規則には**構造記述**(structural description)と**構造変化**(structural change)が指定されている.例えば,受動化変形は下記のように定式化される(EN は過去分詞を表す接辞).

(36)　受動化変形

	X	NP	Aux	V	NP	Y
構造記述:	1	2	3	4	5	6
構造変化:	1	5	3+⟨be+EN⟩	4	⟨by⟩+2	6

(35)の句構造を持つ文は(36)の受動化変形の構造記述に合致し,下記のように分析可能である(X, Y は変項で,空 ∅ でもよい).

(37)　| ∅ | sincerity | may | frighten | the boy | ∅ |
　　　　X　　　NP　　　Aux　　　V　　　NP　　　Y

したがって,(36)に指定された構造変化を随意的(optional)に受け,(38)の派生構造が生成される.

(38)

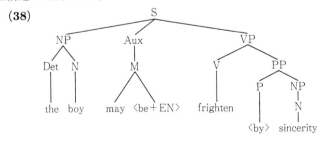

(38)に,さらに接辞移動変形が適用され,the boy may ⟨be⟩ [frighten ⟨+EN⟩] by sincerity という連鎖を持つ構造が派生される.この文の派生に必要なすべての変形規則が適用された構造が表層構造である.表層構造には,音韻規則が

適用されて音声解釈が与えられ，文の音声表示が得られる．

標準理論によってこのように文法組織が明確にされたが，他方では多くの問題も指摘されてきた．また，変形規則が次々に提案されるにつれて，次第にその適用を制限する一般的な制約が必要であることが明らかになった．Chomsky (1964) の A の上の A の原理や，Ross (1967) の島の制約などである (詳細は，第3章参照)．つまり，標準理論では構文ごとに受動化変形，疑問変形，話題化変形，関係詞化変形など個別の規則を認めることになり，記述能力は初期理論に比べ大いに強くなっていったが，説明的妥当性の問題の解決が先送りにされた．

拡大標準理論

標準理論では，文の真偽値や文法関係のような意味の限定された側面のみを考慮して，深層構造のみを意味部門の入力としたが，Jackendoff (1969, 1972) などの研究により，表層構造が関与する意味的側面の研究が進展した．例えば，焦点と前提，数量詞の作用域，代名詞の指示の条件などは，変形規則が適用されて初めて決定されることが明らかになった．

例えば，文の**焦点** (focus) が表層構造の情報を必要とすることを見てみよう．

(39) a. Fred writes POETRY in the garden.
   b. Fred writes something in the garden.

(40) a. What did Fred write in the garden?
   b. He wrote POETRY there.

文の焦点とは文における新情報で，(39a) の大文字部分で示されるように文中の文強勢を持つ要素である．(39b) のように，焦点以外の情報「Fred が庭で何かを書いていること」は，聞き手も了解していること (つまり「前提」) にして，その何かとは「詩」であると断定されている内容が焦点である．したがって，(40a) のような疑問文の答えになる要素も焦点である．

では，下記の (41) の疑問文とその答え (42) を考えてみよう．

(41) a. Is Kennedy certain to WIN?
   b. (Is Kennedy (certain (to WIN)))?

(42) a. No, he is certain to LOSE.
   b. No, he is only likely to be NOMINATED.
   c. No, the election may not even take PLACE.

(41a)の文の焦点は概略すると(41b)の括弧のような広がりを持つ．このことは，(41a)に対する答えの可能性が例えば(42)のようになることからも分かる．そこで，「焦点は文強勢を持つ要素を右端に持つ構成素である」と仮定する．しかし，この統語構造における「構成素」は，深層構造における構成素ではなく，表層構造の構成素である．下記のように，(41a)は概略すると(43a)と類似した(43b)の深層構造から「主語繰り上げ」という変形規則により派生されると仮定されているからである．

(43)　a. It is certain [that Kennedy will win].

　　　b. [　] is certain [Kennedy to win].

数量詞の作用域に関しても，表層構造を考慮しなければ決定できない．下記の文の意味を考えてみよう．

(44)　a. Everyone loves someone.

　　　b. Someone is loved by everyone.

(45)　a. 誰かがすべての論文を読んだ．

　　　b. すべての論文を誰かが読んだ．

(44a)の解釈は2通りある．everyoneの作用域が広い解釈「すべての人について，それぞれが違う誰かを愛している」($\forall x \exists y (x \text{ loves } y)$)と，someoneの作用域が広い解釈「誰か共通の人について，すべての人がその人を愛している」($\exists y \forall x (x \text{ loves } y)$)である．しかし，(44b)のように受動化変形を受けた文では，後者の解釈しかない．日本語の(45a)では，「誰か」が広い解釈「誰か共通の一人について，その人がすべての論文を読んだ」が優勢であるが，**かき混ぜ規則** (scrambling)によって派生された(45b)では，(45a)の解釈に加えて，「すべて」が広い作用域をとり，「すべての論文について，それぞれ別の誰かが読んだ」という解釈もある．このように，表層構造が焦点や数量詞の解釈に影響を与えるので，意味部門の入力として深層構造のみでは不充分ということになる．

改訂拡大標準理論

Chomsky (1973, 1975)などによる改訂拡大標準理論と呼ばれるモデルでは，深層構造によって決定されると考えられていた文法関係も，移動規則が移動前の位置に**痕跡**を残すと仮定することにより表層構造で決定され，表層構造のみ

が意味部門の入力と考えられるようになった．また，変形規則の一般的制約として，「時制文条件」「指定主語条件」が提案され，次期の GB 理論における個別の規則による記述方式から一般原理に基づく適格条件への移行の準備が整ってきた(一般的制約の具体例については第 2 章，第 3 章参照)．

痕跡の必要性について見てみよう．移動変形が元の位置に痕跡(t)を残すことにより，主語や目的語という「文法関係に関する情報」は，(46a)のように表層構造に残った痕跡により復元できる．また，(46b)の埋め込み文の動詞(are)の「数の一致」も痕跡を用いて局所的に照合できる．

(46)　a.　What$_i$ did you **eat** t_i for breakfast?

　　　b.　How many students$_j$ do you think [t_j **are** coming to the party]?

さらに，下記の文において表層の連鎖 want+to は，(47a)では wanna と縮約することにより [wana] と発音することができるが，(47b)ではそのような縮約はできない．

(47)　a.　Who do you want to see?

　　　b.　Who do you want to go out?

このような事実も，(47b)では want と to の間に who の残した痕跡が残り，痕跡を含む連鎖の縮約は阻止されると仮定すれば，自然に説明される．

改訂拡大標準理論で仮定される文法組織は，ほぼ次の GB 理論におけるモデルの基本的特徴を備えたもので，下記のように図示することができる．

(48)

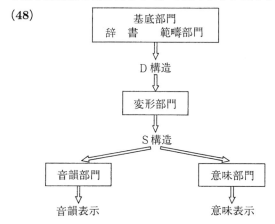

深層構造や表層構造という名称は，前者のみが文の重要な構造であるという誤解を招くので，便宜的に D 構造, S 構造と呼ばれるようになった．

GB 理論（原理とパラメータのアプローチ）

Chomsky(1980, 1981)に始まる普遍文法の「原理の体系」への移行は説明的妥当性をめざす大きな転換であり，通称 **GB 理論**(government and binding theory)と呼ばれる．Chomsky(1981)で提唱された一般原理が**統率理論**(government theory)と**束縛理論**(binding theory)を中心としたものであったからである．このモデルにおける視点の転換とその後の展開を考慮すると，後に Chomsky(1986)で明確にされたように「原理とパラメータのアプローチ」と呼ぶべきであろうが，ここでは便宜上 GB 理論と呼ぶことにする．

それまでの普遍文法の理論(仮に「前期理論」と呼ぶ)は，規則の体系からなり，言語獲得の基本的な問題に妥当な説明が与えられる見込みがなくなった．つまり，普遍文法は各個別言語の文法として資料と矛盾しない複数の規則の体系を提供するので，妥当な評価の尺度が得られる見通しがなくなった段階では，文法の選択は不可能となり，説明の理論とは言えなくなった．変形規則の適用条件に関する「時制文条件」や「指定主語条件」が修正され「束縛理論」という一般的原理に収束した．このような研究の進展により，普遍文法は下記のような原理の体系からなると考えられるようになった．

(49)　原理の体系
  a. X バー理論($\overline{\text{X}}$-theory)
  b. 統率理論
  c. 束縛理論
  c. θ 理論(θ-theory)
  d. 格理論(case theory)
  e. 境界理論(bounding theory)
  f. コントロール理論(control theory)

これらの原理の内容は第 2 章と第 3 章で詳述されるのでここでは説明を省略する．

前期理論で提案された規則のうち，「句構造規則」は自然言語には存在しない「句構造」まで許容するので記述力が強すぎて廃止された．句構造の本質は

その中心となる語彙特性の投射(つまり内心構造, endocentricity)であるので, その実質的な内容は X バー理論によって代替されることになった. また「受動化規則」「疑問化規則」「話題化規則」など多くの変形規則は, 各言語の構文ごとに提案されたものであり, そのような雑多な規則をそのまま普遍文法に組み入れることはできない. したがって, それらの変形規則は要因分析され, 普遍文法においては「任意の要素を移動せよ」という「α 移動」のみを変形規則として普遍文法に組み込むことにした(詳細は第 2 章).

また, 前期理論で一般的制約として提案されたものには多くの余剰性が指摘されるようになり, そのような余剰性を除いて整備された(49)の原理は, それぞれモジュールをなすと考えられるようになった. **モジュール**(module)とは, 互いに独立した内部構造を備え, 相互作用により全体のシステムを構成する装置である. 生成文法では, 言語機能は認知システムにおいて一つのモジュールを成すと仮定するが, 言語機能の内部構成に関してもさらに, 各原理がモジュールであると見なされている.

パラメータ付き原理について簡単に概説する. GB 理論は原理とパラメータからなる. つまり, 普遍文法の原理のなかには, 固定された原理とパラメータ付き原理とがあり, 個別言語の核文法は経験による「パラメータ値の選択」により獲得される. 具体例として, X バー理論と「主要部パラメータ」を見てみる. まず, 下記の英語と日本語の語順を比較して見よう(VP: 動詞句, NP: 名詞句, AP: 形容詞句, PP: 前置詞句/後置詞句).

(50) 英語の語順 日本語の語順
    a. VP: [$_{VP}$ **study** linguistics] [$_{VP}$ 言語学を 学ぶ]
                     V …   … V
    b. NP: [$_{NP}$ **student** of linguistics] [$_{NP}$ 言語学の 学生]
                     N …   … N
    c. AP: [$_{AP}$ **fond** of music] [$_{AP}$ 音楽が 好き(な)]
                     A …   … A
    d. PP: [$_{PP}$ **from** Boston] [$_{PP}$ ボストン から]
                     P …   … P

句構造の一般的な性質は X バー理論に従う. X バー理論は概略すると「XP の中心には X という語彙範疇がある(X=V, N, A など)」という語彙投射の原理である. すなわち, 句構造として [$_{XP}$ … X …] という構造のみを適格とする(X は

XPの**主要部** head と呼ばれる)．Xバー理論では階層構造のみが規定され，語順はパラメータとして**主要部先導型**(head-initial)か**主要部終端型**(head-final)のいずれかの値（または [± head-initial]）が言語ごとに選択される．(50)が示すように，英語のようなSVO言語では，すべての句が原則的に主要部先導であり，日本語のようなSOV言語では，すべての句が主要部終端である．このように，説明的妥当性を満たすための普遍文法の理論は，すべての言語に共通の原理を仮定しながら，経験によって設定されるパラメータを付けることにより，個別言語の記述的妥当性も満たそうとするのである．

極小モデル

Chomsky(1993, 1995)による生成文法の研究プログラムで，言語の基本的なデザインに関して画期的な提案がなされた．前期理論やGB理論で仮定された多くの文法概念や原理について，最小限に必要とされるもの以外は認めないとする研究プログラムである．文法は音声と意味を結びつける最適の装置であり，その派生や表示は最も経済的でなければならないという指導原理により，文法組織全体の見直しがなされている．何を最小限に必要な装置とするか，何を経済的とするかなど，詳細は第4章で説明されるので，ここでは割愛する．極小モデルは，言語機能の解明という究極の目標に向かってどのような装置が概念上不可欠のものかに関して重要な一歩であり，説明的妥当性の達成をめざした飛躍的な進歩でもある．

1.4 経験科学と理想化

生成文法の考え方の特色を簡単に概観してみよう．まず，哲学的な背景としては，生成文法は「合理論」(rationalism)の伝統に従っている．合理論とは，Plato, R. Descartes, G. Leibniz などの哲学者によって継承されている認識論の立場であり，人間の知識や信念(belief)の本質は精神に内在する生得的な基盤に基づいているとする考え方である．これは知識や信念の重要な部分が経験によるものであるとする「経験論」(empiricism)の立場と対極をなすものである．

構造主義言語学は，言語獲得が習慣形成によると見なし，経験論の立場に立っていたと考えられる．音素の分析法などの「発見の手順」は，一種の自然言

語における普遍性の探究ではあるが，それが言語獲得の問題とどのように結びつくかについては議論されなかった．生成文法では，言語獲得が生得的な言語獲得機構によるものであると考えるのであるから，知識の基盤が人間の認知能力に求められるとする合理論の立場に立つものと言ってよい．

冒頭での解説では，生成文法の研究対象と目標はそれまでの言語研究とはまったく異なる革新的なものであった，と述べた．しかし，その背景となる言語観に関する限り，Chomsky自身がデカルト派言語学と呼ぶポールロワイヤルの文法†(Grammaire de Port-Royal) や von Humboldt などの合理論の伝統を踏まえたものである(Chomsky 1966, 1975 参照)．

生成文法において同様に重要な方法論の特色は，経験科学における演繹的説明法の採用と実在論的立場である．また，これと密接に関係する方法論的特徴は，理想化による言語機能の抽出である．以下に，これらの点を簡単に解説する．

(a) 演繹的説明法と実在論

生成文法は経験科学における「演繹的説明法」(deductive method) を採用している．演繹的方法とは，説明の対象となる「被説明項」を，それに先だって成立している経験的な事実である「先行条件」(antecedent condition) と，例外のない「一般法則」(general law) から論理的に導く方法である．生成文法における被説明項は，「人間はなぜ言語を持つのか」あるいは「なぜ人間は言語を獲得することができるのか」という最も根源的な問いである．先行条件とは，子供が経験する乏しい一次言語資料あるいは，言語獲得における「刺激の貧困」という経験的事実である．一般法則とは，「人間は誰でも生得的な言語獲得機構をもつ」という仮定である．つまり，人間が言語を獲得するのはなぜか，という問いに，すべての人間には言語獲得機構が備わっているので，乏しい一次言語資料による経験においても，言語の獲得は可能であるという説明法である．もちろん，重要な課題が，言語獲得機構の内容である言語機能の特性の解明であることは言うまでもない．しかし，今述べたような演繹的説明法を採用せずに，例えば，構造主義言語学におけるような経験論的な立場を前提にすれば，言語資料の分析がその中心になり，脳に内在する生得的な言語機能の特性などは研究の視野にそもそも入らない．生成文法は言語に関するより根源的な問い

への解答を求めているのである．したがって，「生得的な言語獲得機構を仮定するのは循環論的であり獲得のメカニズムの解明にはならない」などという誤解をしてはいけない (Chomsky 1962)．

次に，生成文法の方法論として重要な点は，前節までにも繰り返し述べた，実在論的な方法である．実在論とは，この世界に実際に何らかの形で実在するものに関する理論であると主張する立場である．実在論的立場は，経験科学の重要な要件である**反証可能性** (falsifiability) と密接に関係している．反証可能性とは，仮説は原則に真か偽かを確かめる方法がなければならないというものである．つまり，その主張が真であることを保証することはできなくとも，偽であれば偽であることが事実によって示されるというものである．そのような要請は，一方では，虚偽の主張であっても偽であることを証明する方法がない疑似科学的な主張を排除しながら，より真実に近い仮説を残して漸進的に真の理論の構築をめざすために必須の条件である．実在論の立場は，この世界に実在するものに関する理論の構築であるから，その主張は事実に照らして（もし偽であれば）偽であることを確かめることが原則的に可能である．

実在論と対照的な「道具論」(instrumentalism) では，発話サンプルの分類や分析などによる言語資料の帰納的な一般化も文法あるいは言語法則とされるが，それが母語話者の持つ言語知識であるかどうかを決定することはできない．それに対して，例えば原理とパラメータのアプローチにおけるパラメータ付きの原理は，様々な個別言語の研究あるいは比較統語論などの通言語的研究により，その仮説が反証される可能性が原則的に存在する．そのような研究の進展によって，実際に束縛理論などの実質的な内容が将来全面的な見直しを迫られる可能性もあるであろう．

(b) 瞬時獲得モデルと理想化

言語獲得モデルとして 1.1 節 (b) で想定したモデルは，Chomsky の**瞬時獲得モデル** (instantaneous acquisition model) と呼ばれている．

(51) 言語資料(D) → 言語獲得機構(LAD) (UG+α) → 文法(G)

このモデルの特色は次の点にある．

（i） 言語獲得機構の中核部にある普遍文法は，入力となる資料（経験）の貧困にもかかわらず当該言語の獲得を可能にする豊かな内容を持つ．

（ii） 入力となる資料の提示の順序は，獲得の最終的な産物である成人の文法には影響がない．

(i)はこれまでに詳しく説明したので，ここでは(ii)の仮定について考えてみる．実際の言語獲得においては，子供が取り込む経験には順序があり，時間軸に沿った獲得の段階ごとに少しずつ成人の文法に近づいていく．瞬時獲得モデルは，そのような時間的な要因を捨象しても獲得の結果は変わらないと主張することになる．つまり，獲得装置の入力となるのは，提示の順序とは無関係な資料の総和であると仮定されている．

言語知識の研究において実際の言語運用に見られる様々な要因を捨象して言語能力のみを抽出しようとしたように，言語獲得モデルにおいても，経験科学の方法における理想化を行っていることになる．そして，そのような理想化により初めて言語獲得の本質が分かると主張しているのである．

言語運用の中から言語知識を抽出するという理想化はおおむね成功し，そのような理想化により具体的な成果が挙がっている．一方，瞬時獲得モデルにおける理想化は，成人の文法の特性（例えば原理とパラメータ）が，各段階における獲得の指針になるというものであるが，他の可能性も検討に値する．例えば，言語獲得装置の入力として，言語資料のみならず，獲得の直前の段階の文法をも考慮するというモデルも考えられる(Kajita 1977, 1997)．そのような獲得モデルでは，普遍文法は言語獲得の最終産物である成人文法の特性を定義するだけではなく，獲得過程において次の段階として可能な文法についても何らかの制約を課すことが可能となり，結果的に「可能な文法」をより狭く定義することになるであろう．

（c） 漸進的な研究プログラム

生成文法理論の目標は，言語獲得を説明する理論を構築することである．そのために，生得的な言語獲得機構を仮定し，その核心部にある普遍文法の特性を研究の中心とする．そのことにより，「言語獲得の論理的な問題」への解答を求める言語の科学が誕生した．

このような普遍文法の研究は，様々な試行錯誤を重ねながらも，言語獲得の

解明という究極の目標へ向かって進展している．そしてその過程で，個別文法の分析においても豊かな成果を積み重ねている．すなわち，説明的妥当性という高い目標を掲げることによって，個別的な現象ごとにその場限りの規定を設けるというアドホックな分析が排除され，一般的な原理をまず追究するという方法が定着しつつある．

　経験科学の研究プログラムは，反証可能性のある理論でしかも漸進的(progressive)でなければならない．生成文法は豊かな果実を実らせることによりその条件を十分に満たすものであると言えるであろう．「成長する樹は根を確かに下ろさねばならない．」しかし，根を深く下ろし大樹になろうとも，果実を実らせない樹であれば，言語学という果樹園には相応しくない．

第1章のまとめ

1.1 生成文法の三つの課題は，(i)文法とは何か，(ii)それはどのように獲得されるか，また，(iii)どのように使用されるか，という問いに答えることである．

1.2 乏しい経験に基づいて短期間に文法を獲得することができるのは，人間が生得的な言語機能を持つためである．

1.3 生得的な言語機能の初期状態が普遍文法であり，その最終状態が個別文法である．普遍文法の研究は言語獲得を説明する理論の研究であり，言語に偶然観察される共通項の研究ではない．

1.4 構造主義言語学は，等質的な言語共同体で使われる発話の総体を言語と考えたが，生成文法では，「言語運用における制約を受けない理想的な言語使用者の持つ言語」を科学的な研究の対象と見なす．

1.5 言語運用の産物としての言語を E–言語と呼び，母語話者の精神・脳のなかに内在化されている言語知識を I–言語と呼んで両者を区別する．生成文法では I–言語のみを研究の対象とする．

1.6 文法が母語話者の言語知識を正しく記述しているとき，記述的妥当性の条件を満たすと言う．言語理論が言語資料に基づいて記述的に妥当な文法から当該言語の文法を決定することができるとき，説明的妥当性の条件を満たすと言う．

1.7 前期理論における普遍文法は，規則の体系であったが，原理とパラメータのアプローチ以降では，一般原理の体系であると考えられるようになった．

1.8 経験科学としての生成文法は，演繹的説明法を採用し，実在論的立場に立っている．

1.9 言語獲得を説明する Chomsky の瞬時獲得モデルは，時間軸に沿った獲得の段階を捨象して理想化したものである．

2
第1次認知革命

2 第1次認知革命

【本章の課題】

　生成文法の誕生は，1950〜60年代に進行していた「認知革命」に大きな弾みをつけたと言われる．「言語能力」という脳に内在する認知能力の構成および発達過程を理論的に解明することを目指したからである．1950年代後半から1970年代にかけての初期生成理論では，まず言語能力の構成を解明することに関心が向けられる(2.1節)．

　言語能力によって生成されることばには，いくつかの注目すべき特質が見られる．言語能力の解明を目指す言語理論は，こうしたことばの特質を反映し，再現するものでなければならない．2.2節ではことばの特質を明らかにし，2.3節では言語能力を構成する句構造規則と変形規則について概説する．2.4節では生成理論の特色である変形規則について詳しく解説する．

　それぞれの言語ごとに句構造規則および変形規則を追究する過程で，それらの規則の一般的な性質が明らかにされてくる．言語能力を構成する句構造規則や変形規則の一般的性質は，言語能力が認知能力の一種なのであるから，認知一般に関する性質を何らかの形で反映しているものと考えられる．つまり，認知の構成や性質を知る上で有力な手掛かりを提供するものと期待される．2.5節では句構造規則と変形規則の一般的性質，およびそれらが認知の構成や性質に関して示唆するところを考える．

　句構造規則や変形規則の一般的性質を追究することは，また，すべての人間言語に当てはまる「普遍文法」の原理や原則を究明することでもある．個別言語の句構造規則や変形規則の中から共通して成り立つ一般的な原則を抽出し，それらを普遍文法の原理・原則として定める．普遍文法の内容が豊かになるにつれて，個別文法の個々の規則は簡略化されていき，それに伴って研究の関心は普遍文法の原理・原則で言語能力の構成および発達過程を説明することに向けられていく．2.6節では，個別言語の句構造規則や変形規則で言語能力の構成を明らかにしようとした「第1次認知革命」から，言語能力の発達を射程の中に入れた「第2次認知革命」の方向へと移行していく過程をみる．

2.1 なぜ Chomsky 理論は「認知革命」か

　N. Chomsky の文法理論は，言語学の世界に「Chomsky 革命」を引き起こしたとも，1950 年代から 1960 年代にかけての「認知革命」に大きく貢献してきたとも言われている．これら二つの「革命」は無関係ではなく，相互に密接に関係している．ことばは精神の発現であるとする Chomsky の言語観が，言語研究を飛躍的に発展させ，精神構造の解明を目指す認知革命に大きな弾みを加えたのである．

(a)　「認知革命」とは

　Chomsky の言語理論が「革命的」な変化をもたらす以前，すなわち 20 世紀前半のアメリカの学界では，**行動主義**(behaviorism) と呼ばれる思潮が主流を占めていた．行動主義は，もっぱら現象として外に現れる行動を研究対象として，直接的に観察可能なデータに基づいて人間の行動パターンを説明しようとする心理学の流れである．心とか精神の動き，思考，意志，欲求などのような直接的に観察することができない問題は関心の外に追いやり，また行動の分析をする際には，分析者の主観とか内省などを極力排除することに努めた．さらに行動主義者たちは共通して，行動は基本的に刺激に対する反応という図式で説明することができるという立場に立っていた．

　言語学の領域でも，行動主義と袂を同じくする**アメリカ構造言語学**(structural linguistics) と呼ばれる流派が隆盛をきわめていた．当時のアメリカ社会では，アメリカン・インディアンの言語が絶滅の危機に瀕しており，それらの言語を確実に記述して記録に残すという責務が，言語学者に課せられていた．その要請に応えるには，観察可能なデータや客観性を重視する行動主義的なアプローチで言語を分析・記述するのが有望であると考えられていた．構造言語学はまた，ことばの獲得に関しても行動主義の見解を受け継ぎ，ことばは刺激に対する反応，つまり条件付けと学習によって獲得されるという立場を採っていた．

　だが，構造言語学の手法によって得られた成果は，たかだか音素や形態素，文型などのグループ分け，すなわちタクソノミー(分類)にすぎなかった．例えば(1)の 3 文が同じ文型(主語＋動詞＋間接目的語＋不定詞節)に分類されるこ

とには関心が向けられたが，不定詞節主語の解釈が何であるかとか，主節が受動態になれるのか，あるいは他のどのような文型と関連しているのか，などといった意味や統語の性質には関心が払われなかった．

(1) a. John wants me to fix the car.
  b. John promises me to fix the car.
  c. John orders me to fix the car.

構造言語学はそれぞれの言語の構造や体系の解明を目指していながら，それが明らかにした構造や体系はきわめて皮相的な，単純なものにすぎなかった．また条件付けと学習に基づく言語獲得観からは，ごく簡単な単語と意味の連合は説明できたとしても，ことばの無限の創造性という本質的な性質（2.2節(a)）を説明することはできなかった．

行動主義や構造言語学に対して，1930年代から1940年代にかけて次第に批判や不満が起こり始める．人間の表面的な行動だけに固執していたのでは人間の精神を科学的に究明することはできない，それゆえ，思考とか，言語，意図，感性などといった内面的な問題にもっと関心を向けるべきである，といった思潮のうねりが大きく高まり始める．例えば1948年にカリフォルニア工科大学で開かれた「行動における大脳の機構」という会議（ヒクソン財団が後援したので「ヒクソン・シンポジウム」と呼ばれる）では，心理学者の K. Lashley が行動主義を批判すると同時に，言語など人間精神に関心を向けることの必要性を力説する．刺激と反応との連合という単純な図式では言語のような行動を説明することができず，ことばに代表されるような人間の行動の複雑さにもっと注目すべきであることを主張する．またイギリスの数学者 A. Turing は1930年代に，人間の行動や思考に関する精確な説明モデルができるならば，同じ方式で動く計算機械を設計することができるという見解を明らかにする．人間の精神作用をコンピュータに関連付けようとする萌芽的な試みである．さらに1940年代に W. S. McCulloch と W. Pitts が，神経細胞相互の結び付き（いわゆる神経ネットワーク）に関する理論的モデルを提案し，精神作用の神経学的な研究に着手し始めている．このような，行動主義の流れに抗して人間精神の構造や働きを明らかにしようとする一連のうねりが，1930年代頃から躍動を始めた**認知革命**(cognitive revolution) の流れである (Gardner 1985)．

(b) 変形文法の誕生

認知革命のうねりが高まる中で，Chomsky は 1940 年代をペンシルベニア大学の学部学生および大学院生として過ごす．ペンシルベニア大学では，構造言語学者の Z. Harris のもとで構造言語学の教育や訓練を受けることになる．だが Chomsky は，要素の分類にすぎない構造言語学の言語分析や，刺激・反応に基づく言語獲得観に対して，強い疑念と物足りなさを感じていた．

Chomsky は，Harris(1951) の中に，Harris 自身はあまり大きな意義を置いていなかったのだが，変形(transformation)という考え方を見つけ出す．ある文をもとにして，それに文法操作を加えることにより，ほかの文に変形(変換)するという考え方である．それは分布に基づく要素の分類を主眼とする構造言語学の中にあって，ひときわ異色な概念であった．Chomsky にはたいへん魅力的に感じられ，構造言語学の物足りなさを克服できそうな予感と期待を与えた．それまで抱いていた言語研究に対する迷いが払拭され，変形という概念を中心に据えた新しい言語理論――生成変形文法理論(以降，変形文法，生成文法，生成理論などと呼ぶ．用語解説「生成文法・変形文法」参照)――の構築に乗り出していくことになる．

Chomsky が変形という考え方を初めて論文として発表したのは，1955 年にペンシルベニア大学に提出した学位論文『変形分析』(Chomsky 1955a) である．この論文は，当時若手研究員として属していたハーバード大学で執筆中の約 1000 枚から成る膨大な論文『言語理論の論理構造』(Chomsky 1955b) の一つの章を博士論文として提出したものである．だが Chomsky の名前および変形という概念が世に広く知られるようになるのは，1956 年 9 月に MIT (マサチューセッツ工科大学) で開かれた情報科学シンポジウムでの口頭発表，および 1957 年に出版された『統語構造』(Chomsky 1957，翻訳は『文法の構造』) を契機にしてである．どちらも上述の論文『言語理論の論理構造』をもとにして，その一部を要約したものである．

MIT のシンポジウムでは「言語記述の三つのモデル」(Chomsky 1956) というタイトルで，当時情報理論として有望視されていた C. E. Shannon らの「有限状態文法」の不備を指摘し，代わりに変形という概念を組み入れた言語理論を提案する (詳しくは 2.3 節参照)．この発表は出席者に深い印象を与え，とりわ

け数学のような厳密な言語理論を待ち望んでいた工学関係者の間では好意的に受け入れられる．シンポジウムではほかに情報科学者の A. Newell や H. Simon らが発表しており，出席した心理学者の G. Miller は後に，そのシンポジウムを「認知科学」が誕生した記念すべき日として回想している．

『統語構造』は，『言語理論の論理構造』における議論に，教鞭を取り始めていた MIT での学部学生向け授業の講義ノートを書き加えたものである．ここでも有限状態文法の不備と変形の必要性を明らかにしている．100 ページ程度の小さなモノグラフであるが，またたく間に情報科学者や言語学者の間で評判となり，構造主義一辺倒の言語学界に対して強い衝撃を与えることになる．特にその冒頭で述べられている

> 当該言語の文法的な文をすべて生成し，非文法的な文を一切生成しないような装置　　　　　　　　　　　　　　　(Chomsky 1957, p.13)

という文法の定義は，構造言語学のタクソノミー文法とは著しく異なるものであり，新しい言語理論の誕生を高らかに唱いあげている．

(c) 第 1 次認知革命としての変形文法

だが『統語構造』には，認知革命を匂わせるような所説が一箇所もない．ことばと精神の関係や，言語獲得などについては一切触れられていない．上述の引用からも明らかなように，文法を一種の機械装置として捉えて無機的に定義している．

この点に関して，Chomsky は後にある対談の中で，『統語構造』は誤解を招きやすい著作であり，その原因は MIT という工科系の環境で誕生したという経緯と関連していると弁明している (Chomsky 1982, p.63)．工科系研究者を相手に魅力ある言語理論を講じるとなれば，文法を機械装置として比喩的に捉え，その中身を数学的な厳密さでもって形式化することにならざるを得ない．Chomsky の弁明が事実であるとすれば，彼の本意は当初から，言語研究を通して精神構造の究明を目指していたものと推測できる．当時の認知革命のうねりからすれば，文法研究が精神の研究を射程の中に入れていたということは当然すぎるほど当然であったと言えよう．

事実，『統語構造』を書評した弟子の R. Lees は，Chomsky の本意を見事に看破している．Chomsky 理論の目標は「人間の話し手と同じような方法で文

を生成するモデルを構築しようとすること」(Lees 1957, p. 76)である．「生成する」というのは，文を無限に作り出し理解すること，無限に文の形式と意味を相互に結びつけることを意味する．Chomsky が機械装置のように見なしている文法とは，実は，話し手の脳にあることばの生成能力についてのモデルを意図しているのである．そして「5,6歳の子供が独力で自分の言語理論を再構築しているというまぎれもない事実を説明しようとするならば，人間の学習という概念はかなり複雑なはずであると考えねばならない」(Lees 1957, p. 79)．変形文法はそうした言語獲得の実際を説明し得る可能性を秘めた文法理論なのである．

Chomsky 自身も『統語構造』の翌年に発表した論文「言語学，論理学，心理学，コンピュータ」(Chomsky 1958)の中で，ことばの知識や言語獲得について積極的に発言している．

> 子供が言語を獲得したということは複雑な言語理論を発達させるのに成功したということであり，大人が文を理解できるということはそうした理論で予測(つまり生成)することができるということである．
>
> (Chomsky 1958, p. 433)

この論文で初めて言語獲得装置という用語を用いて，ことばの獲得能力は生体に組み入れられている複雑な構造であり，「言語獲得装置は，単なるつき合わせ，一般化，抽象化，範疇化する能力ではなく，もっと複雑な特性を備えたものである．つまり言語獲得の過程は，遺伝的に決定されている発達過程によって定められているということになる」(p. 433)，と論じている．

Chomsky が言語理論とことばの知識や言語獲得との関係をいっそう明確にし，それゆえ有望な認知科学理論としての地歩を固めるようになるのは，生成理論の金字塔とされる『文法理論の諸相』(Chomsky 1965)の刊行を契機にしてである．同書の中で，言語理論が扱う対象は言語の行動や使用(**言語運用**，performance)ではなく，その背後にあって脳に内蓄されていると考えられることばの知識(**言語能力**，competence)である，と明確に宣言する．人間には言語能力があるので無限に新しい文を作り出したり理解したりする(つまり生成する)ことができる．『統語構造』の中でことばの生成装置と見なされた文法とは，『文法理論の諸相』での用語を用いるならば言語能力のことにほかならない．そして言語能力を究明する上で，構造言語学がきびしく禁じていた分析者

の内省や母語話者の言語直感を積極的に取り入れる必要性があることを主張する．要素の分布に基づく機械的な分析法から，精神に依拠した心理的な分析法へと言語研究の舵を180度回転させたのである．

　Chomsky は言語理論が妥当と見なされるための条件（妥当性）として，**記述的妥当性**(descriptive adequacy)と**説明的妥当性**(explanatory adequacy)という二つの条件を提案する（本巻1.3節(a)参照）．記述的妥当性とは言語能力を正確に記述していることを求めた条件であり，説明的妥当性とは言語能力の獲得を説明できることを求めた条件である．言語理論にこれら二つの条件を課することにより，言語研究の主要な目標を，

（ⅰ）　成人の言語能力の解明
（ⅱ）　言語能力の発達の究明

という二つのテーマに定めたわけである．どちらの目標も精神に関わる課題であり，Chomsky の言語理論は精神の構造およびその発達の研究に大きく踏み出すことになる．生成文法理論は，後述する通り，その後何度か大きな理論変遷を経るが，それらの変遷はいずれも (ⅰ) と (ⅱ) の目標に近づくためのもである．言語能力の解明と言語獲得の究明という二つの目標は，Chomsky 理論に一貫して流れている．

　言語能力の解明に目標を据えた Chomsky の言語理論は，タクソノミー文法にすぎなかったアメリカ構造言語学とは比較にならぬほど，個別言語の分析や記述において豊かな成果を収めることになる．心の仕組みの究明を目指す言語学は，若い学生たちの知的好奇心を獲得し，かつてなかったような言語学ブームを生み出し，欧米の大学に次々と新しい言語学科を誕生させる結果となる．言語研究の成果の点でも学界に及ぼした社会的影響の点でも，疑問の余地なく「Chomsky 革命」を引き起こしたのである (Newmeyer 1986, 1996)．また精神の問題を射程の中に入れた言語理論は，言語研究を通して精神の構造やその発達過程を探る有力な手がかりを見つけ出し，心理学や情報科学の分野で進行していた「認知革命」に大きく貢献することになる (Gardner 1985; Leiber 1991)．

2.2 ことばの特質

　生成理論の目的は，言語能力およびその獲得のモデルを明らかにすることである．つまり，言語能力の仕組みがどのようになっていると仮定すれば，人間がことばを生成したり獲得したりするという事実が説明できるのか——この問に対して答を提供しようとする企てである．言語能力のモデルには，したがって，言語能力によって生成されることばの諸特性が反映されていなければならない．そこでまず，いくつかのことばの特質について見ておくことにする．

(a) 規則に支配された創造性

　人間のことばは新しい文を無限に作り出すことができる．作り出される文は，内容の点でも，長さの点でも，含まれる単語の組み合わせの点でも，多種多様であり，きわめて「創造的」である．例えばある日の新聞を開いてみると，その中に何千，何万という数の日本語の文が用いられている．それらの文は，政治，経済からスポーツ，芸能，社会，学術，そして俳句や川柳の投稿に至るまでさまざまな内容に関するものである．今まで遭遇したことのない事件や事態，新製品の開発などについて記述している文もある．短い文もあれば，長い文もある．しかも完全に同じ文が繰り返し用いられているということはきわめてまれである．こうしたことばの創造性は，もちろん，新聞で用いられている文だけに見られるのではなく，ラジオやテレビから流れてくる話しことばにも，専門書や雑誌で用いられている文章にも，人と交わす日常会話にも，等しく当てはまる．人間言語であるならばどのような言語にも，こうした創造性という特性が備わっている．

　創造性という特性は，さまざまなコミュニケーション・システムの中でも，人間言語に特有な性質である．コミュニケーションのシステムには，人間のことば以外にもいろいろな動物の鳴き声，叫び声，動作，行為，あるいは道路標識や交通信号，催し物会場のロゴ，記号などさまざまなものが含まれるが，それらには人間言語のような創造性が見られない．ミツバチは巣でダンスを踊ることにより蜜のありかの方角と距離を伝えることができるといわれているが，伝達できる内容は方角と距離の2種類の内容に限られている．ニホンザルは三

十数種類の叫び声を使い分けているといわれるが，それらを組み合わせて新たな叫び声をコミュニケーションのために用いることはできない．

人間のことばは創造的である一方で，きびしく規則に支配されている．「規則に」という日本語の表現には「規則」という名詞と「に」という助詞が含まれているが，これら二つの語が組み合わさる場合には，誰がどのような状況で用いるにせよ，この順番で配列される．またこの配列の仕方はこれら二つの語の場合にだけ当てはまるのではなく，名詞と助詞の組み合わせ全般について当てはまる．「人間の」「ことばは」「一方で」などの表現はいずれも名詞と助詞から構成されているが，どの場合も名詞が前で助詞が後ろに現れている．

ことばが規則にきびしく支配されていることは，語の組み合わせ以外にもことばのさまざまな側面でみられる．中学や高校で学習した国文法，古典文法，英文法でうんざりするほどたくさんの「きまり」を習ったが，これも言語にさまざまな規則があるからにほかならない．用言の活用変化，断定・否定の副詞と助動詞との呼応，係り結び，疑問文の作り方，英語における数の一致，時制の一致，関係節の作り方…．ことばはさまざまな種類の規則に則って組み立てられている．

ことばが創造的であるということと，規則に支配されているということとは無関係ではない．仮にことばが規則に従って組み立てられているのではなく，それぞれの内容ごとに固定した表現があるとするならば，創造的に文を作り出すなどということはあり得ない．抽象的な規則があり，それに則って文が組み立てられるからこそ，新しい文を無限に作り出すことができるのである．高度に発達した抽象的な規則があるという特性も，人間のことばにのみ特有な性質である．ニホンザルには三十数種類の叫び声があると述べたが，個々の叫び声はそれぞれのメッセージごとに固定しているものであり，規則に則って組み立てられているわけではない．人間のことばには，ほかのコミュニケーション・システムには見られない「規則に支配された創造性」という特質がある．

(b) 規則の性質

人間のことばの規則には，いくつかの注目すべき性質がみられる．上で名詞と助詞の結合について触れたが，両者が一緒になって一つの句を構成する．日本語の助詞は名詞の後ろに置かれるので**後置詞**(postposition)と呼ばれており，

後置詞は名詞と一緒になって**後置詞句**(postpositional phrase)という**句**を構成する．後置詞句は

　　太郎が走った．

のように主語の位置に現れようとも，

　　映画を見た．

のように目的語の位置に現れようとも，

　　大阪から来た．

のように副詞的な働きをしている場合でも，名詞と後置詞から成り立っており，しかもそれらの配列は常に名詞が先で後置詞が後ろである．つまり後置詞句の構成はどのような文脈でも，「名詞＋後置詞」という具合になっている．句の構成が文脈の如何に関わりなく等しく成り立つような性質を，**文脈自由性**(context-freeness)という．

　文脈自由性という特質は後置詞句だけに当てはまるのではなく，あらゆる句の構成について当てはまる．日本語の名詞句は形容詞と名詞から構成されるが，名詞句が

　　若い男が来た．

のように主語の位置に現れようとも，

　　大きな魚を釣った．

のように目的語の位置に現れようとも，形容詞が先で名詞が後に来る．名詞句の構造は文脈自由であり，どのような文脈でも「形容詞＋名詞」という具合になっている．

　ことばの規則にはまた，**回帰性**(recursiveness)という性質がみられる．

　　若い男の父親

という表現は，名詞句「若い男」と助詞「の」と名詞「父親」でもって一つの名詞句を構成している．したがって名詞句の構造には，(2)のような規則があることになる．

　　(2)　名詞句＝名詞句＋の＋名詞

(2)は，名詞句の一部分として別の名詞句が現れることを示している．「若い男の父親」は名詞句であるから，(2)の右辺の名詞句として生じるならば

　　若い男の父親・の・故郷

のような名詞句ができる．この名詞句が(2)の右辺の名詞句として生じると，

今度は

　　　若い男の父親の故郷・の・役場

のような名詞句ができる．このようにしてできる名詞句を(2)の右辺の名詞句のところへ繰り返し「埋め込んで」いくと，名詞句がどんどん長くなっていく．ある句の一部として同じ種類の句を埋め込むことができる，すなわち，もとの規則に再び戻る(回帰する)ことができる．この性質を，回帰性という．ことばに回帰性という性質があるために，文を無限に長く拡張することができる．回帰性は，創造性という特質が成り立つための重要な一因となっている．

　語は文の中に，ほかの語と**依存関係**(dependency relation)を結びながら現れる．例えば英語の動詞の形は主語の数や人称に基づいて決まってくるが，これは動詞が主語に依存しているからである．主語が三人称・単数ならば

　　　He smiles.

のような接辞 -s が付いた形になり，主語がそれ以外の名詞句ならば

　　　They smile.

のような -s が付かない形になる．いわゆる「動詞の数の一致」は一種の依存関係の現れである．

　また動詞が surprise ならば，その目的語は人間を表すものに限られるし，drink ならば液体を表すものに限られる．目的語の種類が動詞に応じて特定なものに限定されるのも，目的語が動詞に依存しているからである．ある要素がそれに依存している要素の種類や内容を限定する関係を**選択制限**(selectional restriction)という．選択制限も依存関係の現れである．

　依存関係は，上でみた例のように隣り合っている語と語の間(he と smiles の間，surprise とその目的語の間)で成り立つこともあるが，必ずしもそうであるとは限らない．例えば(3)では数の一致が見られるが，動詞の数の決定にあずかっているのは，そのすぐ隣の名詞ではなく，離れたところにある名詞である．

　　(3)　a.　The men with beard smile.
　　　　　　(髭をはやした男達が微笑む.)
　　　　b.　The man in possession of many houses smiles.
　　　　　　(たくさんの家屋を持っている男が微笑む.)

次の(4)では動詞と文頭の疑問詞との間に選択制限が成り立っており，疑問詞は人間を表す語(who)に限られる．だが選択制限は隣り合っている要素の間

で成り立っているのではなく，離れた不連続な要素(文頭の疑問詞と文末の動詞 surprise)の間で成り立っている(*は非文を表す).

(4) a. Who did the news surprise?
b.*What did the news surprise?

不連続な要素の間で依存関係が成り立つという性質も，人間のことばの大きな特質である．

2.3 ことばの知識の仕組み

人間のことばには，前節で見たようないくつかの本質的な特性が観察される．言語能力の解明を目指す生成理論は当然，それらの特性を反映し，再現するようなものでなければならない．

(a) 規則の演繹体系

ことばの特性の一つとして 2.2 節(a)で，規則性に支配されているという性質があることを見た．つまりどの言語にも「規則」があり，それに則ってことばが組み立てられるので，規則性が成り立つ．規則は，人間の記憶力の限界からしても，5～6歳くらいまでの限られた期間に獲得できることからしても，無数にあるのではなく，限られた数の体系(セット)から成り立っているものと考えられる．

ことばにはもう一方で，創造性という特性があることを見た．いまだ経験をしたことがないような新しい内容，新しい形式の文を無限に生成することができる．したがってことばの規則は，経験した文を帰納的に抽象化するような働きをする規則ではなく，経験したことのない文でも新たに生成することができるような演繹体系であると言える．ことばの規則は，「無限な文を生成できるような」「有限の」「演繹的な」体系ということになる．

演繹的な規則として，生成理論では，句構造規則と変形規則と呼ばれる 2 種類の規則群が仮定されている．

(b) 句構造規則

句構造規則(phrase structure rule)は，句の構成に関する規則性を捉えよう

とする規則である．前節でそれぞれの種類の句の構成には，そこに含まれる要素の種類およびそれらの要素の配列に関して規則性があることを見た．そして，句の構成の規則性は文脈自由に成り立つことを指摘した(2.2節(b))．句構造規則は，こうした句の性質を捉えようとするものである．

句構造規則は一般的に(5)のように定義される．ある句 X の構成は，どのような文脈においても，矢印の右辺のような要素から構成されており，しかも右辺に示されたような順序で並んでいるということを表したものである．文脈の如何に関わりなく左辺の句が右辺のように展開されることを述べているので，(5)の形式をした規則は**文脈自由**(context-free)な句構造規則と呼ばれる．

(5)　X → … Y …

英語の句構造規則として，例えば，(6)のようなものが含まれる．S は文(sentence)，NP は名詞句(noun phrase)，VP は動詞句(verb phrase)，V は動詞(verb)，N は名詞(noun)，Det は決定詞(determiner，冠詞や指示詞)を表している．これらの句や語の種類の名称をまとめて**文法範疇**(grammatical category)と呼ぶ．

(6)　a.　S → NP VP
　　　b.　VP → V (NP)
　　　c.　NP → (Det) N

(6a)は一つの文(S)が，主語の名詞句 NP と述部の動詞句 VP から成り立っており，しかもそれらの構成要素(構成素)がそうした順序で配列されることを示している．(6b)は動詞句 VP が，動詞 V と目的語の名詞句 NP から構成されており，しかもそれらの要素がその順番で配列されることを示している．動詞句という構成素は，動詞が他動詞の場合には目的語を伴うが，自動詞の場合には目的語を伴わない．VP の構成にとって目的語の NP の存在は随意的なので，( )の中に入れてある．(6c)は名詞句 NP が，決定詞 Det と名詞 N から構成されており，しかもそれらの要素がその順番で配列されることを示している．名詞が普通名詞の場合には決定詞を取り得るが(a boy)，固有名詞の場合には不要なので(John)，決定詞 Det も( )の中に入れてある．

(6a)の文 S も一種の句と見なすならば，(6)の規則はいずれも，一つの句がどのような要素から成り立っており，そしてそれらの要素がどのような配列で並んでいるかを示したものである．それぞれの句の構成にみられる規則性を，

文法範疇に基づいて規則として「形式化」したものである．
　(6)の三つの句構造規則を，下図の右端に示したような順番で適用していくと，(7)のような文の構造が得られる．

(**7**)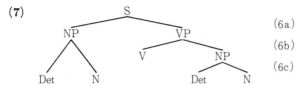

　(7)に現れている文法範疇のうち，もはや他の句構造規則によって書き換えられることのない記号(Det, N, V)は，(句ではなく)語の品詞を表している．それぞれの品詞に該当する単語を当てはめると，(8)のような文ができる．つまり，(7)は(8)のような文の構造を示したものである．

(**8**)　　　Det　　N　　V　　Det　　N
　　　　　The　man　knows　a　politician.

　2.2 節(b)で回帰性という特質を見たが，この特質も句構造規則に組み込むことができる．回帰性というのは，ある範疇の中に同じ範疇が繰り返し現れ得るという性質である．例えば，文の中に別の文が(従属節として)現れることができる．(8)の文がより大きな文の一部として現れると，(9)のような文(複文)ができる．

(**9**)　　The woman knows <u>the man knows a politician</u>.
　　　　　　　　　　　　　　　　　(8)

　(9)の主節の部分も従属節の部分も構成は基本的に同じである．どちらも，主語の NP と述部の VP から成り立っており，VP が動詞 V とその目的語から成り立っている．相違しているのは，目的語の部分が従属節では名詞句(a politician)であるのに対して，主節では文(下線部分)が現れている点である．VP の目的語として，名詞句のほかに文も現れ得るわけである．そこで VP を展開する句構造規則(6b)の目的語の部分には，NP ばかりではなく S も現れ得ると考えられる．NP と S が択一的な関係で現れるわけである．択一的な関係を{ }で表すと，(6b)は(10)のように改められる．

(**10**)　　VP → V($\left\{\begin{array}{c} \text{NP} \\ \text{S} \end{array}\right\}$)

　(10)の右辺の一部として生じているSは，再びSを展開する句構造規則(6a)(すなわちS→NP VP)に回帰して，NPとVPに展開される．そのVPの目的

語として再度 S が選択されるならば，また句構造規則 (6a) に戻って NP と VP に展開される．このようにして文を無限に長く拡張していくことができる．ある文法範疇 α の句構造規則（またはそれによって導入される別の文法範疇の句構造規則）に再び α が現れるように定義することによって，ことばの回帰性という特質を捉えることができる．

文法規則として句構造規則を設けることにより，句構造の文脈自由性や回帰性といった特性を的確に捉えることができる．句構造規則は，ことばのこうした特性を文法理論に反映させるために設けられた規則である．

(c) 句構造規則の限界

ことばのもう一つの特質として，ある要素が別の要素と依存関係を結びながら文の中に生じるという性質があることを 2.2 節 (b) で見た．要素間の依存関係は，句構造規則では捉えることができない．

依存関係の例として，主語と動詞の間の数の一致を前節でみた．主語が単数形ならば動詞も単数形 (-s が付いた形) になり，主語が複数形ならば動詞も複数形 (-s が付かない形) になる．

(11)　a.　The man eats apples.
　　　b.　The men eat apples.

句構造規則は文脈自由であるのだから，依存関係にある一方の要素が一定の形をしている場合にもう一方の要素がそれに呼応する形になるといった，二つの要素の間の相関的な関係を確保することはできない．

依存関係の別の例として，動詞とその目的語の間の選択制限をみた．動詞 surprise はその目的語として人間を表す名詞句を取ることができるが，それ以外の名詞句を取ることができない．選択制限という依存関係も，文脈自由な句構造規則では捉えることができない．

(12)　a.　The news surprised the students.
　　　b.*The news surprised the rocks.

(12a, b) の目的語 (the students と the rocks) が疑問詞に替えられると，それぞれ (13a, b) のような wh 疑問文が作られる．

(13)　a.　Who did the news surprise?
　　　b.*What did the news surprise?

疑問詞が文頭に現れているが，依然として動詞 surprise に課せられた選択制限が成り立っている．こうした非連続的な要素の間で成り立つ選択制限は，句構造規則ではとうてい捉えることができない．

　非連続的な依存関係は，2.1 節(b)で触れた 1950 年代の**有限状態文法**[†]（finte state grammar）にとっても致命的な支障となっている．有限状態文法というのは，有限数の内部状態が用意されている文法のモデルであり，一つの状態から次の隣接する状態へ移行していくことにより言語を生成することができると仮定している理論である．例えば初期状態として冠詞 the が選ばれると，次の状態として普通名詞の単数形 man と複数形 men が用意されており，前者を選べば次の状態として単数形の自動詞 comes と他動詞 eats が用意されており，後者を選べば次の状態として複数形の自動詞 come と他動詞 eat が用意されている．有限状態文法によって(11)のような直接的に隣り合う要素の間の依存関係を捉えることはできるが，(13)のような離れたところにある（つまり非連続的な）要素の間の依存関係を捉えることはできない．有限状態文法は，人間のことばのモデルとして不適格であると言わざるをえない（Chomsky 1957）．

(d) 変形規則

　Chomsky は句構造規則の不備を補うのに，別の種類の規則を提案する．それが，Harris (1951) で触発された**変形規則**（transformational rule）と呼ばれる規則である．

　変形規則は，ある文の表示（句構造表示）に適用して，その表示の中のある要素を別の位置へ移動したり，削除したり，形を替えたり，新たに要素を挿入したりする働きをする（詳しくは 2.4 節(b)）．一つの変形規則が適用されると，ある表示が別の表示へ変形または変換されるので「変形」（または「変換」）規則と呼ばれる．変換される以前の表示を**基底構造**（underlying structure），変換された表示を**派生構造**（derived structure）という．変形規則が一つも適用されていない基底構造を特に**深層構造**（deep structure），すべての変形規則が適用された派生構造を特に**表層構造**（surface structure）と呼ぶ．変形規則は 1 回の適用ごとに構造上の変化を加えながら，深層構造を表層構造へと関係付ける働きをする．

　ことばを発話したり理解したりするには，いうまでもなく単語を知らなけれ

ばならない．語は，それぞれに固有の発音および意味，それに統語上の性質を持っている．例えば boy という語は，[bɔ́i] と発音され，「年少の男性」という意味を持ち，しかも名詞という品詞に属し，名詞の中でも普通名詞というグループに属する．sùrprise という語は，統語上の性質として，動詞に属し，動詞の中でも目的語として NP を一つとる他動詞である．しかもその NP は人間を表すものに限られるという選択制限が課せられている．こうした性質を知ってはじめてそれぞれの語を適切に用いることができる．個々の語ごとに発音，意味，統語に関する性質を記載し，その記載内容をいわば 1 冊の辞書としてまとめたものが，**レキシコン**(lexicon)である．

句構造規則によって基本的な文の構造が作られ，その中の語を表す範疇(品詞)のところにレキシコンから具体的な語が挿入されると深層構造ができる．その深層構造に変形規則が適用されると，適用ごとに派生構造が作られ，最終的に表層構造が作り出される．レキシコン，句構造規則，深層構造，変形規則，表層構造の関係を図式化すると次のようになる．

(**14**)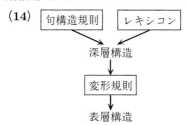

例えば句構造規則として先の(6)の規則

(**15**) a. S → NP VP
b. VP → V (NP)
c. NP → (Det) N

が適用されると，(16)のような文の骨格が作られる．

(**16**)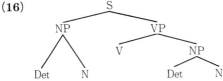

末端部にある語の範疇のところ(Det や N, V などの下)にレキシコンから具体的な語が挿入されると，(17)のような深層構造ができる．

(17)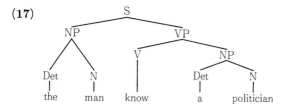

深層構造(17)のままでは適格な英語の文とは言えない．主語が三人称・単数であるにもかかわらず，動詞に接辞 -s がついていないからである．そこで主語と動詞の一致を行う変形規則が適用される．変形規則は一般に，それが適用できるための条件を述べた**構造記述**(structural description)と，適用の結果もたらされる構造上の変化を述べた**構造変化**(structural change)から定義される（詳しくは 2.4 節 (c) を参照）．

(18) 数の一致変形

	X	-	NP	-	V	-	X
構造記述：	1		2		3		4
			[三, 単]		[現在]		
構造変化：	1		2		3+s		4

NP の左側および V の右側の X は**変項**(variable)と呼ばれ，その部分に現れる要素はどのような要素の配列でもかまわないことを示している．構造記述および構造変化に現れている数字は，それらの上に示されている変数や文法範疇との対応関係を表している．(18)の構造記述はある文が，任意の連続（第 1 項の変数 X に対応）と名詞句（第 2 項の NP）と動詞（第 3 項の V）と任意の連続（第 4 項の変数 X）という四つの部分に分析でき，しかも第 2 項に対応する NP が三人称・単数形で，第 3 項に対応する V が現在時制である場合に適用されることを示している．また構造変化は，第 1, 2, 4 項に対応する部分はそのまま特別な変化を受けずに，第 3 項に対応する V にいわゆる三単現の接辞 -s が付けられるという変化がもたらされることを述べている．

深層構造(17)は(18)の構造記述を満たしているのでその適用を受けることになり，その結果動詞に -s が付けられて，適格な文 The man knows a politician. に対応する表層構造(19)が派生する．

(19)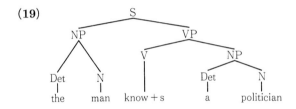

(e) 変形の働き

　変形規則は，文脈自由の句構造規則では扱うことができなかった，数の一致のような依存関係を扱うことができる．構造記述および構造変化の中で依存関係にある二つの要素に言及し，しかも一方の要素に対して他方の要素に呼応するような変化を加えるよう定義することが可能だからである．

　変形規則は，(18)からも明らかなように，句や語の範疇を用いて定義される．名詞句全体の数(単数か複数か)がその中心となる名詞の数に基づいて決まると仮定するならば，中心となる名詞が(20a)のように動詞と隣接していようと，(20b)のように離れていようとも，主語と動詞の間における数の一致を変形規則(18)で正しく扱うことができる．有限状態文法および句構造規則にみられた困難を克服することができるわけである．

(20)　a. A man smiles.
　　　b. A man in possession of many houses smiles.

　もう一つの依存関係として動詞と目的語の間の選択制限を見たが，これは動詞の文法上の形(例えば現在形であるか過去形であるか)に呼応して変化するものではなく，動詞ごとに一定している依存関係である．動詞が surprise であれば，その意味からして，目的語の NP は常に人間を表すものに限られる．

(21)　a. The news surprised the men.
　　　b.*The news surprised the rocks.

この種の依存関係は，変形規則ではなく，レキシコンにおけるそれぞれの動詞の意味上(または統語上)の情報として扱われる．動詞 surprise に関する記載内容として，目的語として NP を一つ取り，その NP には人間を表すものに限られるという選択制限が課せられている．

　同じ選択制限でも，(22)に見られるような非連続的な要素の間の依存関係(文頭の疑問詞と動詞との間の選択制限)を扱うのには，変形規則が重要な働きを

果たす．

(22)　a. Who did the news surprise?
　　　b.*What did the news surprise?

文頭に現れている疑問詞は，深層構造の段階では目的語の位置を占めており，それが変形規則で文頭へ移動されていると仮定される．(22)の表層構造を深層構造に戻すと，(23)のような語句の配列になる．

(23)　a. The news surprised who.
　　　b.*The news surprised what.

レキシコンにおける surprise の目的語に課されている選択制限からして，目的語として現れる疑問詞は人間を表すものだけに限られる．表層構造とは異なる深層構造(例えば(22)に対する(23))，およびそれを表層構造へ関係付ける変形規則(疑問詞を文頭へ移動する変形規則)を仮定することにより，(22)の文法性の相違を(21)における文法性の相違と同じ原因，すなわち動詞と目的語の間の選択制限に帰することができる．

　疑問詞が変形規則で移動されていると考えられる根拠として，さらに(24a)のような例を挙げることができる．(24a)で用いられている動詞 surprise は他動詞であり目的語を伴えるはずであるが，目的語が他動詞の後ろに現れると非文になる．

(24)　a.*Who did the news surprise the boy?
　　　b.*The news surprised the boy who.
　　　c.*The news surprised the boy the men.

目的語の疑問詞が変形規則の働きによって文頭へ移動していると仮定するならば，(24a)に対する深層構造は(24b)のようになる．動詞 surprise は目的語を一つしか取ることができないのであるから，(24b)は平叙文(24c)が非文であると同様に非文である．(24a)が非文である理由を(24c)が非文である原因と同じところに求めることができる．

　(22)の文法性の相違および(24a)の非文法性の説明からもわかるように，深層構造と変形規則を設けることにより，文法性の相違や非文であることの理由を簡潔に，経済的に説明することが可能になる．疑問文(22)の文法性は平叙文(21)のそれと同じように，また疑問文(24a)の文法性は平叙文(24c)のそれと同じように，それぞれ説明することが可能になる．こうした説明が好ましいと見

なされる背後には，哲学者 N. Goodman の「簡潔性・経済性」の評価基準——すなわち，科学理論における説明では複雑なものよりも簡潔で経済的なものの方が優れている——が働いている (Haley & Lunsford 1994；さらに 1.3 節 (b) 参照)．深層構造およびそれを表層構造に関係付ける変形規則を仮定することにより，いくつかの異なった構文の文法性を同じ原因に帰することが可能になり，説明が簡潔で経済的になる．

2.4 初期の変形規則

初期の生成文法 (変形文法) では規則として句構造規則と変形規則の 2 種類が仮定されているが，句構造規則に類するものはアメリカ構造言語学 (2.1 節 (a) 参照) でも用いられていた．変形文法理論の独自性は，変形規則という規則体系を採り入れ，それを文法理論の中核に据えた点にある．変形規則を中心にして，記述的妥当性と説明的妥当性 (2.1 節 (c) 参照) という文法理論に課せられている二つの条件を満たすような道を探ろうとしたわけである．

記述的妥当性と説明的妥当性は一見矛盾し，せめぎ合うような緊張関係にある．記述的妥当性は言語能力を精確に記述することを求めた条件であり，それを満たそうとすると，文法の装置 (例えば変形規則) を各言語の各構文や現象ごとにこと細かに定めなくてはならない．文法装置の内容は，各言語に特有な情報を中心にして，精確かつ複雑なものになる．

一方，説明的妥当性は，言語獲得の実態を説明できることを求めたものである．文法装置は，言語獲得の実際 (子供はどのような言語でも獲得できるとか，知力があまり発達していない段階で短期間のうちに獲得できるなどといった事実) を反映するようなものでなくてはならない．したがって，どのような言語にも対応できるように普遍的であり，一般的かつ単純な内容でなくてはならない．記述的妥当性からすると詳細で言語ごとに個別的であり，一方，説明的妥当性からすると単純で普遍的なものになる．文法理論は究極的には，何らかの形で両方の妥当性を満たさなくてはならないのだが，初期の変形文法では便宜的に，説明的妥当性よりも記述的妥当性に多くの関心を向けて研究が進められたと言える．

2.4 初期の変形規則

(a) 変形規則の機能

変形規則は深層構造を表層構造に関係づける働きをする．深層構造は，句構造規則によって作られた構造にレキシコンから語が挿入されて生成される（(14)参照）．

最も初期の変形文法では深層構造として，当該言語の最も基本的な構文（単文・肯定形・能動態・平叙文）が仮定されており，それから変形規則の働きによって，複文ができたり，否定形や受動態や，疑問文や命令文が派生されると考えられていた．変形規則はある「構文」を別の「構文」に転換する働きをするものと考えられていた．Harris(1951)で触れられていた変形の概念を引き継いだものである．

文は一定の音声で発音され，一定の意味を担っている．文の発音と意味との間に対応関係が成り立っているのである．では文の発音および意味はどのようにして決まるのであろうか．1960年代に入って Katz & Fodor(1963) は，意味は深層構造に基づいて，一方発音は表層構造に基づいてそれぞれ決定されるという主張を提案している．この主張に従うならば，例えば肯定形・能動態・平叙文の

John eats apples.

と，否定形の

John does not eat apples.

や疑問文の

Does John eat apples?

の意味は明らかに異なるのであるから，それぞれ別個の深層構造から派生したことになる．また深層構造に基づいて文の意味が決まるとなれば，変形規則は意味に影響を与えないことになる．

変形規則が意味を変えないとすると，変形規則の機能は，もはやある「構文」を別の「構文」に変換することではなく，むしろある特定の構文（例えば否定文）の背後にある抽象的な構造（表層構造には現れない要素を含んでいたり，語順が整っていない構造）を，整合された表層構造へと導いていくということになる．変形規則によって形の整った表層構造が派生され，整合された表層構造に基づいてその文の発音が決められる．このようにして，文の意味と発音との

(b) 変形規則の操作

変形規則は，**置換**(substitution)，**削除**(deletion)，**付加**(adjunction)などといった基本的な操作を行う(Chomsky 1965)．置換はある要素(具体的な語や範疇)を別の要素に置き換える操作のことを，また削除は要素を消去する操作のことを，さらに付加はある要素を別の要素の左または右に付ける操作のことをそれぞれ意味する．付加は結果的に要素を**移動**(movement)する効果をもたらす．

例えば関係節を含む文(25)の深層構造は，(26a)のような構造をしている．いわゆる先行詞(the man)と同一の名詞句(the man)が現れており，この名詞句が関係詞 who に「置換」されると(26b)のような構造が派生され，その who を関係節(S)の左側に「付加」すると(26c)のような構造が派生される．これ以上変形規則が適用されなければ(25a)の表層構造が得られる．さらに関係詞 who が「削除」されるならば(26d)が派生し，(25b)の表層構造が得られる(∅ は語句が削除されていることを示す)．

(25) a. The man who I know ……
 b. The man I know ……
(26) a. the man [s I know the man] ……
 b. the man [s I know who] ……
 c. the man who + [s I know] ……
 d. the man ∅ [s I know] ……

関係節構文を作り出す変形規則(**関係節化**，relativization)は，置換，付加，削除という三つの基本的な操作の組み合わせから構成されている．そのほかの構文を作り出す変形規則も，いくつかの基本操作の組み合わせから成り立っている．

(c) 変形規則の形式

変形規則は，すでにみた通り，適用条件を定めた**構造記述**と，適用の結果もたらされる構造上の変化を定めた**構造変化**から定義される．(27)は「外置」と呼ばれる変形規則であり，(28a)のような深層構造に適用して(28b)のような表層構造を作り出す．

2.4 初期の変形規則

(27) 外置変形

	X	–	it	–	S	–	Y
構造記述:	1		2		3		4

$$\left\{ \begin{matrix} [+\text{Finite}] \\ [+\text{Infinitive}] \end{matrix} \right\}$$

構造変化: 　1　　　　2　　　∅　　4+3

(28)　a. it [that he will win] is certain
　　　b. It is certain that he will win.

(27)の構造記述には，

(i)　Sのような範疇記号

(ii)　it のような具体的な単語

(iii)　[+Finite]（定形節）や[+Infinitive]（不定詞節）のような節の性質を示す**素性**(feature)

(iv)　XやYのような変項

が用いられている．(iv)の変項は，任意の単語の連鎖を一つの記号でまとめたものである．(i)～(iii)をまとめて定項(constant)と呼ぶ．構造記述は変項と定項を用いて定義される．

　変形規則で言及される変項と定項は，ブール条件と呼ばれる関係で結び付けられる．**ブール条件**(Boolean condition)の関係というのは，and（「かつ」），or（「または」），not（「ではない」），if-then（「もし～ならば，～である」）で表される関係のことを指す．ブール条件で結び付けられるような関係のみが，変形規則で述べられている要素間で成立する関係として許される．(27)のX, it, S, Yはandの関係で結び付けられており，第3項の範疇記号Sと素性もandの関係で結び付けられている．andで結ばれる要素は，それらの要素がすべてそろっている場合に，適用上の条件を満たしていることになる．二つの素性[+Finite]と[+Infinitive]はorの関係で結び付けられている．orで結び付けられている要素は，それらのうちのいずれかに該当していれば，適用のための条件が満たされていることになる．さらに構造記述と構造変化はif-thenの関係で結び付けられている．すなわち，もし構造記述で述べられているような条件が満たされているならば，構造変化で述べられているような変化が加えられる，という関係になっている．

(28a)の深層構造は(27)の構造記述を満たしている．it の左側には何もないが，これは(27)の第1項の X に該当している．変項は，何の要素も存在しない場合も含めて，任意の要素の連続を意味するからである．it は第2項に，また that 節は第3項の S(節)に該当する．この節は定形節であり，素性 [+Finite] を持っている．that 節の右側に続く is certain という単語の連鎖は，(27)の第4項の変項 Y に該当する．(28a)は外置変形(27)の構造記述を余すところなく満たしているので，同規則の適用を受けることができる．(27)の構造変化に示されているように，S(that 節)を Y(is certain)の右側に付加すると，節が文末に外置されている表層構造(28b)が派生する．

(d) 変形規則の表現力を制限する

変形規則の定義で用いられる要素の種類を上記(i)～(iv)の4種類に限定し，それらの要素の関係をブール条件の関係に限定することにより，変形規則の定義に一定の制限を課したことになる．しかしこれだけの制限では，人間言語の文法現象として実際には起こり得ないような文法操作まで過剰に許容してしまうことになり，「表現力(expressive power)が豊かすぎる」と言わなければならない．言語事実の精確な記述を求めた記述的妥当性を達成するには，表現力をさらに制限し，可能な変形規則の定義をさらに狭く絞り込む必要がある．1960年代の生成文法研究の一つの主要なテーマは，いかに変形規則の表現力を制限するかということであった．

変形規則の表現力を制限するには，変形規則の行い得る操作を制限するとか，変形規則の形式に制限を課することが必要である．例えば Hasegawa(1968)は，一つの変形規則が行い得る操作は一つだけに限られる，という提案をしている．上述の関係節化規則((26)を参照)ではいくつかの基本的な操作が複合されていたが，そうした複合体を単一の操作を行ういくつかの独立した変形規則に分解するのである．

また Ross(1967)は，構造記述で用いられている変項に一定の統語的制限を課する提案を行っている．変項の本来の意味からすると，任意の単語の連続を一つの記号としてまとめたものであり，変項に該当する部分にはどのような単語の連鎖が生じてもよいはずである．だが実際には，ある特定の形状(部分構造)を構成する単語の連続が生じている場合には，変形規則の適用が阻まれ

る．例えば(27)の外置規則の第4項として変項Yが含まれており，外置される節の右側にはどのような要素が生じてもかまわないはずである．だが(29)のように，下線部のthat節の右側(二重下線部)に節と節の境目(is certain と is well-known との間の境界)を含むような単語の連続がある場合には，問題のthat節の外置が阻まれる．無理に外置を行うと，(29b)のような非文が生じてしまう．

(29) a. that it <u>that he will win</u> <u>is certain</u> <u>is well-known</u>
(彼が勝つであろうことが確実であることはよく知られている．)
b.*That it <u>is certain</u> <u>is well-known</u> that he will win.

変項は完全に任意の連続を意味するのではなく，一定の制限(例えば，右側に移動する要素によって飛び越される変項ならば，節の境界を含んではならないといった制限)が課せられていると考える必要がある(2.5節(f)参照)．

2.5 規則の一般的特性と認知操作

変形規則の研究が進展する過程で，変形規則全般に当てはまるような重要な性質が明らかにされてきている．一般的な特質の究明は，生成理論の目標の一つである説明的妥当性を達成する上で大きな意味合いを持っている．ある性質が特定の規則だけではなく規則全般に当てはまるのであれば，その性質を個々の規則の定義として組み入れる必要がなくなり，規則全般に関する一般原則として述べておけばよいことになる．一般原則の部分が取り除かれた分だけ，個々の規則の定義は簡略化される．簡略化により，規則は一般的な形で定義することが可能となり，説明的妥当性の目標へ大きく接近することになる．

また規則一般の特質の究明は，人間の認知能力の仕組みを探る上でも重要な意味合いを持っている．広い文脈における生成理論の目標は，言語研究を通じて人間の精神構造や認知能力の仕組みを知る上での手がかりを探ることである(2.1節参照)．規則の一般原則は，人間がことばを操作するときの一般的性質を反映しているものと考えられるので，ことばという認知作用の一般的性質を知ることにより，認知作用全般に関する一般的性質を知る手がかりが得られるものと期待される．

(a) 構造依存性

変形規則は，文の構造に依存して適用される．この性質を**構造依存性** (structure dependence)という．文の構造というのは文の組立てがどのようになっているかということを表示したものであり，

(i) 文に現れている語句の構成素関係
(ii) 構成素の文法範疇
(iii) 構成素の直線的配列

といった情報に基づいて特徴づけられる．例えば(30)には五つの語が現れているが，the と man でまとまり(**構成素**，constituent)を作り，同様に the と woman で構成素を作る．どちらの構成素も NP(名詞句)という文法範疇に属する．また kisses と the woman がこの順番で一緒になると，VP(動詞句)という文法範疇の構成素を作る．さらに文頭の NP とこの VP とがこの順番で一緒になって，S(文)という文法範疇の構成素を作る．文は，(30)のような構成素関係に基づく階層構造をなしている．

(30)
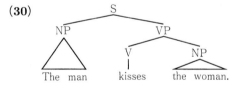

変形規則は一般に，(30)のような文の構造(統語構造)に示されている情報に依存する形で適用される．例えば(30)の文から

　　The woman is kissed by the man.

という受動態を作るには，V のすぐ後ろの NP を V の手前の NP の位置へ移動することが必要である．V のすぐ後ろにある NP であれば，どのように長い単語の連鎖であろうとも，どのように複雑な構造をしていようとも，受動態の主語にすることができる．NP という文法範疇も，「V のすぐ後ろ」「V の前」という直線的配列も，文の構造に関する情報である．変形規則は一般に構造上の情報に基づいて定義され，構造に依存して適用される．偶数番目の語とか，前から1番目と2番目の語などといった単なる順番や，[w] の発音で始まる語を含む語句などといった発音上の情報，あるいは女性を表す語句などといった意味上の情報に基づいて規則が定義されるということはない．

構造依存性という特性からすると，人間がことばを運用する際に，(30)に類するような文構造の表示を何らかの形で用いていると考えることができる．ことばの知識(言語能力)の少なくともある部分は，構成素関係や文法範疇，直線的配列といった情報に基づいて定められるような形式で表示されるのである．この見解は，ことばの知識がどのような性質であるのか，さらに人間の「知識」がどのような形式で「表示」されるか，などという認識論や認知科学にとって根本的な問題に重要な示唆を与えている．

(b) 自 律 性

構造依存性の性質をより積極的に主張した仮説として，**統語論自律の措定**(autonomy thesis of syntax)がある．変形規則をはじめとする統語規則は一般に，もっぱら統語上の情報に基づいて定義されるという仮説である．統語規則を定義する上で，意味論(文や語句の意味)や音韻論(文や語句の発音)，さらには文法外部の領域(記憶や感覚，認識，信念)などの情報に言及することはない．例えば人間の短期記憶の容量には，一度に記号を七つから九つ程度しか蓄えることができないという制限がある(Miller 1956)が，こうした記憶に関する制約が句や文の構成に関する規則を定義する際に用いられることはない．

統語論自律の措定をさらに敷衍すると，ことばに関する理論は人間言語に特有な概念に基づいて定義され，言語能力に固有な仕組みになっている，と拡張することができる．言語能力はことばに特有なものであり，ほかの感覚や認識などといった認知作用や，機能とか効率などに関する原則からは独立しているものと仮定できる(Chomsky 1975)．

仮にこの言語の自律性という措定が正しいとすると，言語研究から得られた知見に基づいて他の認知能力を推測するわけにはいかなくなる．言語能力は他の認知能力から独立し，自律しているからである．だがその一方で，それぞれの認知能力にはそれぞれに固有な自律的な仕組みがあると推定してみることができる．生成理論では人間の知の構造に関して，モジュール理論の立場が採られている．**モジュール**(module)というのは，独自の構成を持つ独立した機構のことを指す．視覚とか記憶，聴覚，推論などさまざまな認知能力は独自のモジュールを成しており，その一つとして言語能力というモジュールがある．言語能力自体がさらに，統語論，意味論，音韻論といったいくつかの独立したモ

ジュールから成り立っている．

言語能力のモジュール性に関しては，言語学の中でもいわゆる**認知言語学**(cognitive linguistics)と呼ばれる流派が生成理論に真っ向から対立する姿勢を採っている．認知言語学によれば，言語の規則性を捉える上で，前景(foreground)・背景(background)とか，視点(reference point)，際立ち(salience)などといった認識一般に関係している概念が重要な働きを果たしていると主張されている．

また最近の生成理論では**経済性**(economy)という概念が文法の原理を定義する際にも用いられている(4.4節参照)．経済性という概念は人間の行動一般に関する原則を定義する際にも用いられているものである(Zipf 1949)．文法の原理が経済性の原則に従うとするならば，自律性の措定はより限定的な内容に制限されなければならない．

(c) 構造保持の仮説

変形規則の適用によってもたらされる構造上の変化は，一定の種類のものに限られる．Emonds(1976)によると，変形規則が句の範疇(句範疇)に操作する場合，その結果生じる派生構造は，基本的に句構造規則によって作り出されるような構造でなければならない．句構造規則で作り出されることのないような「破格な」構造が，変形規則によって派生されることはない．しかも句範疇が移動したり置換したりする先の位置は，元の位置と同じ範疇の位置に限られる．例えばNPが移動される場合，その移動先は句構造規則によって作られる位置で，しかもNPという範疇の位置でなければならない．変形規則の適用後も，適用以前の構造が基本的に「保持」されるのである．この仮説を**構造保持の仮説**(structure-preserving hypothesis)と言う．

適用以前の構造が基本的に保持されるとなると，要素が移動された後の跡地も保持されているはずである．要素が移動された跡地には**痕跡**(trace，tで表す)が残されるものと仮定される(Chomsky 1977)．痕跡を残すことにより，移動元の部分の構造も保持されることになる．

例えば受動文を作るには，目的語のNPが(空の)主語の位置へ移動して新しい主語となる．目的語が移動した後，元あった位置には痕跡tが残される．

(31)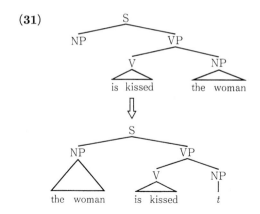

目的語 NP が移動した後の構造 (下段) は，移動が行われる以前の構造 (上段) を保持している．

変形規則が構造保持の仮説に従って適用されるとすれば，ことばの操作は，句構造規則で作られる統語構造や，その中の統語範疇に基づいて行われていることになる．つまり言語能力の少なくともある部分は，文の統語構造という表示方法で示されており，それを基盤にして操作が行われていると考えなくてはならない．構造保持の仮説も，「知識の表示」という問題に大きな示唆を含んでいる．

(d) 上昇移動

変形規則が要素を移動する際，移動の方向に関して一般性がある．統語構造において元あったところからより上の方向へ移動するという傾向がある．この傾向は，要素が直線的に見て左側へ移動する場合 (例えば (26) の関係節化規則) にも，右側へ移動する場合 (例えば (28) の外置規則) にも当てはまる．

先に，要素が移動されると元の位置に痕跡が残されることをみた．痕跡の存在は常に移動された要素 (被移動要素) に依存している．この点で痕跡は，再帰代名詞のような**照応表現** (anaphor，その意味内容が先行詞との関係で決まってくる語句) とよく似ている．そこで痕跡は照応表現の一種であり，被移動要素がその先行詞であると見ることができる．

照応表現には，その先行詞が必ず照応表現よりも構造的に上の方に現れていなければならないという一般性がある．例えば主語の位置は目的語の位置より

も上方なので((31)を参照),先行詞が主語の位置に現れて再帰代名詞が目的語の位置に現れることはできるが(32a),逆に再帰代名詞が主語の位置に現れて先行詞が目的語の位置に現れるということはできない(32b).

(**32**)　a. John respects himself.

　　　　b.*Himself repsects John.

痕跡が照応表現の一種であるとするならば,移動方向が常に上昇方向であるという一般性は,照応表現に関する一般性から自然に生じてくることになる.先行詞である被移動要素は照応表現である痕跡よりも上方に現れなければならないのだから,必ず元あった位置よりも上方に移動しなければならない.

統語構造における上方・下方という関係は,決して発話に現れることがなく,それゆえ耳や目によって知覚できるものではない.ことばを操作する際には,直接的に知覚することができない統語構造の階層性の情報を用いているわけである.また痕跡も決して発話に現れることがないが,移動の方向性を決定する上で大きな働きを果たしており,知覚できない表示を「計算」に入れていることになる.

(e)　局 所 性

受動文を作る際に,目的語のNPが主語の位置へ移動していくと一般に考えられている(上記(31)参照).NPを移動する変形規則を**NP移動**(NP-movement)と呼ぶ.NP移動は,他動詞の目的語ばかりではなく,(33a)にみるように従属節の主語にも適用できる.だが(33b)から明らかなように,いつでも従属節の主語に適用できるわけではない.

(**33**)　　a.　John is believed [t to be honest].

　　　　b.*John is believed [t is honest].

(33a, b)どちらにおいても,NPが主語のNPの位置へ移動しており構造保持の仮説(2.5節(c)参照)に従っている.両者の明確な相違は,(33a)では従属節が不定詞節であるのに対して,後者では定形節である,という点である.定形節は**時制**(tense)を持っているので,**時制文**(tensed-S, Sはsentenceの略)と呼ばれる.時制文は独自の時制を持っており,一つのまとまった「領域」を形成している.そこで領域の内部にある要素は,その外部の要素(または位置)と関係を持つことができないと仮定してみることができる.時制文の領域に

関する制約を**時制文条件**(Tensed-S Condition)という(Chomsky 1977)．上例(33b)では従属節が時制文であるので，その主語を従属節の外へ移動しようとすると時制文条件に違反する．一方(33a)では，従属節が時制文ではないので，従属節の主語をその外へ移動しても時制文条件に違反しない．

　従属節が不定詞節であっても，その中の目的語を(受動態の主語にするために)主節の主語の所へ NP 移動することができない．

　(34)　*John is believed [Mary to love t].

(34)の補文主語のように語句で明示されている主語を**指定主語**(specified subject)という．指定主語は節の中で最も「際立った」要素であり，それが現れると一つの独立した「領域」が形成されるものと考えられる．そうだとすると，時制文の場合と同様に，指定主語の存在によって形成された領域の内部の要素も，その外部の要素(または位置)と関係を持つことができないことになる．この制約を**指定主語条件**(Specified Subject Condition)という(Chomsky 1977)．(34)では従属節の主語 Mary が指定主語として働き，従属節が独自の領域を形成する．その領域の内部にある目的語の John をその外部の主節主語の位置へ移動することは，指定主語条件に違反する．

　本節(d)で，痕跡は再帰代名詞と同様に照応表現であると述べた．時制文条件や指定主語条件が痕跡に関して成り立つことからすると，これらの条件は同じく照応表現である再帰代名詞についても成り立つものと予想される．事実，時制文の中にある再帰代名詞がその外にある先行詞と関係を持つ(すなわち，同一のものを指示していると解釈される)ことができないし(35b)，指定主語を差し置いてより遠くにある先行詞と関係を持つこともできない(36)．

　(35)　　a.　John believes [himself to be honest].
　　　　　　b.*John believes [himself is honest].
　(36)　*John believes [Mary to love himself].

痕跡が照応表現の一種であることからすると，時制文条件や指定主語条件は，再帰代名詞および痕跡を含めた照応表現全般に関する原則ということになる．

　時制文条件や指定主語条件は，時制とか指定主語の存在が一定の幅の「狭い領域」を成立させ，文法操作はそうした狭い領域の内部でのみ行われるという性質を持っていることを示している．この文法操作の性質を**局所性**(locality)という．ことば以外の認知作用についても，局所性という性質が成り立つもの

と想像される．時制文条件や指定主語条件は，どのような要素が領域を形成するか，またどのような領域の範囲が「局所」と見なされるかなど，認知の局所性に関して多くのことを示唆している．

(f) 構造の複雑性：島の制約

変形規則の構造記述で言及されている変項は元来任意の単語の連鎖のことを意味するのだが，実際には一定の制限が課せられている(2.4節(d))．例えば(29)で，右方へ移動する要素によって飛び越される変項には，節の境界を含んでいてはならないという制限が課せられていることをみた．同じように，左方へ移動する要素によって飛び越される変項にも一定の制限が課せられている．

例えばwh疑問文はwh句(疑問詞)を左方へ移動することによって派生される．wh句の移動を行う変形規則を**WH移動**(WH-movement)と呼ぶ．WH移動はwh句を，元の位置から遠く離れたところへ移動できるので((37)参照)，同規則を定義するには(38)のように，飛び越していく語句の連鎖を変項Xでもって表すことが不可避である．

(37) What do you think that John believes that Mary bought t?

(38) WH移動

	X	-	wh句	-	Y
構造記述:	1		2		3
構造変化:	2+1		∅		3

(38)の構造記述からするとwh句の左側に変項Xが現れており，それゆえ，wh句の左側にはどのような単語の連鎖が生じていてもかまわないはずであるが，実際には一定の形状(部分構造)をした単語の連鎖が現れている場合にはWH移動の適用が阻まれる．換言するならば，wh句が特定の形をした構造の中に生じている場合には，その構造から取り出し移動することができない．要素の取り出しを阻むような構造を**島**(island)という．(38)の変項Xには**島の制約**(island constraints)が課せられているのである．

島として例えば，複合名詞句が挙げられる．**複合名詞句**(complex NP)というのは，NPの一部として節を含んでいて複雑な形となっている名詞句のことを指す．(39a)の目的語の部分はその一部として関係節を含んでおり，複合名詞句を成している．複合名詞句の中からWH移動によってwhatを取り出すこ

とはできない(39b). 複合名詞句の中から要素を移動できないという趣旨の制約を, **複合名詞句制約**(Complex NP Constraint)という(Ross 1967).

(**39**)
  複合名詞句
 a. John will see [NP the man [S that bought what]].
  複合名詞句
 b.*What will John see [NP the man [S that bought t]]?

間接疑問文も島を形成する. 間接疑問文は wh 句で始まるので, **WH の島**(WH-island)と呼ぶ(Chomsky 1977).

(**40**)
  WH の島
 a. John wonders [S when Mary will see who].
  WH の島
 b.*Who does John wonder [S when Mary will see t]?

主語の位置を占めている文(換言すれば, 文から構成されている主語)も島を形成する. 文から成る主語を**文主語**(sentential subject)といい, 文主語からの移動を禁じる制約を**文主語制約**(Sentential Subject Constraint)と呼ぶ(Ross 1967).

(**41**)
  文主語
 a. [S That John bought what] is certain.
  文主語
 b.*What is [S that John bought t] certain?

島の制約はいずれも, WH 移動という特定の変形規則にだけ当てはまるのではなく, 変項を用いて定義される変形規則全般に当てはまる. 変形規則の定義に用いられている変項一般に課せられている制約であるからである. (26)で見た関係節化規則も変項を用いて定義されるので, 当然これらの島の制約を受けることになる.

上例(39)〜(41)では wh 句が, 時制や指定主語を持っている従属節から移動されているので, 本節(e)で見た時制文条件や指定主語条件に違反していると見なすこともできるかもしれない. しかし WH 移動(および変項を用いて定義される変形規則一般)は, これらの条件の規制を受けない. (42)では疑問詞 what が時制文(従属節)の中から, しかも指定主語(John)を飛び越して文頭へ移動し

ているが文法的である．

(42)　What do you think [that John bought t]?

　変形規則には，NP移動のように時制文条件や指定主語条件の規制を受けるもの（(33)(34)参照）と，WH移動のようにそれらの規制を受けないもの（(42)参照）とがあることになる．変項を用いて定義される変形規則は一般にそれらの条件を受けないが，代わりに島の制約を受ける．なぜこうした「棲み分け」が生じるのかという点については，2.6節で答を探る．

　島を形成する構成素は，構造的に複雑な構成をしている．複合名詞句は名詞句の中に節が含まれている構成素である．節の外側を名詞句が囲っており，二重の堀に囲まれているような構造である．WHの島はwh句によって間接疑問節が形成されている．あるwh句をその外へ移動しようとするならば，すでに別のwh句によってでき上がっている間接疑問節を飛び出していかなければならない．また主語の位置に現れる構成素はNPに限られるとするならば，主語である文（文主語）もNPの一種ということになる．節の周りをNPが取り囲んでおり，複合名詞句を構成している．こうした構造的に複雑な「島」から要素を取り出そうとすると非文が生じるのは，人間が文を知覚・処理しようとする際に過重な負担がかかるためであろうと考えられる．島の制約は，文の処理の仕方，知覚の処理法，その負担の性格などについて多くの示唆を与えてくれる．

2.6　説明的妥当性を求めて

　初期の生成理論では，言語理論に課せられている二つの妥当性のうち，主に記述的妥当性に関心が向けられ研究が行われてきた（2.4節参照）．生成理論が記述的妥当性の点でそれに先行する構造言語学よりも優れていることを示すことにより，同理論の記述言語学としての優位性を示す必要があったからである．英語を中心にしてさまざまな構文が取り上げられ，それぞれの構文に特有な変形規則が数多く提案された．従来の文法研究で気付かれることのなかったさまざまな構文の性質が次々と明らかにされ，言語事実の記述に多くの成果を収めることになる．だがそれに比例して，変形規則の数は膨大に増え，その内容はきわめて複雑なものになっていく．

生成理論はもちろん，自らに課したもう一つの妥当性——すなわち，説明的妥当性——を忘れていたわけではない．1950年代から1960年代にかけて構造言語学に対する優位性が明らかにされると，生成理論の関心は次第に記述的妥当性から説明的妥当性へと移行していく．1970年代は，説明的妥当性を満たす文法理論を築くための基礎固めが行われた時期であったといえる．

(a) 説明的妥当性と普遍文法

説明的妥当性は，2.4節で触れたように，人間ならば誰でもことばの獲得が可能であるという事実を理論的に説明できることを求めたものである．子供は誰でも，親の人種や国籍などに関わりなく，周囲で聞く言語に基づいてどのような言語でも母語として獲得することができる．このことからすると，人間には共通してどのような言語の獲得をも可能にする装置（言語獲得装置）が備わっており，その言語獲得装置に基づいて特定の言語の獲得が行われるものと考えられる．言語獲得装置の中身は，どのような言語にも当てはまるような，普遍的な性質を持つ規則・原則の集合から成り立っているものと予想される．普遍的な規則や原則の集合を**普遍文法**(universal grammar)という．ことばの獲得を可能にしている言語獲得装置とは普遍文法にほかならず，子供は誰もが生まれながらにして普遍文法を持っている．言語理論が説明的妥当性の条件を満たすには，普遍文法の中身を明らかにすることが必要である．

普遍文法の規則や原則は，どの言語にも当てはまるのであるから，それぞれの言語の構文ごとに個別的に成り立つような内容であるとは考えにくい．個々の言語からも，さらに個々の構文からも独立した普遍的な内容から成るものである．そうした普遍文法の原則の候補として，2.5節でみたことばの一般的特性を組み入れた原理や原則が挙げられる．普遍文法を究明するには，句構造規則や変形規則の定義から一般的特性を抽出し，それらを規則の形式や適用の方法に関する一般的な原則として捉えることが必要である．

(b) 変形規則の単純化

変形規則が行う操作として付加，置換，削除の3種類が仮定されていた(2.4節(b))．これらの操作のうち削除については，変形規則の働きによってある要素が削除されるのではなく，ゼロの要素（音形を持たない要素）がもともと挿

入されていると考えるべき証拠が指摘されている (Wasow 1972; Hankamer & Sag 1976 など). そうだとすると,削除という操作を仮定する必要性はなくなる.

また置換という操作のうち,ある要素を別の意味内容の要素に置き換える操作は,変形規則は意味を変えないという原則からして (2.4 節 (a) 参照),変形規則の操作としてなじまない. 置換として許される操作は,意味を変えないような置換, つまり何もない空の位置にある要素を置き換える操作に限られる. こうした置換は,要素をある位置から空の別の位置へ移動することにほかならない. もう一種の操作である付加という操作も,ある要素を別の要素の左または右に付加し,結果的に前者を移動するという効果をもたらす. したがって,変形規則の操作として認められるのは,実質的に移動という操作だけに限られることになる.

変形規則は一般に,構造記述と構造変化に基づいて定義されると仮定されていた. 構造変化に関する一般的特性として, 2.5 節 (c) で,構造保持の仮説を見た. ある特定の種類の範疇が移動される場合, その移動先は同じ種類の範疇の位置に限られ, しかもその位置は前もって空の状態で用意されている. 変形規則の適用によって要素が移動される位置は, わざわざ構造変化で指定しておかなくても,構造保持の仮説との関係で自動的に決まってくる. そうだとすると, 個々の移動変形の構造変化として, 要素の移動先を指定しておく必要性がなくなり, 移動変形の定義から構造変化の部分を完全に取り除くことができる.

変形規則の構造記述の表現力を規制する目的で, さまざまな制限を課する試みがなされてきた (2.4 節 (d) (e) (f)). Chomsky はそうした試みの一環として, 「構造記述に現れる定項は操作の対象となるものに限定され, 操作の対象とならないものは変項に限られる」という, たいへん強い制限を課することを提案している (Chomsky 1977, p.173). この提案に従うと, 操作の対象とならない部分はすべて変項で表されるような任意の要素であり, それゆえ操作の対象とならない部分については規則の構造記述の中でわざわざ触れる必要がない. しかも変形規則の操作として許されるのは移動操作に限られるのであるから, 構造記述の定項として言及されるのは, 移動操作の対象となる要素の種類だけということになる. もし移動の対象となる要素が NP であるならば, 変形規則の定義は (43) のように, 単に「NP を移動しろ」と定めればよい. 従来の構造記

述および構造変化に相当する部分はすっかり取り除かれている．

(**43**)　NP を移動せよ．

　さらに移動の対象となる範疇の種類についても，構造保持の仮説から自動的に決まってくる．構造保持の仮説によると，ある範疇の要素は同じ範疇の位置へ移動し，しかも移動先の位置が前もって空の状態で用意されている．用意されている位置が，必ず表層構造において何らかの要素によって充当されていなければならない位置であるとするならば，その位置へそれと同じ範疇の要素が必ず移動しなければならない．つまり移動すべき範疇の種類が，移動先の範疇の種類との関係で自動的に決まってくる．したがって，移動の対象となる要素の種類を変形規則の定義の一部として特定化する必要はなく，任意の範疇を表す記号(例えば α)を用いて(44)のように一般化することができる．

(**44**)　α を移動せよ．

　(44)は任意の要素 α を任意の位置へ移動せよということを指示しているだけである．この操作を **α 移動**(Move-α)と呼ぶ．変形規則は，α 移動という単純な内容の規則一つに収斂されることになる．先の Chomsky の構造記述に関する制限は，変形規則を単純化する上で大きな意義を持っていたわけである．

　α 移動は単純な内容で一般的であるだけに，それ自体からすると不適切な結果まで過剰に作り出してしまう可能性がある．だがそうした過剰生成は，α 移動の定義とは独立して，移動の仕方に関する一般原則や移動の結果生じる痕跡に関する一般原則を設けておくことにより，排除することができる．変形規則(α 移動)が自由に適用されるとしても，その適用の仕方や出力をいわば一般原則が遠巻きに牽制しているのである．

　では一般原則としてどのような原則があるのだろうか．一つは局所性(2.5 節(e)参照)に関する原則である．移動で残された痕跡は一種の照応表現として振る舞う(2.5 節(d))．照応表現の解釈には，(45)のような局所性の原則が成り立つ．2.5 節(e)で触れた時制文条件と指定主語条件を組み入れたものである(Chomsky 1977)．

(**45**)　次の構造において X を Y に関係付けることはできない(β は時制または指定主語を含む範疇)．

　　　　…Y…[$_\beta$…X…]…Y…

(45)は，照応表現が範疇 β ——時制を含む範疇(つまり時制文)あるいは指定主

語を含む範疇——の中にある場合，その外にある先行詞との関係付けが阻まれることを述べたものである．

例えば下記(46)では再帰代名詞 himself が(45)の X, その先行詞 John が Y に該当する．(46a, b)では X と Y との間に時制または指定主語を含む範疇が介在していない．一方(46c)では両者の間に時制を含む範疇(すなわち従属節)が，(46d)では指定主語を含む範疇(同じく従属節)が介在している．したがって(46c, d)では X(himself)と Y(John)の関係付けが阻まれる．

(46) a. [$_\beta$ John is proud of himself].
b. John thinks [$_\beta$ himself to be superior to Jim].
c.*John thinks [$_\beta$ himself is superior to Jim].
d.*John thinks [$_\beta$ Jim is superior to himself].

移動変形の適用によって残される痕跡も照応表現の一種であるので，α 移動によって残される痕跡も(45)の規制を受ける．下記(47)では痕跡 t が(45)の X, 被移動要素 John が Y に当たる．t が占めている位置は，(46)の himself が占めている位置と全く同じなので，(46)におけるのと同じように文法性の相違が(45)に基づいて説明される．

(47) a. [$_\beta$ John is admired t].
b. John is believed [$_\beta$ t to be superior to Jim].
c.*John is believed [$_\beta$ t is superior to Jim].
d.*John is believed [$_\beta$ Jim admired t].

NP 移動の定義を(43)のように単純化し自由に適用しても，NP 移動によって残される痕跡が照応表現の原則(45)の規制を受けるので，不適格な派生文を(45)との関係で正しく排除することができる．

(c) 下接の条件

2.5 節(f)で見た通り，さまざまな「島」は共通して，「複雑な」構造を成している場合に形成される．島の制約は，WH 移動のように変項を用いて定義される移動規則(つまり，原則的に要素を遠くまで移動することが可能な規則)全般に当てはまる．それゆえ Ross (1967)は，島の制約を変形規則の構造記述で用いられる変項に対する制約として捉えたのである．

英語では疑問詞(wh 句)を移動する際，節の境界を飛び越えて遠くまで移動

することが許されるが，ロシア語やドイツ語では節の境界を飛び越して移動することが許されない．また英語でも，wh 句の移動が一つの節内部に限られる場合がある．主文の動詞が wonder, ask, inquire などの場合には，wh 句が補文の外へ移動することができない．

(48)　a.　They wonder [what John bought t].
　　　　b.*What do they wonder [John bought t]?

こうした wh 句の移動法に鑑みて，一見一挙に遠くまで移動しているように見える wh 句の移動は，実は節の内部で節頭のところへまず移動し，続いてすぐ上の節の頭のところへ移動していると考えてみることができる．節頭から節頭への移動を反復的に繰り返すことにより，結果的に遠くまで移動することになる．ロシア語などでは一つの節の内部での移動は許されるが，節頭から別の節の頭への移動が許されない．英語でも，主文の動詞が wonder などの場合には，wh 句が補文内部で移動することは許されるが，補文の節頭から別の節の頭へ移動することは許されない．

節頭の位置には**補文**(complement clause)の始まりを合図する要素(**補文標識**, complementizer)が現れるので，節頭の位置を COMP と表すことにしよう．一つの節は正確には，COMP と S(主語と述部から成る構成素)とから成り立っていることになる．COMP と S から成る構成素を S′(エス・プライム)と表すことにする．

(49)　S′ → COMP S

wh 句は，節頭の COMP の位置をいわば避難口にして，上の節の COMP へと移動していく．COMP から他の COMP への移動を繰り返すことにより，遠くまで移動していくことになる．

WH 移動は，

　　What do you think that John saw t?

のような例からも明らかなように，時制文条件や指定主語条件の規制を受けない(2.5 節(f)参照)．wh 句は時制文の外に移動することも，指定主語を飛び越して移動することも許される．したがって WH 移動によって残された痕跡は(45)の規制を受けないかのように思われる．だが wh 句が WH 移動によって COMP の中へ移動されていることに注目して，(45)に次のような条件を加えるならば，WH 移動は(45)に従いながら，しかもその規制から免れることが保

証される．

(50)　ただし，X は COMP の中にない．

(45) の β を S′ とすると，wh 句の補文内部での移動は S′ 内部の COMP への移動なので，(45) に抵触することはない．COMP から別の COMP への移動は，(50) のただし書きの効果で，(45) に抵触していないことになる．一見 wh 句の移動(正確には WH 移動によって残された痕跡)は(45)に違反しているように思われたが，wh 句が COMP へ移動すると仮定し，かつ(45)の原則に(50)の条件を加えることにより，wh 句の移動も(45)の原則に従っていることになる．

wh 句がいったん COMP の中へ移動していると仮定するならば，さまざまな種類の島の原因を統一的に説明することが可能になる．複合名詞句の外へ移動する場合には wh 句が，①まず COMP の中へ移動していき，②次に複合名詞句を飛び出して主節の COMP へ移動する．②では S′, NP, S を飛び越えていくことになる．

(51)　[$_{S'}$ COMP [$_S$ … [$_{NP}$ NP [$_{S'}$ wh [$_S$ … t

　　　　　　　　　　　　　　　複合名詞句
　　　　　　　　　②　　　　　　　　①

また WH の島では節頭の COMP のところに別の wh 句がすでに現れているので，wh 句はそこへ立ち寄ることができずに，一気に補文の S, S′ および主文の S を飛び越して主節の COMP へ移動していかなければならない．

(52)　[$_{S'}$ COMP [$_S$ … [$_{S'}$ wh [$_S$ … wh

　　　　　　　　　　　WH の島

主語の位置にある節(文主語)は NP に囲まれていると仮定するならば(2.5 節(f))，文主語は複合名詞句の一種となり，その構造は基本的に(51)と同じになる．

(51) と(52)で wh 句が飛び越している範疇のうち，S と NP は構成素としての「完結度」が高い(例えばどちらでも主語と述部の関係が表現できる)．そこでこれらの範疇は，移動に関して境界となる範疇(**境界範疇**，bounding category)を構成するものと考えられる．要素の移動は，一つの境界範疇内部で行われるかまたは境界範疇を一つ飛び越すことは許されるが，二つ以上を一気に飛び越すことができないものと仮定することにしよう．この移動に関する原則を**下接の条件**(Subjacency Condition)と呼ぶ(Chomsky 1977)．

(53) 下接の条件

移動操作は境界範疇を二つ以上飛び越してはならない．

(51)の②では境界範疇として NP と S を，また(52)では二つの S を飛び越しており，どちらにおいても下接の条件に違反している．一方下記(54)の WH 移動では wh 句が，①まず補文の COMP へ移動し，②次に補文の COMP から主文の COMP へ移動する．①②どちらの移動でも境界範疇として S を一つ飛び越しているだけであり，下接の条件に違反していない．

(54) 　[$_{S'}$ What [$_S$ do you think [$_{S'}$ t [$_S$ he saw t]]]]?
　　　　　　└─────②─────┘└──①──┘

NP 移動は目的語の NP を同じ節内部の主語の位置へ移動するか，または不定詞節の主語の位置にある NP をすぐ上の主語の位置へ移動する((47a, b)を参照)．前者の場合は同一の境界範疇の内部で移動が行われており，後者の場合は境界範疇を一つ(従属節の S)飛び越しているだけであり，どちらも下接の条件を遵守している．NP 移動も，WH 移動と同様に，下接の条件に従っている．また NP 移動も WH 移動も(45)の原則の規制を受ける．したがって，NP 移動も WH 移動も等しく，原則(45)と下接の条件(53)の両方の規制を受けるのである．ただし WH 移動は，ただし書き(50)の効果で実質的に(45)の規制を免れることになる．

なおロシア語のような言語では(54)の①のような移動は可能であるが，②のような移動が許されない(それゆえ，従属節の外へ wh 句が移動できない)．これは，ロシア語のような言語では S に加えて S′ も境界範疇として機能しているためであると考えられる．言語によってどの範疇が境界範疇として働くかが微妙に異なっているものと考えられる．この知見は，第3章でみる「第2次認知革命」の大きな引き金となっている．普遍文法の原理や原則はどの言語にも共通しているが，原理や原則で用いられている補助概念の定義は言語や言語のタイプによって一定の範囲内で変動し得るとする，原理と媒介変数(パラメータ)のアプローチへの重要な布石となっている．

(d) 句構造規則の単純化

句構造規則は，句の構成に関する規則性を句の種類ごとに定めたものである．ところが句の構成には，範疇の相違に関わりなく，よく類似している部分

がある．例えば Chomsky (1970) は，V (動詞), N (名詞), A (形容詞) の後ろには共通して，that 節 (55a), to 不定詞節 (55b), 前置詞句 (55c), 名詞句 (NP) (55d) などの構成素が生じ得ることを指摘している ((55d) にみるように，N, A の後ろに NP が続く場合には，特別な意味を持っていない of が挿入されるものとする).

(55) a. {believe/belief/hopeful} that he will win
b. {try/attempt/eager} to win
c. {depend/dependence/dependent} upon his help
d. {endure/endurance (of)/patient (of)} his treatment

V, N, A などを句の**主要部** (head) と呼び，主要部に続く要素を (主要部によって選択され主要部を補う働きをするので) まとめて**補部** (complement) と呼ぶことにしよう．主要部の範疇の如何に関わりなく，補部として生じる構成素の種類はよく類似している．

Chomsky (1970) はさらに，どの種類の主要部も**指定部** (specifier) という働きをする要素を取り得ることを指摘している．指定部というのは，主要部と補部から成る構成素全体を詳しく修飾する働きをする要素の総称である．どの種類の句の場合も，主要部と補部で一つの構成素を作り，その構成素と指定部でより大きな構成素 (すなわち，句) を作ることになる．この点で，句の構造は範疇の種類に関わりなく類似している．

いずれの句の構成も基本的に同じであるとなると，句の構成を従来のように範疇ごとに個別的に定めていたのでは，句の構成に見られる共通性を見逃してしまうことになる．句の構成を一般的な形で定めることが必要である．主要部を X で表し，X と補部が一緒になってできる構成素を $\overline{\text{X}}$ (エックス・シングルバー) と表し，さらに $\overline{\text{X}}$ と指定部が一緒になってできる構成素を $\overline{\overline{\text{X}}}$ (エックス・ダブルバー) と表すことにすると，いずれの句の構造も (56) のようにまとめることができる．

(56)

(56) の句構造は，範疇の指定のない X (変項または変数) と，¯ (シングルバ

—)や ═(ダブルバー)などバーを用いて句構造の共通性を捉えようとしているので，**X バー理論**(X-bar theory)と呼ばれる．X バー理論の導入により，従来のような範疇ごとの句構造規則が不要となり，句構造規則は大幅に簡略化される(さらに Jackendoff(1977)，Nakajima(1982)を参照)．

(e) 第 1 次認知革命の回想

1960 年代から 1970 年代にかけての「第 1 次認知革命期」の Chomsky 理論では，当初記述的妥当性に重きが置かれていたが，やがて説明的妥当性へと関心が移されていく．その結果，変形規則は実質的に α 移動だけに集約され，その適用の仕方や結果を規制する一般原則として，下接の条件，構造保持の仮説，時制文条件，指定主語条件などが提案される．確かにこうした規則の単純化や一般原則の設定は，言語獲得の実際からしても当然であろうし，説明的妥当性を満たす言語理論を構築する上で当然の成りゆきであろうと思われる．

しかしながら上述した構図でもって，初期の変形文法がたくさんの変形規則を設けることによって達成したのと同程度の記述的妥当性が保証できたか(あるいは現在の生成理論も含めて，できているか)は定かではない．説明的妥当性に関心が移行するにつれて取り扱われる構文の種類が限定され，それらの構文だけに基づいて説明的妥当性を満たすような理論の構築が試みられている．例えばかつて変項を用いて定義される規則として，WH 疑問化，関係節化，話題化，分裂化，比較化などさまざまな規則が各構文ごとに提案されていたが，それらはいずれも WH 移動(あるいは α 移動)一つにまとめられている．はたしてこれらの構文がすべて，WH 移動(あるいは α 移動)という一つの規則で保証することができるのか，これらの構文がいずれも同じ特性を示すのかなど，最近では記述的妥当性の観点から詳しく吟味されることがない．文法理論が目指すところは，記述的妥当性か説明的妥当性のいずれかを満たすことでもなければ，それらをほどほどに満たすことでもなく，両方を十全に満たすことである．説明的妥当性に関心が移行した結果，記述的妥当性が軽視されてきている嫌いがあることは否めない．

比較的狭い範囲内で移動を行う NP 移動((47)参照)と，少なくとも表面的には遠くまで移動することができる WH 移動((54)を参照)はともに，(45)の原則を受けると主張されている．このように主張するには，しかしながら，WH

移動によって COMP の中に移された要素は (45) の原則を免れるというただし書き (50) を付け加えなければならない．このただし書きは結果的に，WH 移動を (45) の規制から外し，(45) の規制に関して NP 移動と WH 移動を区別していることにほかならない．実際，第 3 章で見る GB 理論においては，NP 移動によって残される痕跡と WH 移動によって残される痕跡は束縛理論に関して区別されて扱われているし (Chomsky 1981)，同一の原則を受ける際には NP 移動であるか WH 移動であるかに基づいて「相対化」されている (Rizzi 1986)．こうした区別が不可欠であるとするならば，当時採られていたように，例えば移動に関してすべての種類の移動を一つの規則に一般化し，その規則が同一の原則を受けると仮定したのは，誤った過度な一般化であったということになる．一般化が必ずしも説明的妥当性にとって有益であるわけではないことを示唆している．

　X バー理論の提案により，一つの言語の句構造規則が大幅に一般化され，その数が著しく減少された．しかしながら，句構造規則によって捉えようとしていた句の「構造」の中には，構成素の直線的配列に関する情報も含まれていた (2.5 節 (a))．ある句の内部における構成素の配列 (語順) は，当然，言語によって異なっている．X バー理論が説明的妥当性の満たす文法の一部であり，それゆえ普遍文法の一部であるとするならば，補部や指定部の位置，補部を構成する要素相互の配列など構成素の配列についても，X バー理論に付随する理論によって普遍的に決定できなければならない．少なくとも Chomsky らが提案した X バー理論は，直線的配列に関しては英語という特定の言語についての理論にすぎず，普遍的な配列の決定法は示されていない．

　生成理論の関心が記述的妥当性から説明的妥当性に推移するに伴い，生成文法の真骨頂とされた変形規則の比重が著しく軽くなる．だが第 1 次認知革命期に提唱された，変形規則の適用によってある構造表示 (基底構造) が別の構造表示 (派生構造) に変換される (あるいは写像 map される) という考え方は，第 2 次認知革命期においても昨今のミニマリストプログラム (極小モデル) においても一向に変わっていない．構造表示から別の構造表示への写像により文が「派生」されるという見解は，生成理論を他の文法理論と峻別する重要な特色であり，GB 理論においてもミニマリストプログラムにおいても一貫して受け継がれている．

生成理論の目標が記述的妥当性から説明的妥当性へ移行するという方向性はすでに『文法理論の諸相』(Chomsky 1965) の中で示されたものである．生成文法の理論変遷は，初期理論で示された研究プロジェクトに沿って進められているわけである．その変革は，本章の解説から明らかなように，記述的妥当性を求めて句構造規則および変形規則を追究していく過程でそれらの一般的性質が明らかにされ，それが説明的に妥当な文法理論の探究へと次第に発展していく．記述的妥当性に重きを置いた第1次認知革命が，説明的妥当性を目指す第2次認知革命への重要な基礎になっていることは言うまでもない．

第2章のまとめ

2.1　生成文法理論は，「言語能力」という脳に内在している認知能力の理論的解明を目指す．それゆえ言語の研究を通じて，「認知革命」に積極的に荷担・貢献している．

2.2　言語能力によって生成されることばには，規則に支配された創造性，回帰性，依存関係，単位構成の文脈自由性などの性質が見られる．

2.3　文法理論で仮定される装置は，こうしたことばの性質を反映していなければならない．第1次認知革命期の生成理論では，創造性，回帰性，文脈自由性などの特質は句構造規則を設けることによって，また創造性や依存関係などの特性は変形規則を設けることによって捉えようとする．

2.4　句構造規則および変形規則の研究の過程で，それらの規則の一般的特性として，構造依存性，統語論の自律性，構造保持，上昇移動，局所性などの特性が明らかにされてくる．

2.5　句構造規則および変形規則の一般的特性は，認知能力の性質を何らかの形で反映しているものと考えられ，認知能力の一般的性質を知る上での有力な手掛かりとなる．

2.6　句構造規則および変形規則の一般的性質は，また，すべての人間言語に当てはまる普遍文法の基礎を提供する．

2.7　文法理論が妥当であるためには，言語事実が精確に記述できることを求めた「記述的妥当性」と，言語獲得が可能であるという事実を説明できることを求めた「説明的妥当性」の二つの基準を満たす必要がある．

2.8　第1認知革命期の生成理論では記述的妥当性に比重が置かれていたが，普遍文法の基礎が構築されていく過程で説明的妥当性も射程の中に入れられ，第2

次認知革命への助走が始まる．

2.9 第1次認知革命期の生成理論では，句構造規則や変形規則など「規則」が大きな役割を果たしているので，「規則体系の文法」と特徴付けることができる．この点で，普遍文法の原理およびそれらに付随するパラメータが重要な働きをしている第2次認知革命期の「原理とパラメータの文法」と対比される．

3
第2次認知革命

【本章の課題】

　第 1 次認知革命に続いて「規則の体系から原理の体系への転換」という第 2 次認知革命が 1980 年代に入って起こった．生成文法の標準理論 (Chomsky 1965) で掲げられた「記述的妥当性」という個別言語の文法が満たすべき目標と，「説明的妥当性」という文法理論（普遍文法）が満たすべき目標との間には常に緊張関係が存在してきた (Chomsky 1995)．一方で個別言語の現象を正確に記述するには規則の体系を豊かにすることが必要であると感じられ，この結果多数の変形規則が提案された（たとえば Jacobs & Rosenbaum (1968) では，英語について 50 を超す変形規則が用いられていた）．その一方で，たとえば英語の受動文を作る規則のような個別言語の個々の変形規則を，幼児が生まれながらに知っているということはありえないことであるから，これら多数の変形規則（およびその他の規則）はすべて後天的に言語獲得の過程によって学習されたということになる．そうなれば，個別言語の記述において必要とされる規則の体系が豊かになればなるほど，記述的妥当性の達成度は向上するかもしれないが，きわめて短期間の間に幼児が言語を獲得するという事実を説明すること，すなわち説明的妥当性を達成することがますます困難になる．

　この問題を解決するための新しい方向が，前章でも述べたようにさまざまな規則を廃止または最小限（つまり一つ）のものに還元してしまい，これに伴って生じる過剰生成の問題を独立したいくつかの原理の体系によって解決しようとするものであった．それは変形を制限する一般的な制約を見つけようとする動きへとつながって，「規則の体系から原理の体系へ」という流れになるのであるが，その過程では，生成文法理論の初期に，変形の濫用が生じたように，今度は「制約」を探すことが流行して，「制約狩り」のような時代が一時あった．さらにその反省から，より少数のより一般性のある制約の体系を目指すという過程を経て，真の「原理の体系」を目指すという進化をたどるのである．以下，その流れを第 2 次認知革命の一つの到達点であるいわゆる「統率・束縛理論」の枠組みの発展をたどる形で見ていく．

3.1 移動現象

移動は変形操作の中でもっとも重要なものである．また移動操作が必要であることが，生成文法理論のもっとも重要な根拠でもあった．したがって移動操作の一般的な特性を同定し，これを文法理論(普遍文法)に組み込むことは説明的妥当性を満たす上で不可欠の手続きであった．第2次認知革命によって，それまで多数提案されていた変形規則は一つの操作にまで還元され，移動の種類としても3種類を区別するだけという大幅な簡素化が実現するのである．

移動という現象についての一般的な理論を構築する動きの端緒となったのはChomsky(1964)の研究で，これは後にAの上のAの原理と呼ばれるようになったものである．

(a) Aの上のAの原理

例えば前章で述べたように英語には **WH 移動**(WH-movement)と呼ばれる移動規則があり，これにより(1)の例文で疑問の名詞句 who が文頭へ移動していると考えられる．

(**1**)　Who does John admire?

しかしこの規則によって，疑問の名詞句であればどんな場合でも同じように文頭に取り出すことができるわけではない．それを理解するために次の例文を見よう．(2)は(3)と(4)の2通りに分析できる．

(**2**)　Mary saw the boy walking towards the railroad station.

(**3**)　Mary saw [VP the boy walking towards the railroad station].

(**4**)　Mary saw [NP the boy walking towards the railroad station].

つまり「Mary はその少年が駅の方へ歩いていくのを見た」(3)と「Mary は駅の方へ歩いて行くその少年を見た」(4)の2通りに解釈できる．(3)では the boy は動詞句(VP)の一部をなしているが，(4)では，walking towards the railroad station が the boy を修飾しており，したがって[ ]で括った部分は名詞句(NP)である．ところが(2)の the railroad station を what に置き換えて得られる(5)の疑問文には(3)に対応する解釈しかない．

(**5**)　What did Mary see the boy walking towards?

(5)は「Maryはその少年がどこに向かって歩いていくのを見たか」という解釈しかなく,「Maryはどこに向かって歩いていく少年を見たか」という解釈はない.(そもそも英語では後者のような疑問を直接表すことはできない.日本語ではこれが可能であることについては後にコラム〈日本語のWH移動〉で触れる.)

言いかえれば,疑問の名詞句を取り出す規則によってthe boy walking towards what 全体が動詞句をなしている場合はwhatを取り出すことができるが,この同じ連鎖が修飾表現を伴う名詞句である場合には,その中からwhatという名詞句を取り出すことができない.つまり(6)に示すように,名詞句の中から名詞句を取り出すことを禁じる何らかの原則があるように思われるのである.

(6)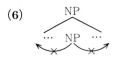

(6)の形は一般的にいうと,Aという範疇のなかにもう一つAという範疇が含まれているときには,Aに影響を与える変形は内側のAを対象とすることができないと捉えられるので,後に**Aの上のAの原理**(A-over-A principle, **上位範疇優先の原理**)と呼ばれるようになったのである.

ただ,(6)のような取り出しをすべて排除するというのでは(7)を誤って排除してしまうということは,当初からN. Chomskyが指摘していた.

(7)　Who would you approve of [my seeing ___]?

名詞句whoは[my seeing ___]の下線部から取り出されている.また[my seeing ___]全体は前置詞ofの目的語になっていることから明らかなように,名詞句である.

このような問題点はあっても,「Aの上のAの原理」は規則の適用に関して何か一般的な**制約**(constraint)がある可能性を示唆し,その後の一般的制約(または条件)を発見しようとする大きな流れの出発点となった.また変形規則(群)は当該言語における可能な文についての理論とみなすことができるが,「Aの上のAの原理」のような制約は,可能な変形規則についての理論と見なすことができるということも重要な点である.つまりこのような制約は,人間の言語における変形操作の範囲を規定するものと見なすことができるのである.

(b) 島の制約

「Aの上のAの原理」の精神を受け継いで，その不備を補い，もっと精緻な移動についての制約を立てようとしたのが，Ross(1967)である．彼は，Chomsky自身が気づいていた問題点などを理由に「Aの上のAの原理」を廃止して，かわりに複合名詞句制約，文主語制約，等位構造制約などをたて，これらを島の制約(Island Constraints)と呼ぶことを提案した．

複合名詞句制約(complex NP constraint) (8)は(9)のような例を説明する．

(8) 複合名詞句制約

語彙的な主名詞をもつ名詞句に支配された文の中の要素を，変形によりその名詞句の外に取り出すことはできない．

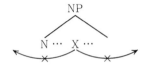

ここでいう「語彙的な」というのは代名詞以外の名詞という意味である．

(9) a.*Who does Phineas know [a girl who is jealous of ___]?

b.*The hat which I believed [the claim that Otto was wearing ___] is red.

(9a)は関係節の例で，疑問の名詞句 who が，girl という語彙的な名詞を主名詞とする[　]で示された名詞句の中の下線部の位置から取り出されている．(9b)は同格節の例で，関係代名詞 which が，claim という語彙的な名詞を主名詞とする[　]で示された名詞句の中の下線部の位置から取り出されている．いずれも非文である．

文主語制約(sentential subject constraint)は，(10)のように述べられていて，(11)のような文法性の差を説明する．

(10) 文主語制約

単独で文の主語であるような文の中からは，いかなる要素も取り出せない．

(11) a. the teacher who the reporters expected [that the principal would fire __]

　　　　　　b.＊the teacher who [that the principal would fire ___] was expected

(11a)は可能な名詞句であるが，(11b)のような名詞句はありえない．いずれも who が，[ ]で括られた that 節の中の下線部の位置から取り出されているが，その節(文)は(11a)では動詞の目的語であるのに対して，(11b)では単独で従属節の主語の位置にある．ちなみに次の例に見られるように，日本語ではこのような制約が成立していないことは J. R. Ross 自身が指摘しているところである（この点については〈日本語のWH移動〉で触れる）．

(12)　これは［メアリーが ___ かぶっていたこと］が明らかな帽子だ．

等位構造制約(coordinate structure constraint) (13)は and や or という等位接続詞で結合された構造に関して(14)のような事実を説明する．

(13)　等位構造制約
　　　　等位構造において，等位要素もまた等位要素に含まれるいかなる要素も移動することができない．

(14)　a.＊What sofa will he put the chair between some table and ___?
　　　　b.＊The lute which Henry plays ___ and sings madrigals is warped.

(14a)は疑問文，(14b)は関係節の例である．

左枝条件(15)は，多くの言語に見られる(16)のような文法性の差異を説明する．

(15)　左枝条件
　　　　名詞句の左端の構成素であるいかなる名詞句もその中から取り出すことができない．

(16)　a.　The boy [whose guardian's employer] we elected ___ president ratted on us.
　　　　b.＊The boy whose guardian's we elected [___ employer] president ratted on us.

(16a)のように名詞句全体を動かすことはできるが，(16b)のようにその左端の要素だけを取り出すことはできない．これは whose だけを単独で取り出すことができないことも説明する．

(c)　制約の統合

Ross の制約群は，Chomsky (1964)の「Aの上のAの原理」では強力すぎる

部分とカバーできない部分があったのを補正するための代案として提案されたもので，たしかに制約群全体の記述の精度を高めることには大いに成功した．しかし，その一方で制約の数を大幅に増やさなければならないという問題点もあった．さらにこの時期には，変形の操作そのものに対する制約以外に，Perlmutter(1968)の**深層構造制約**(deep structure constraints)，さらに Ross (1967)の**出力条件**(output conditions)など，さまざまな制約や条件が提案されてきた．その一方で変形規則群についても次々に新しいものが提案され，変形規則と制約，条件などが溢れている感があった．

そのような状況の中で，制約を整理統合しようという動きの契機となったのが Chomsky(1973)であった．ここで Chomsky は，それまでに提案されたさまざまな制約を，下接の条件，指定主語条件，時制文条件，主語条件という四つの条件にまとめることを提案した．さらにこれらの条件は移動を制限するだけでなく，移動以外の「関係づけ」をも制限するものとしてより一般性の高いものとなっている．以下 Chomsky(1973, 1975, 1976, 1977)に基づいて，移動変形に課せられた一般的な条件としての上記4条件を見ていこう．

まず Chomsky はそれまで WH 移動が1回の移動で無制限の距離を隔てた位置へ移動できるものと考えていたのを改めて，常に補文標識 COMP(すなわち接続詞 that の位置)への移動であるという考えを提案した．そこで例えば次の(17a)の例は(17b)の構造から2回の WH 移動を経て派生されることになる．文 S と COMP とで S′ をなしているものと考える(2.6節(c)の(49)参照)．

(**17**)　a.　Who does John believe Bill saw ＿＿？
　　　　b.　[$_{S'}$ COMP [$_S$ John believes [$_{S'}$ COMP [$_S$ Bill saw who]]]]

つまり who はまず内側の S′ の COMP の位置に移動し，次に外側の S′ の COMP の位置に移動するのである．

　下接の条件(subjacency condition)は(18)のようにまとめることができる(Chomsky 1977)．

(**18**)　下接の条件
　　　　以下の構造で，いかなる規則も X と Y を関係づけることはできない．ただし α と β は循環節点である．
　　　　…X…[$_\alpha$…[$_\beta$…Y…]…]…X…

循環節点(cyclic category)とは S′ と NP と考えてよい．移動現象に限って言え

ば，(18)の述べているところは，循環節点を一つ越えることは許されるが，二つ以上は越えることができないということである．

(17)の例における2回のCOMPへの移動のそれぞれにおいて，循環節点(すなわちS′)を一つしか越えていないから，下接の条件の違反は生じず，(17)は文法的である．一方，次の例では違反が生じている．

(19) a.*Who does he believe the claim John saw ____?

b. COMP he believes [$_{NP}$ the claim [$_{S'}$ COMP John saw who]]

(20) *John believe [$_{S'}$ that [$_{NP}$ a man ____] was here] despite the evidence to the contrary [who comes from Philadelphia].

(19)では最初のCOMPの位置への移動は循環節点を一つも越えていないが，次の文頭のCOMPへの移動の際にS′とNPを越えていて，下接の条件に違反している．(20)の例は**関係節の外置**(extraposition from NP)の例で，Rossでは別の制約によって処理しなければならなかったものである．関係節を下線部の位置から文末へ移動することは，二つの循環節点を越えるために下接の条件違反として排除される．

指定主語条件(specified subject condition)は次のように述べられる．

(21) 指定主語条件

いかなる規則も次の構造においてXとYを関係づけてはならない．ただしαはYとは異なる指定主語を含む．

…X…[$_α$…Y…]…X…

指定主語とは発音をともなう主語で，定形節では主格で現れ，不定詞節ではforを伴うなどして目的格で，そして名詞句などにおいては所有格で現れる要素である．

この条件によって移動が阻止されるのは(23)のような例である．

(22) a. The candidates each expected to defeat the other.

b. The candidates expected to defeat each other.

(23) a. The men each expected [$_S$ the soldier to shoot the other].

b.*The men expected the soldier to shoot each other.

当時，(22a)のeachをthe otherのtheの位置へ移動する変形規則(*each*-movement)があると考えられていた．この規則は(22b)のような文法的な結果を生むが，(23a)に適用した結果である(23b)は非文である．これは(23a)のeachと

the がそれぞれ条件の X と Y に該当し，the soldier が α (この場合は不定詞節の [　] の S) の指定主語に該当するからである．指定主語条件は名詞句を名詞句の位置に移動する変形を拘束するが，COMP の位置に要素を移動する WH 移動のような変形はこの条件に従わない．

次の**繰り上げ変形** (raising) の例も指定主語条件が関与する例である．

(24)　a.　John seems [____ to like Mary].
　　　b.　NP seems [John to like Mary].

(25)　*Mary seems [John to like ____].

(24) では (24b) の従属節の主語が，主節の NP と表されている主語の位置に移動している．これは移動された要素そのものが指定主語であるから，指定主語条件に違反しないが，(25) のように指定主語を差し置いてこれと異なる目的語の Mary を移動することはできない．(24a) のような構文を**繰り上げ構文**と言う．

時制文条件 (tensed-S condition) は (26) のようにまとめることができる (時制文条件は**命題島の条件** (propositional-island condition) とも呼ばれる (Chomsky 1977))．

(26)　時制文条件
　　　いかなる規則も次の構造において X と Y を関係づけてはならない．ただし α は時制文である．
　　　… X … [$_α$ … Y …] … X …

時制文とは文字どおり動詞が (英語では) 現在形または過去形をした文 (S) である．この条件が関係するのは次のような名詞句を移動する場合で，WH 移動はこの条件に従わない．

(27)　a.　The candidates each expected the other to win.
　　　b.　The candidates expected each other to win.

(28)　a.　The candidates each expected that the other would win.
　　　b.*　The candidates expected that each other would win.

(27a) の each を the other の the の位置に移動することは，従属節が不定詞節であって時制節ではないので許されるが，(28a) の each を the の位置に移動するのは，従属節が時制を含んだ定形節であるので時制文条件に違反する．したがって，(28b) は非文である．

次の**受動構文**でも事情は同じである．

(29)　a.　John is believed [＿＿ to be incompetent].
　　　b.*John is believed [＿＿ is incompetent].

(29a)では不定詞節の主語が取り出されていて文法的であるが，定形節から主語が取り出されている(29b)は非文である．

主語条件(subject condition)はおよそ次のように述べることができる．

(30)　主語条件
　　　いかなる規則も次の構造において X と Y を関係づけてはならない．
　　　ただし α は主語である．
　　　…X…[α…Y…]…X…

この条件は次のような例を排除する．

(31)　a.*Who did [stories about ＿＿] terrify John?
　　　b.*Who do you expect [stories about ＿＿] to terrify John?
　　　c.*Who did [to see pictures of ＿＿] surprise John?

いずれの場合においても，who は主語である [　] 内の下線部の位置から取り出されている．

Chomsky (1977) で，主語条件の守備範囲は，S も循環節点に数えることにより，下接の条件に取り込まれることになった．

(32)　a.*Who [$_S$ did [$_{NP}$ stories about ＿＿] terrify John]?
　　　b.*Who [$_S$ do you expect [$_{NP}$ stories about ＿＿] to terrify John]?
　　　c.*Who [$_S$ did [$_S$ to see pictures of ＿＿] surprise John]?

さらに次のような現象は下接の条件により排除されるが，このような場合の下接の条件を別名，**WH 島条件**(WH-island condition) と呼ぶ．

(33)　a.　John knows what books to give ＿＿ to whom.
　　　b.　John knows to whom to give what books ＿＿.

(34)　a.*To whom does John know what books to give ＿＿?
　　　b.*What books does John know to whom to give ＿＿?

(33)のように不定詞節中の疑問の句一つを従属節の COMP の位置へ移動することができるが，その構造でより深い位置にある疑問の句を，(34)のように主節の COMP の位置に取り出すことはできない．これはいったん COMP の位置が埋まると，その節全体が取り出しができない島(すなわち孤島)になるよう

に見えるので，WH 島条件と呼ばれるが，循環節点として S′ と NP ではなくて S と NP を想定すれば，下接の条件によって処理することができる（当時 S と S′ の関係については分析が定まっていなかった）．次のような例から（少なくとも英語では），COMP の位置に同時に二つの要素を入れることができないことは明らかである．

(35)　a. *John knows what who saw.
　　　b. John knows who saw what.

したがって (34a,b) でそれぞれ to whom, what books を文頭の COMP の位置に取り出すことは下に示すように二つの循環節点 (S) を越すことになって，下接の条件に違反する．

(36)　a. *To whom [$_S$ does John know [what books [$_S$ to give ___ ___]]]?
　　　b. *What books [$_S$ does John know [to whom [$_S$ to give ___ ___]]]?

(d)　付加部条件

要素を取り出すことができないのは上述の場合に限らない．Huang (1982) は下の取り出しの非文法性を説明するために，**付加部条件** (adjunct condition) を提案した．**付加部**とは関係節や副詞節のような修飾要素のことであるが (3.3 節参照)，付加部条件とはそのような中から要素を取り出してはならないという条件で，例えば次のような例がこの条件に抵触する．

(37)　a. *Where did you see the book [which John put ___ ___]?
　　　b. *What did John leave [before fixing ___]?

[　] で括った部分はそれぞれ名詞句を修飾する関係節と時を表す副詞節であるが，その中から wh 句を取り出すことはできない．

Huang (1982) はここから，付加部条件を Chomsky の主語条件とともに**摘出領域条件** (condition on extraction domain) という一つの条件にまとめ，これがその後の空範疇原理の研究の端緒となった (3.5 節参照)．

(e)　障　　壁

それまでの下接の条件に出てきた循環節点（後に境界節点）の定義が，NP と S′ のように単に列挙するものであったため，そこにどのような共通点があるのかが明らかでないという問題点があった．これを改めるために循環節点を**障壁**

(barrier)という概念で統一的に捉えることをChomsky(1986b)が提案した．この理論の下では，下接の条件は「移動においては間に最大限一つの障壁を含むことしか許されない」ということになる．

障壁は次のように2段構えの定義が与えられている．まず**L標示**(L-mark)という概念を用いて，**阻止範疇**(blocking category)を定義する．

(38) 阻止範疇

L標示されていない最大投射は阻止範疇である．

「L標示されている」というのは，語彙範疇からなる主要部の補部の位置または指定部の位置にあるということである(補部と指定部の概念については第2章および3.3節を参照)．最大投射(maximal projection)では主要部を中心としてこれをもっとも大きくしたもの，すなわち句のことである(3.3節参照)．この定義からすると付加部はL標示されない．

また文の構造を(39)のように分析するとしよう．

(39)

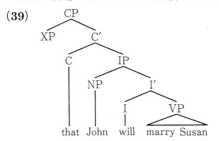

Iとは**屈折要素**(inflection)のことで，文の時制などをになう要素であり，ここでは助動詞を従えている．IPとはIを中心とする句で，これまでのS(文)に相当する．CはCOMPの略であり，CPはCを中心とする句で，これまでのS′に相当する(I′, C′については3.3節参照)．XPはこの位置に生じるかもしれない任意の句を表す．

補文標識(C)や屈折要素(I)のような機能範疇は語彙範疇でないため，補文標識の補部のIP(＝S)や屈折要素の補部の動詞句(VP)，そして屈折要素の指定部の主語の位置もL標示されていないことになる．

この阻止範疇という概念を用いて，障壁は次のように定義される．

(40) 障壁

　　i. 阻止範疇はIPを除いてそれ自体障壁になる．

　　　　　ii. 阻止範疇を直接支配している最大投射は障壁になる．

(40–i)の定義による障壁を**固有障壁**(inherent barrier)と呼び，(40–ii)の定義による障壁を**継承障壁**(inheritance barrier)と呼ぶ．

　障壁による下接の条件の適用例を，複合名詞句制約違反の(19a)，主語条件違反の(32a)，WH島条件違反の(34a)について見てみよう．上述のような制約の理論の発展と平行して，要素が移動されるとその元の位置に痕跡を残すという**痕跡理論**(trace theory)が提唱された．そして移動された要素とその**痕跡**(trace, t)は**連鎖**(chain)を形成し，下接の条件は連鎖の成員間に課せられた条件というように位置づけが変わってきた．ここでは連鎖に課された条件としての下接の条件の適用例として(41)を見ることにしよう．

(41)　a.＊Who does [IP he believe [NP the claim [CP t' [IP John saw t]]]]
　　　b.＊Who did [IP [NP stories about t] terrify John]?
　　　c.＊[CP To whom$_i$ does [IP John know [CP what books$_j$ [IP to give t_j t_i]]]]?

複合名詞句制約違反の(41a)の場合には，実は上で定義した障壁はない．t と t' との間には(後で触れる動詞句 VP の問題を除いては)障壁はない．IP は語彙範疇ではない補文標識 C の補部であるから L 標示されていないが，(40–i)の例外規定により障壁にはならない．次に t' と who の間にも障壁はない．CP は主名詞 claim により L 標示されており，名詞句全体は動詞 believe により L 標示されている．主節の IP も例外規定のため障壁とならない．しかしこの文は下接の条件特有の非文法性を示す．そこで Chomsky(1986b)では，名詞の補部の CP には名詞から，主語に与えられる主格や目的語に与えられる対格とは異なる特別な格(それを**斜格** oblique case と呼ぶ)が与えられており，これによって CP が固有障壁になるという(今から見ればきわめてその場限りの)説明が行なわれている．

　主語条件の(41b)では障壁理論の本来の説明がうまく成り立つ．痕跡を含む主語の名詞句はそれ自体が L 標示されておらず，IP の例外規定も当てはまらないから固有障壁になる．そのすぐ上の IP は(40–ii)の規定により継承障壁になり，都合二つの障壁が介在するため，下接の条件に違反する．

　WH 島条件違反の(41c)では what books とその痕跡 t_j からなる連鎖においては(後述の動詞句の問題を無視すれば)間に IP が介在するだけで，これは例外規定により障壁にならない．しかし to whom とその痕跡 t_i からなる連鎖に

おいては，内側の IP が阻止範疇となり，それを直接支配している CP が障壁となる．これだけでは下接の条件違反を説明できないので，Chomsky(1986b) では（これもその場限りの解決法であるが）「最も深く埋め込まれた定形節」を固有障壁として定義する．(41c)では John know で始まる IP がこれに該当する．そのために連鎖の隣り合った成員の間に障壁が二つ介在することになって，これは下接の条件違反となる．

(f) 動詞句の問題

(42a)は(42b)の構造から派生されたと考えられるが，これが下接の条件に違反するかどうか考えてみよう．

(**42**)　a.　What will you do *t*?
　　　　b.　[CP ＿＿ C [IP you will [VP do what]]]

問題は(42b)の what を CP の下線で示す指定部に移動してできる連鎖の隣り合った成員の間に，障壁が介在しないかどうかということである．動詞句 VP は機能範疇である屈折要素 I の補部であるから，L 標示されていない((39)参照)．したがって動詞句は阻止範疇であり，例外規定は IP にしか該当しないから，動詞句は単独で固有障壁であることになる．そうすると IP は継承障壁となり，(42a)における連鎖(what, *t*)の間には障壁が二つ介在し，したがってこの文は間違って非文法的であるという扱いを受けることになる．Chomsky (1986b)では，動詞句の中から WH 移動によって要素が取り出される場合には，いったんまず動詞句自体に付加され，次に文頭に取り出されるという分析を採用することでこの問題を解決している．それによると(42a)は正確には(43)のような姿をしている（屈折要素 will は補文標識 C の位置に移動している）．

(**43**)　　[CP what will [IP you [VP *t* [VP do *t*]]]]

VP の構造を樹状図で表すと(44)のようになり，このように上下に同じ範疇が重なっている構造を**付加構造**(adjunction structure)と言う．

(**44**)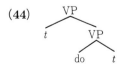

このような付加構造の二つの VP は異なる範疇ではなくて，一つの範疇の**分**

節(segment)で，あわせて一つの範疇をなしていると定義すると，付加された要素((44)の場合には左側の痕跡 t)は完全に動詞句の中にいるわけでもなければ，動詞句の外に出ているわけでもない．その意味で動詞句が障壁であっても，付加構造にあっては障壁が介在していることにならない．また(43)の付加された位置の痕跡 t と文頭の what との間にも障壁は介在しない．それは付加された位置の痕跡は完全に VP の中にあるわけではないからである．

　付加構造と介在とをこのように定義すれば，動詞句の中にある要素は常にこれに付加することによりその障壁をかいくぐって外へ取り出すことができることになる．では例えば CP や NP に付加をすることができれば，そもそも何も障壁にならないことになるではないかという問題が生じる．これらの付加を許さない要素はいずれも全体として**項**(argument)とよばれる意味的な役割を担う要素で，そのような要素には付加は許されないと説明される．

(g)　境界理論の問題点

　移動の範囲に関する統一的な理論を**境界理論**(bounding theory)という．境界理論は，障壁という概念を用いた下接の条件として一応の理論的な到達点を得たのであるが，あとから考えるといくつかの問題点がある．第一に，障壁という概念は単に NP と S(S′)のように列挙するという問題(「循環範疇は NP または S(S′)である」のように定義の中に「または」という言葉を使わなければならないことからこれを**選言問題** disjunction problem と呼ぶ)を解決するために統一的な障壁という概念を定義しようとしたのであるが，その中に再び，(40)の定義にみるように固有障壁と継承障壁が並列するという選言問題が忍び込んでしまっている．(実際にはその他に，(41a)を論じたところで出てきた斜格を与えられたための障壁もあり，また(41c)に関して出てきた定形節障壁というものまであって，決して統一的な理論とは呼べないものであった．)

　第二に，さらに障壁の定義には IP についての例外規定がある．このような例外規定を設けなければならないこと自体どこかにまだ未解決の問題が潜んでいることを示している(一つの解決方法は VP 同様 IP にも付加をすることができるとするもので，そうなれば IP は障壁になっても常にかいくぐることができる)．(私見であるが，現在の極小モデルを推し進めていけば，最終的には障壁という概念は不要になるものと思われる．)

またその後，名詞句の構造と節の構造に強い平行関係があることが明らかにされてきている(例えば Abney(1987)は，名詞句は真の名詞句すなわち NP ではなく，むしろ決定詞句 DP であるという主張をしている)．この方向が正しければ，名詞句の中にも CP の指定部のような位置が存在することが考えられ，下接の条件(そして障壁の定義)もそれに従って修正されねばならなくなる．

指定主語条件，時制文条件については，束縛理論の中の統率範疇という概念の定義に吸収された(3.4 節参照)．

(h) 文法の仕組み

以上のような文法理論の変遷と並行して，文法の仕組みそのものにも大きな変化がみられた．**標準理論**(standard theory)では深層構造と表層構造を想定し，文の意味は深層構造で決定されるという暗黙の了解があったが，これに対して表層構造も意味に寄与するとする**拡大標準理論**(extended standard theory)が出てきた．

(45) 標準理論

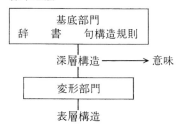

(46) 拡大標準理論

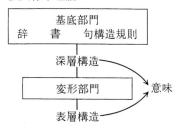

それから，さらに進んで痕跡理論の導入とともに，文の意味は表層構造(この段階では **S 構造**と呼ばれていた)だけで決定されるとする**改訂拡大標準理論**(revised extended standard theory)となった．

(47) 改訂拡大標準理論

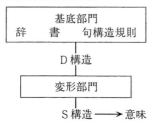

さらにこの延長線上にある Chomsky (1981) を中心とするいわゆる**統率・束縛理論**では，May (1977, 1985) などの研究を取り入れて，要素を目に見える形で移動するそれまでの可視移動の先に，目に見えない移動を行なう部門が提案され，文法の統語的表示レベルが **D 構造**，**S 構造**，**論理形式** (logical form, LF) の三つと，音韻的表示レベルである**音声形式** (phonetic form, PF) の四つのレベルが区別されることとなった．これにより，文法の仕組みは D 構造，S 構造を介して，それぞれの文についてその音 (PF) と意味 (LF) を結び付ける，逆 Y 字型のモデルになった．それと同時に基底部門は廃止された．

(48) 統率・束縛理論

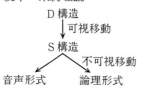

S 構造から論理形式への派生を扱う部分を論理形式部門ということがある．このような部門が必要であると考えるには，数量詞の解釈における多義性と多重 wh 疑問文の解釈という二つの根拠がある．

(49) a. Which book did he buy t?
 b. for which book x, he bought x

(50) a. Who bought which book?
 b. for which person x, for which book y, x bought y

(51) a. Everybody loves somebody.
 b. for every person x, there is a person y, x loves y
 c. there is a person y, for every person x, x loves y

(49a)は(49b)に示すような解釈を持つと考えられるが，これはCPの指定部にあるwhich bookをfor which book x のように演算子として捉え，痕跡の t を，この演算子が束縛する変項と捉えるという最小の手続きで，S構造から得ることができる．(50a)のような多重wh疑問文は(50b)のような解釈をもつと考えられるが，この場合はwhich bookはS構造では動詞の目的語の位置に留まっている．wh句が演算子として解釈される場所はCPの指定部であるとすれば，(50a)から(50b)を導くには，前者のwhich bookをCPの指定部に移動する操作が必要となるが，これはこの文の発音には影響を与えない，つまり目に見えない操作で，S構造以降に適用する操作でなければならない．

(51a)は(51b, c)の2通りの解釈が可能である．(51b)では「それぞれの人に別々の愛している人がいる」という状況を表し，(51c)では「皆に愛されている人が一人いる」という状況を表す．S構造としては一つであるから，それ以降に異なる構造を作り出す操作がなければならない．この操作のことを**数量詞繰り上げ**(quantifier raising, QR)と呼ぶ．

3.2 格理論

前節では移動の範囲を制限する条件を見てきた．移動の中には，WH移動のように文法関係を担わないような位置への移動(**非項移動** non-argument movement，$\overline{\text{A}}$(A バー)移動，A′移動とも表す)と，受動構文を作る際の主語の位置への移動のように文法関係を担う位置への移動(**項移動** argument movement，A移動)の2種類がある．そして，**受動構文**にみられるような項移動は，**NP移動**とも呼ばれるが，本節(b)で見るように，格理論の要請を満たすためのものであるとされる．

(a) 格付与と統率

Chomsky(1981)では，名詞句は**主格**(nominative case)，**対格**(accusative case)，**斜格**(oblique case)，**属格**(genitive)のいずれかの格をもち，前者三つの格にはそれを付与する要素があり，それとの間に**統率**(government)という後述する関係が成り立つときにそれぞれの格が付与されるとされている．

(**52**)　a. AGRはそれが統率する名詞句に主格を付与する．

日本語の WH 移動

　日本語に移動現象があるかどうかについては，古くから議論が分かれてきた．現象的には英語の WH 移動のように必ず要素を文頭に移動するというものは見られない．

(1) 　a.　君はどこでその本を買ったの？
　　　b.　どこで君はその本を買ったの？
　　　c.　その本を君はどこで買ったの？
　　　d.　君はその本をどこで買ったの？
　　　e.　どこでその本を君は買ったの？

(1a)は文中に疑問詞(とみえる)「どこで」があっても問題のない疑問文である．もちろん(1b)のように文頭に置くこともできるが，これは英語の WH 移動のように必ず文頭に置かなければならないというのとは事情が違うように思われる．むしろ(1)の例文全体に見られるのは，(通常動詞が文末に来ることを除いては)日本語は語順が自由な言語であるという事情から来る可能な語順にすぎないと考えられる．

　このことから日本語は「WH 移動はないが，語順を自由に変える移動(これを**かき混ぜ規則** scrambling と呼ぶ)はある言語である」と長く考えられてきた．さらに，英語では複雑名詞句制約(または下接の条件)に違反する次のような疑問文が，日本語において文法的であるという事実もある．

(2) 　a.　[誰が書いた論文]が一番面白かったですか？
　　　b.　[どこで買った魚]がおいしかったですか？

このような事実から，Nishigauchi(1990)はやはり日本語には英語と同じ意味での WH 移動はないとして，論理形式部門における特殊な WH 移動を提案している．

　しかし最近 Watanabe(1992)は，日本語にも WH 移動があるという興味ある主張を行なっている．その根拠となっているのは次のような事実である．

(3) 　a.*[君は太郎が図書館から[どの本を＿＿]借り出したかどうか]知りたいのですか？
　　　b.* Which book do you wonder whether Taro checked out from the library?
(4) 　a.　[君は太郎が図書館からどの本を借り出したかどうか][誰に＿＿]尋ねたのですか？
　　　b.　Who did you ask whether Taro checked out which book from the library?

(3b)は英語の WH 島条件違反である．日本語の(3a)も同様に非文法的である．一

方,(4b)ではwhoはaskの目的語の位置から移動しているため,WH島条件違反は生じていない.これに呼応するように(4a)はそれなりの状況を想定すれば解釈可能で,(3a)とは明確な差をもって文法的である.(例えば,「君は太郎が図書館から何か本を借り出したかどうかを誰かに尋ねたそうだが,君は太郎が図書館からどの本を借り出したかどうか,誰に尋ねたのですか」のような文脈を考えれば,了解されるであろう.)このような事実は日本語にも英語と同じWH移動があり,それが(3)では下接の条件に違反し,(4)では違反していないと想定すればもっとも自然に説明できる.そこでWatanabe(1992)は,日本語のwh疑問文では発音されないWH演算子がWH移動により移動しているという分析を提案している.

Tonoike(1992, 1995)ではWatanabeの提案をもう一歩進めて,Watanabeの言うWH演算子は(3a)(4a)では助詞の「か」であり,これがそれぞれ「どの本」「誰に」の下線部から文末に移動されたのであると主張している.この移動は(3a)では[ ]で示したWHの島を破っているが,(4a)ではWHの島のもともと外にある.Tonoikeはこのことの根拠として,古い日本語では(そして現在の文語体では)次のような「か」を文中に含んだ疑問文があることをあげている.

(5)　　a.　いずれの日にか故郷に帰らん.
　　　　b.　何をか言わん.

一方,かき混ぜの現象については,以前から付加という操作を含む移動現象であると考えられてきた(例えばSaito(1989)).しかしこれに対してTonoike(1997)のように移動に依らない基底生成された付加構造であるという分析もあって,いまだ結論が出ていない.

英語の受け身のような,主語の位置へ移動する規則が日本語にあるかどうかも議論の分かれるところであるが,Kuroda(1979)は「その定理は日本人の学者によって証明された」というのは文法的であるが,「その定理は日本人の学者に証明された」というのは奇異であるということに着目して,「によって」を典型的に伴う受け身文は移動によるものであることを主張している.

b. 他動詞はそれが統率する名詞句に対格を付与する．
　　　c. 前置詞はそれが統率する名詞句に斜格を付与する．
AGR というのは時制文の屈折要素(I)の中に含まれている主語と定形動詞の間の一致を司る要素で**一致要素**(agreement)の略である．(52)の格付与の関係は，例えば次のような例に見られる(Nom, Acc, Obl はそれぞれ主格，対格，斜格である)．

(53)
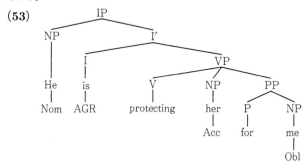

主語には屈折要素の is の中に含まれる一致要素(この場合，三人称，単数，男性という素性の束)から主格が付与され，これが he という形に反映されている．直接目的語には他動詞 protecting から対格が付与され，これが her という形に反映されており，さらに前置詞の目的語には前置詞 for から斜格が付与されており，これが me という形に反映されている．現代英語では普通の名詞を使うと格の区別は形式上なくなるが，その場合でも抽象的な格を付与されていると考える(属格の場合は 's で区別されている)．

(52)では，格付与する要素はそれが統率する要素に格を与える形で定義が行なわれているが，これを「格の統率の下での付与」と言う．この統率という概念が Chomsky(1981)のあと10年ほどのいわゆる**統率・束縛理論**(GB 理論)の文法理論の中核をなす概念となったものである．統率は **m 統御**(m-command, m は最大投射 maximal projection の頭文字)という概念に基づいて定義されるので，先に m 統御の定義を見よう．

　(54)　次の場合にのみ α は β を m 統御する(α と β は範疇であれば何でもよい)．
　　　a. α が β を支配しない．
　　　b. α を支配するすべての最大投射が β を支配する．

最大投射とは句のことであり，「すべての最大投射」ということは「α の上にある最初の句」というに等しい．m 統御の定義を上の(53)の構造にあてはめてみると，I は主語の NP，補部の VP およびその下にあるものすべてを m 統御している．V は補部の NP，さらにその右にある前置詞句 PP およびその下にあるものはすべて m 統御しているが，主語の NP, I は m 統御していない．さらに前置詞 P はその補部の NP を m 統御しているが，それ以外のものは m 統御していない．

統率は次のように定義される（ここでは Chomsky(1986b)の定義を用いる）．

(55) 次の場合にのみ α は β を統率する（α は V, N, A, P, AGR など，β は任意の範疇）．
    a. α が β を m 統御する．
    b. α と β の間に障壁が介在しない．

上の(53)にこれをあてはめると，AGR を含む I は主語の NP を m 統御し，かつ両者の間には障壁はない．同様のことが，V とその目的語の NP, P とその目的語の NP の間についても成り立っている．したがってこれらの間に統率の関係が成り立ち，それぞれ主格，対格，斜格が名詞句に付与される．

(53)の例に関するかぎり，(55)の統率の定義の中で「障壁」のかわりに「最大投射」を用いても結果はおなじであるが，次の例は「障壁」を用いることが必要であることを示している．

(56) I believe [$_{IP}$ him to be a genius].

him は意味上は不定詞補文の主語であるが，その形からして主節動詞 believe から対格を付与されていると考えられる．両者の間には節の境界 IP が介在している．もし最大投射が介在してはならないということであれば，(56)では対格が付与できないことになり，これは下で見る「格フィルター」の違反になってしまう．「障壁」を用いた(55)の定義であれば，そのような問題は生じない．問題の IP は語彙的範疇 V によって L 標示されているから，阻止範疇にもならないし，もちろん障壁にもならない．(56)のように従属節の主語が主節の動詞により対格の付与を受けている構文を**例外的格付与構文**(exceptional case marking construction)または単に ECM 構文と呼ぶ．

(b) 格フィルター

次の例の文法性の対比に着目しよう．
- (57) a. *Him to leave would be foolish.
  - b. [CP For [IP him to leave]] would be foolish.
- (58) a. *It seems [IP John to be a genius].
  - b. John$_i$ seems [t_i to be a genius].
  - c. It seems that John is a genius.
- (59) a. *It is believed [IP John to be a genius].
  - b. John$_i$ is believed [t_i to be a genius].
  - c. It is believed that John is a genius.

(57a)の非文法性を処理するのに，Chomsky & Lasnik (1977) では NP-to-VP フィルターというその場限りのメカニズムを使っていた．これらの例に共通しているのは，非文法的な(58a)(59a)の例では，下線部の名詞句は格を付与されていないという事実である．(57a)の him は屈折要素 to によって統率されているが，この要素には AGR がないため，主格を付与することはできない．(58a)の John にはこれを統率する to からは格を付与することができない．主節の動詞 seem(s) は John を統率しているのであるが (IP は障壁にならないことを想起せよ)，この動詞は他動詞ではないので，やはり付与すべき格を持たない．(59a)は主節の動詞 believed が過去分詞で，他動詞であっても過去分詞になると格付与能力を失うものと考えれば，やはり John は格を付与されないままになる．受動分詞になると他動詞の対格がなくなることを**格吸収** (case absorption) と言う．

このような共通性によって(58a)(59a)の文の非文法性を説明するために，次のような**格フィルター** (case filter) が提案された．
- (60) 格フィルター
  名詞句が音声形を持ちかつ格を持たない場合は非文法的である．

一方，(57b)では him はこれに格を付与する補文標識 for がある．受動構文の(58b)と繰り上げ構文の(59b)では問題の名詞句 John が名詞句移動により主節の主語の位置に移動され，そこで主節の屈折要素の AGR から主格を付与されて，格フィルターが満たされている．

つまり(58a)(59a)のような構造では名詞句移動が義務的であるが，格フィルターはこの移動がなぜ義務的であるかについての説明原理を提供していることになる．一方(58c)(59c)では従属節が定形節で，屈折要素がAGRをもっているから，その主語には主格が付与されて文法的であり，したがってこの場合移動の必要はない．

格フィルターに「音声形を持った」という限定があるのは，(58b)(59b)の痕跡と次の例のPROを除外するためである．PROはほぼ伝統文法でいう**了解ずみの主語**(understood subject)にあたる．

(61)　a.　It is difficult [$_{IP}$ PRO to solve the problem].
　　　b.*It is difficult Bill to solve the problem.
　　　c.　It is difficult for Bill to solve the problem.

(61a)には発音されない主語のPROが含まれていると考えられるが，この位置には発音される名詞句を(61b)のように置くことはできない．その場合には(61c)のようにforを伴わなければならない．(61a)においてdifficultは形容詞であるから格付与能力を持たないと考え，音声形を持たないPROを格フィルターから除外すれば，すべてがうまく説明できる．

格付与する要素と付与される名詞句は隣接していなければならないと言われ，これを格付与の**隣接性の条件**(adjacency condition)と呼ぶ．

(62)　a.　John read the book carefully.
　　　b.*John read carefully the book.

(62a)ではreadとthe bookが隣接しているが，(62b)では間にcarefullyが介在している．しかし，フランス語では(62b)のような語順だけが可能で，(62a)の語順は非文法的であるという事実があり，最近では隣接性の条件は「格付与」の条件ではなく，何か別の要因によって生じる見掛け上の現象であると考えられている(Pollock 1989).

(c)　θ理論：項構造と意味役割

主語，目的語など動詞にとって不可欠の要素を**項**(argument)と言う．それぞれの項は動詞との間で明確な意味的役割を果たしている．この役割のことを**θ役割**(θ-role)と言う．θ役割の種類とその実例をいくつか見てみよう．

(63) a. John fixed the car.
　　　　動作主　　　主題

　　 b. John knocked down　Bill .
　　　　動作主　　　　　　　　被動作主

　　 c. The news surprized　Bill .
　　　　原因　　　　　　　　経験主

　　 d. The ball rolled from the top of the hill into the pond.
　　　　主題　　　　起点　　　　　　　　　　着点

θ役割のおおまかな定義は次の通りである．

(64) 動作主(agent)：意図的な行為を行なう主体
　　　主題(theme)：状態や位置の変化をこうむる要素
　　　被動作主(patient)：動作により物理的な影響を受けるもの
　　　原因(cause)：変化の原因となるもの
　　　経験主(experiencer)：心理的な変化を経験するもの
　　　起点(source)：位置・状態変化の出発点
　　　着点(goal)：位置・状態変化の到着点

全体でいくつのθ役割があるのかということについては，現段階では研究者の意見は一致していない．しかし，それぞれの動詞についてそれが要求する項の数と，それぞれの項が果たしているθ役割が決まっているということは疑いもない事実である．動詞がもっている項の数とそのθ役割のことを動詞の**項構造**(argument structure)と言う．

そこで動詞の項とその意味役割に関する理論が提案され，これを **θ理論**(θ-theory)と言う．この理論では個々の動詞にはそれぞれ辞書でその項構造，すなわちそれが必要とする項とそのθ役割が指定されており，その動詞が用いられると，その文中の項に該当する要素にそれぞれのθ役割が動詞から付与される．

次の例はすべて非文法的である．

(65) a.＊John fixed.
　　 b.＊John knocked down.
　　 c.＊The ball rolled the slope down the hill.

その理由は伝統的な言葉を使えば(65a, b)は他動詞であるにもかかわらず目的語がなく，(65c)は自動詞であるのによけいな目的語があるからである．このよう

な現象は古い理論では動詞ごとに**(厳密)下位範疇化**((strict) subcategorization)と呼ばれるメカニズムによって扱われていたが，θ理論では項とθ役割の間に次のような条件をたてることによって処理できる．この条件を**θ基準**(θ-criterion)と呼ぶ．

(66) θ基準

それぞれの項はθ役割を一つ担い，それぞれのθ役割は一つの項に付与されていなければならない．

つまり動詞が実際に文において取る項の数とその項構造におけるθ役割とは一対一の対応関係を持たねばならないということである．これにより，(65a, b)では付与されていないθ役割(すなわち主題と被動作主)が残るために基準に違反し，(65c)はθ役割を与えられない項(すなわち the slope)が残るために基準に違反する．

θ基準が与えられれば，格フィルターは「格をもっていることがθ役割付与の条件である」というように捉え直すことができる．それにはまずθ役割は位置に与えられるのではなくて，連鎖に与えられるものと捉え直すことから始めなければならない．(58b)を具体例に説明しよう．

(58) b. John$_i$ seems [t_i to be a genius].

この文は(John$_i$, t_i)という二つの成員からなる連鎖を含んでいる．この連鎖にはJohnの位置で主格が与えられている．一方，従属節の主語の位置ではto be a geniusの主語としてのθ役割(おそらくは主題)が付与されねばならない．そこで連鎖は格をもってはじめてθ役割付与のメカニズムにとって目に見えるものになると考えて，θ役割付与に対して次のような条件をつける．

(67) **可視性の条件**(visibility condition)

連鎖にθ役割を付与するためにはその連鎖が格を持たねばならない．

連鎖が格を持つというのは，連鎖のどれか(実際には先頭)の成員が格を付与されているということである．この条件では(58b)(59b)の(John$_i$, t_i)という連鎖も，(57b)のhim単独の連鎖も格をもち，θ役割を正しく付与されてθ基準を満たしているが，(57a)(58a)(59a)の例ではhimあるいはJohn単独からなる連鎖には格がなく，したがってθ役割を付与されず，θ基準違反になる．つまり，格を可視性の条件と捉えれば，格フィルター違反はすべてθ基準違反として捉えることができるのである．

項構造は実は動詞に限ったことではない．John's criticism of the book のような名詞表現を考えれば，項構造は名詞にも(さらには形容詞などにも)必要な概念であることは明らかである．

(d) 属格と内在格

名詞句の主語は属格を担っていて，これは英語では 's により表される．

(68) [$_{NP}$ John's criticism of the book]

属格は名詞句の指定部に与えられる格であると考えられる(格付与を行なう要素が名詞であると考えれば，属格も統率の下に付与されると捉えることができる)．主格，対格，斜格，属格は構造的な条件が満たされたときに付与されるものであるので，これらを**構造格**(structural case)と呼ぶ．

これに対して，他から付与されるのではなく最初から持っていると考えられる格があるとされる．これを**内在格**(inherent case)と呼ぶ．内在格には次の3種類が(英語では)あるとされる．

(69) a. [$_{NP}$ John's criticism <u>of the book</u>]
　　　b. John is [$_{AP}$ proud <u>of his son</u>].
　　　c. John gave Mary <u>some flowers</u>.

(69a, b)の下線部にはD構造で属格という内在格が与えられていて，これが of という前置詞の形で実現されているとされる．また(69c)の下線部にも Mary の介在のために構造格を与えることはできないので，D構造から何らかの内在格が与えられているとされる．内在格とはいってもはやはり出処は(69)の例ではそれぞれ criticism, proud, gave であるが，これらは同時に格を与えられた要素に対して θ 役割をも与えるという関係にある．この内在格と θ 役割とに関して付与するものと付与されるものとが同じであるということを**画一性の条件**(uniformity condition)と呼ぶ．

属格と内在格に関してはしかし，後から考えると問題が多い．属格に関してはその後の名詞句を決定詞句(DP)とする分析では，'s 自体を決定詞(Determiner, D)とし，主語の名詞はその指定部の要素と考えるDP分析が提案されている(Abney 1987)．

(**70**)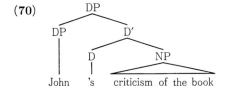

さらに一歩進めて，文と同じく名詞句にも屈折要素を認める立場を取ると，文の屈折要素がその主語に主格を与え，名詞句の屈折要素はその主語に属格を与えるとする拡大 DP 分析もある (Tonoike 1991)（-Pl は単数を表す）．

(**71**)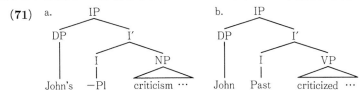

内在格の of の扱い方はいまだに明らかでないが，(69c) の some flowers の内在格は，当時の理論では，隣接性の条件から内在格として処理せざるを得なかったが，最近の二重目的語構文の分析と極小モデルの格理論においては，通常の構造格と同じ扱いをうけることになろう．

3.3 X バー理論

(a) 句構造の規則性と句構造規則の廃止

標準理論においては文の構造を規定する句構造規則があった（第2章参照）．しかし Chomsky (1970) で，句構造に関して一般的な理論を立てる可能性が示唆された．それは句構造規則の間に見られる共通性を捉える理論として提出され，例えば次の例のような異なる範疇間に見られる構造上の対応関係を捉えるために提案されたものであった（ここでは当時の議論を現代風に少し単純化している）．

(**72**) a. [$_{\overline{X}}$ The enemy [$_{\overline{X}}$ [$_X$ destroyed] the city]].
b. [$_{\overline{X}}$ the enemy's [$_{\overline{X}}$ [$_X$ destruction] of the city]]

(72a) は文で，destroyed という動詞を中心として構成され，他方 (72b) は名詞

日本語における格

　日本語での格標識は普通「が」「を」「に」のような助詞がこれを表していると考えられている．一般には「が」が主語に与えられる主格，「を」が直接目的語に与えられる対格，「に」が間接目的語に与えられる与格を表していると考えられている．しかし，日本語の「が」に関してはいろいろな説があって，実はなかなか複雑である．古くは三上章が「日本語には主格はあるが主語はない」と言った．これは定義の問題でもあるが，ただ主格とは主語がになう形式であると定義すると，これは自己撞着に陥ってしまう．そこで彼が言っていたのは「日本語には「が」がついた要素はあるが，これは主語ではない」と考えればつじつまがあう．一方，大部分の日本語研究者は「が」がついた要素が主語でありかつ「が」が主格であると考えている (Takezawa 1987 など)．

　ところが筆者は，実は三上と基本的には同意見で，次のような例からして，「日本語には主語はあるがそれは目に見えない要素であって，「が」は主格ではない」と考えている．

(1) 　a. 日本では家に入る時には履き物を脱ぎます．
　　　b. (料理の本で)まず玉葱をみじん切りにします．
　　　c. ［嘘をつく］のはわるいことです．

これらの文はいずれも時制を含んだ文であるが，「が」をともなった「主語」を補充することは，大幅に文意を変えたり，文を奇妙なものにすることなしには不可能である．にもかかわらずこれらはまったく自然な日本語の文である．このことは，次の英語の文の従属節には発音されない一般的な人を表す主語 PRO が含まれているとするのとまったく同じように，日本語の文ではすべて本当の主語は発音されていない PRO であるとすればうまく説明がつく．

(2) 　It is difficult [PRO to solve this problem].

(2)の文が一般的な人についてのものであるのと同様に，(1)の文も「日本では」とか「料理をする人は」という限定の範囲における一般的な人についてのものである．「太郎が欠席です」のように「が」をともなって現れる要素は，PRO の範囲を限定する要素ということになる(詳しくは Tonoike(1995))．

句で, 名詞 destruction を中心にできている. しかし両者の間には明らかな対応関係が存在する. そこで, 動詞, 名詞という範疇にとらわれずに, これを X とおいて両者を見ると, X という中心をなすものに目的語のようなものを加えると, それより一段階大きなものになる. これを $\overline{X}$(X バーと読む)と表すことにする. さらにこれに主語のようなものを加えるともう一段大きな要素になるので, これにさらにバーを加えて $\overline{\overline{X}}$(X ダブルバーと読む)と表せば, 両者の間の構造的な対応関係が捉えられ, それを一般的な式型(schema)の形で表すと, 次のようになる.

(73)　a. $\overline{\overline{X}} \longrightarrow [\text{Spec}, \overline{X}]\ \overline{X}$
　　　b. $\overline{X} \longrightarrow X \cdots$

主語のようなものを**指定部**(specifier)と呼び, [Spec, $\overline{X}$] で $\overline{X}$ の指定部を表している.

このように X を中心にしてできるより大きい要素を $\overline{X}$ と表すところから **X バー理論**($\overline{X}$-theory)という名称が生まれたのである.

以来, X バー理論は Jackendoff(1977), Stowell(1981), Chomsky(1981)などで理論的な成熟を見るようになった. ここでは Chomsky(1986b)を中心に, X バー理論を概説する. この段階では(74)の式型としてまとめられ, これは図式的には(75)のように表される(この頃にはバーの代わりにプライム(′)が使われるようになった).

(74)　a. $X' = XY'''^{*}$
　　　b. $X'' = Z'''^{*}X'$

(75)

X, Y, Z はそれぞれ何らかの範疇で, (74a)は(75)の X′ に直接支配される部分を表し, (74b)は(75)の X″ に直接支配される部分を表している. X'''^{*}, Y'''^{*}, Z'''^{*} は任意の数の X″, Y″, Z″ を表す. さらに X が X′ に, さらには X″ と「大きくなる」ことを**投射**(projection)と言い, X を**主要部**, X′ を**一次投射**(single bar projection, single prime projection), そして X″ を**最大投射**と呼ぶ. 最大投射

は**句**(phrase)とも言う．したがって名詞句の場合は N″ と表されるが，従来の NP という表現を使う場合も多い．主要部 X とともに X′ を構成する要素を X の**補部**(complement)と呼び，X′ とともに最大投射 X″ を構成する要素が指定部である．

(74)(75)に表される X バー理論は，すべての句にはその中心となる主要部が存在することを主張している．このような性質のことを**内心性**(endocentricity)と言うが，X バー理論はこの性質が(順序は除いて)すべての言語のすべての表現において維持されているという強い主張をしているのである．

初期の X バー理論は句構造規則の間にある一般的な特性を捉えるというものであったが，Chomsky(1986b)の段階では，D 構造を派生する句構造規則というものを廃止して，そのすべての部分において(その言語の) X バー理論を満たしている構造を D 構造とするという，いわば D 構造に対する適格条件に置き換えられた．その結果，句構造規則はもろろん，厳密下位範疇化のような概念も不必要なものとなった．

さらに Emonds(1970)が若干の例外を除いて，変形操作はもともと D 構造として許されているような構造しか作りだせないという**構造保持仮説**(structure preservation hypothesis)を提案したのを取り込んで，X バー理論は S 構造においても成立しているものという位置づけに，役割が一般化された．さらに(74)(75)では補部と指定部には複数の最大投射が生じうるものとされていたのに対して，Kayne(1984)がすべての構造は 2 項枝分かれ(binary branching)であるという仮説を提唱し，それを受け入れて，(74)(75)から＊を除いたものが一般的に広く受け入れられるようになった．このように X バー理論が句構造規則に取って代わったことは，規則の体系から原理の体系へという第 2 次認知革命の重要な一歩であった．

(b)　文の構造と名詞句の構造

X バー理論は言語構造の内心性を規定するが，1980 年代半ば頃までの分析ではこれに違反するものがいくつかあった．従来の that 節と名詞句の分析がそうである．

(76) a.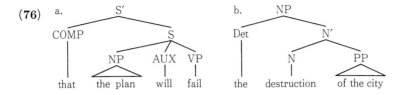

(76a)は，二重に内心性に違反している．まずSは範疇記号であるのにその下にその中心をなしているものがない．また助動詞AUXは範疇記号であって中心をなしうるものであるが，これを中心とした句がない．次にS'の中では，Sを中心としてその一次投射としてS'がある形になっていて内心性を満たしているように見えるが，Sは実際はその中が複雑な句に相当するから，主要部にはなりえないし，一方COMPは単独の語をとるものであるから，主要部となって句を作らなければならないのに，(76a)では句をなしていない．(76b)においては，決定詞Detが単独の語theを従えているのであるから，これを中心とした構造がなければならないのに，(76b)にはそのようなものはない．

以上の問題は，すでに格理論のところで見たように，文と名詞句の構造を次のように分析すれば解決する．(COMPをC，AUXを屈折要素(I)，DetをDと略してある．またC″, I″, D″, N″をそれぞれCP, IP, DP, NPと表記するのも広く見られ，本章においても以下XPをX″の代わりに用いる．)

(77) a.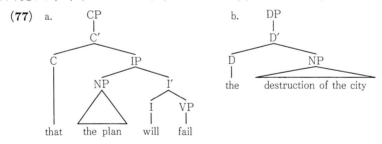

もちろん厳密には(77b)の名詞句の構造を採用するなら，(77a)におけるNPはDPでなければならない．

先に見た拡大DP分析は，次のような例についても内心性を維持できることを根拠としている．

(78)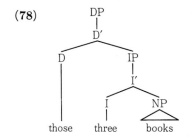

つまり，数詞はちょうど文の中で助動詞が果たしている役割を，名詞句の中で果たしているということになる．

(77a)では IP の指定部には主語が生じているが，CP の指定部は空いている．しかしこの位置は WH 移動で要素が移動してくるときに使われる位置である．

(c) 付 加 部

言語表現を構成するのは主要部，補部，指定部だけではなく，次の Radford (1988) からの例の下線部に見るような修飾要素もある．X バー理論ではこのような要素を**付加部**(adjunct)と呼ぶ(斜体部分は補部)．

(79) a. [[student *of physics*] with long hair]
b. [[buy *the book*] on Tuesday]
c. [[fond *of Mary*] in some ways]

付加部は主要部と補部からなる X′ よりも外にあることは，付加部と補部の順序を変えることができないことと，X′ 部分だけを代用表現に変えることができることから明らかである．

(80) a.*students with long hair of physics
b.*buy on Tuesday the book
c.*fond in some ways of Mary

(81) a. some bright ones with long hair
b. (I will) do so on Tuesday
c. (I am) so in some ways

(81a) の ones は students of physics を，(81b) の do so は buy the books を，そして (81c) の so は fond of Mary を表す．

これらの事実から，付加部は下の WP のように X′ に対して付加されている

と考えられてきた．

(**82**)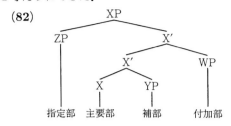

そして one, do so, so の代用表現はそれぞれ N′, V′, A′ の代用形であると考えられてきた．しかし，DP 分析からすれば students of physics 全体は NP であるから，one は NP の代用形であると考えられ，そうなれば do so と so はそれぞれ VP, AP の代用形と分析することもできる．

(d) 範疇素性

X バー理論のもう一つの重要な貢献は名詞(N)，動詞(V)，形容詞(A)，前置詞(P)からなる**主要範疇**(major categories)の**範疇素性**(categorical features)による分析である．これにも Chomsky(1970)の提案と Jackendoff(1977)の提案があるが，ここではより一般的に受け入れられている前者を見よう．

これに従うと四つの主要範疇は二つの素性の組み合わせにより分析される．

(**83**)

	+N	−N
+V	A	V
−V	N	P

[+N] という素性を共有する形容詞と名詞は，前置詞を介さないと補部をとれないという性質を共有し，一方 [−N] という素性を共有する動詞と前置詞は，じかに補部をとることができるという性質を共有する．[−V] という素性を共有する名詞と前置詞は，その最大投射が次の例のように**分裂文**(cleft sentence)の焦点の位置に現れうるという性質を共有し，[+V] という素性を共有する動詞と形容詞はそのような性質を欠いているという共通性がある．

(**84**) a. It was a book that John bought in London.
　　　　b. It was in London that John bought a book.
　　　　c.*It is eat steak that John will.

d.*It is hungry that John is.

3.4 束縛理論

束縛理論は名詞句の分布に関する理論として最初提案されたが，移動の後に残された痕跡の分布も規制するものとして拡大されたので，3.1節で見た指定主語条件，時制文条件を不要にする働きもある．以下は Chomsky (1981, 1986b) に基づいて束縛理論の大枠を見ていく．

(a) 束　　縛

まず束縛理論は次のような事実に対して統一的な説明を与えようとするものである．以下の例で同じ指標を持つ名詞句は指示が同じである．

(85) a. John$_i$ hates himself$_i$.
　　　b.*John$_i$ knows Mary hates himself$_i$.
(86) a.*John$_i$ hates him$_i$.
　　　b. John$_i$ knows Mary hates him$_i$.
(87) a.*He$_i$ hates John$_i$.
　　　b.*Who$_i$ does he$_i$ hate t_i?

(85)(86)は**再帰代名詞**(reflexive pronoun) himself と**人称代名詞**(personal pronoun) him が全く正反対の分布をしていることを示している．つまり一方が文法的である位置では他方が非文法的で，一方が非文法的である位置で他方が文法的である．このような分布を**相補分布**(complementary distribution)と言う．それに対して(87)の例は，その同じ位置に固有名詞と WH 移動の痕跡は生じえないことを示している．

このような事実を説明するために，束縛理論では名詞句を，**照応形**(anaphors)，**代名詞**(pronominals)，**指示表現**(referential expressions, R-expressions)の3種類に分類する．さらにこの区別は音形を持つ範疇だけでなく，**空範疇**(empty categories)と呼ばれる音形を持たない範疇にも当てはまる(音形を持つ範疇を**実範疇**と呼ぶことにしよう)．これを整理すると次のようになる．

(88)

	照応形	代名詞	指示表現
実範疇	再帰代名詞 相互代名詞	人称代名詞	固有名詞 普通名詞句
空範疇	NP 痕跡	pro	WH 痕跡

再帰代名詞とは myself, yourselves などの -self, -selves で終わる代名詞を指し，**相互代名詞** (reciprocal pronoun) は each other, one another を指す．人称代名詞は I, we, you, he, she, it, they およびその目的格形，所有格形のことである．指示表現というのは，それ自体で指示能力をもつ John, Mary などの固有名詞と the book, that man などの普通名詞句のことである．**NP 痕跡**とは(29a)のような受動構文および(24a)のような繰り上げ構文で NP 移動の後に残された痕跡で，**WH 痕跡**とは WH 移動の後に残された痕跡である．pro というのは，英語にはない(とされる)が，イタリア語やあるいは次の例に見られるように日本語に存在すると考えられる，発音されない代名詞であって，了解ずみの主語の PRO とは異なる．前者を小プロ，後者を大プロとも呼ぶ．

(89)　a.　どこでこの本を買いましたか？
　　　b.　神田で pro 買いました．

(89b)は英語でなら it のような代名詞が必要なところであるが，「それ」のような形では表されていない．しかし，この場合でも空範疇の代名詞があると考えられる(ただし以下の説明は英語に関するものであるので，pro には触れない)．

(88)の分類を前提として，束縛理論はそれぞれの名詞句の種類に対して束縛条件を立てるが，束縛条件は束縛という概念に基づいており，束縛という概念は c 統御と同一指標という概念に基づいている．そこでこの逆の順に定義を見ていくことにしよう．

(90)　次の場合 α は β を c 統御するという．
　　　i.　α を支配するすべての枝分かれ節点が β をも支配する．
　　　ii.　α が β を支配しない，β も α を支配しない．

c 統御 (c-command, c は構成素 constituent の頭文字)の概念は m 統御の概念と類似しているが，違いは定義に「最大投射」ではなく(構成素をなしているという意味で)**枝分かれ節点** (branching node)を用いる点である．これを次の仮想の構造に当てはめて見よう．

(91)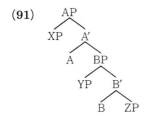

この場合，AP, A′, BP, B′ はいずれもそこから枝が2本出ているので枝分かれ節点である．m統御の場合と同じように「すべての」というのは「最初の」というのに等しい．AP は他のすべての節点を支配するので，何者もc統御しない（つまりc統御は支配の関係のないところにのみ成立する）．XP はそれを支配する最初の枝分かれ節点 AP が支配するすべての節点，すなわちA′, A, BP, YP, B′, B, ZP をc統御する．同様にして A′ は XP を，A は BP および BP が支配するすべての節点を，BP は A を，YP は B′ および B′ が支配するすべての節点を，B′ は YP を，B は ZP を，そして ZP は B を，それぞれc統御する（c統御の定義には前後の順序は関係ないことに注意）．

(92) 次の場合 α は β を**束縛**するという．

    i. α と β が同じ指標をもつ．

    ii. α が β をc統御する．

同じ指標をもつということは同じものを指すということであり，これが**同一指標**（co-indexing）である．そして束縛されていないことを「自由」であると言う．

いくつか例を見てみよう．

(93)   a. John$_i$ saw somebody steal his$_i$ car.

      b. [John$_i$'s brother] and [his$_i$ best friend]

どちらの例においても John と his は同じ指標をもっているから同じ人間を指している．(93a)では John が his をc統御しているから，John は his を束縛していることになる．一方(93b)でも John と his は同じ指標を持っているが，前者は後者をc統御していない（John を支配している最初の枝分かれ節点は [ ] で示した節点であって，このなかには his は含まれていない）．したがって，束縛は成立していない．逆にどちらの例においても his は John をc統御していないので，John は束縛されず，自由である．

以上の定義に基づいて**束縛条件**(binding condition または**束縛原理** binding principle)は次のように述べられる．

(94) 束縛条件
A. 照応形は局所領域において束縛されていなければならない．
B. 代名詞は局所領域において自由でなければならない．
C. 指示表現は(どこにおいても)自由でなければならない．

これを(85)(86)の例文にあてはめてみよう．

(95) a. [$_{IP}$ John$_i$ hates himself$_i$].
b.*John$_i$ knows [$_{IP}$ Mary hates himself$_i$].

(96) a.*[$_{IP}$ John$_i$ hates him$_i$].
b. John$_i$ knows [$_{IP}$ Mary hates him$_i$].

(95a)のhimselfは照応表現であるから束縛条件Aに従わなければならない．himselfはJohnと同じ指標をもち，かつc統御されている．したがってこの節(IP)のなかで束縛されている．束縛条件の「局所領域」を節と考えれば，この文でhimselfは束縛条件を満たしている．一方Johnの方は指示表現であるから，束縛条件Cに従わなければならない．Johnは主語の位置にあるから，他の何者によってもc統御されず，したがって束縛もされておらず，Johnは束縛条件を満たしている．そこに含まれる二つの名詞句のいずれも束縛条件を満たしているから，この文は意図された意味で文法的である．一方(95b)では照応表現であるhimselfを束縛する要素はそれを含む節の中にはない．したがってこの文は束縛条件Aの違反のために非文法的である．もちろんMary hates himself単独でも非文法的である．

(96a)のhimは代名詞で，これは束縛条件のBに従わねばならない．しかしhimは局所領域の節(IP)の中でJohnに束縛されているため，束縛条件違反で，たしかにこの文はこの解釈では非文法的である．(96b)のhimも束縛条件Bに従わねばならない．himは局所領域の節の中で，これを束縛する要素を持たない．よって自由であるため，束縛条件Bを満たしていて，この文は文法的である．したがってこれまでのところ「局所領域」は節(IP=S)と考えてよさそうである．

(87)の例も見ておこう．

(97) a.*He$_i$ hates John$_i$.

b.*Who$_i$ does he$_i$ hate t_i?

(97a) の John は指示表現であるが，主語の he と同じ指標を持ち，これに c 統御されているから，束縛されている．指示表現に関わる束縛条件 C には領域の制限がないから，どんなに遠くからでも束縛されてはならないのである．事実この文は指標が示す解釈では非文法的である．(97b) の WH 移動の後に残された痕跡も指示表現である．それが主語の he により束縛されているため，この文も指標の示す意味では非文法的である．この指標の示す意味を表すためには Who hates himself? と言わなければならない．

ちなみに WH 移動の痕跡は移動された wh 句により必ず束縛されるが，この場合束縛する側は，CP の指定部のような，主語や目的語とは異なる位置にいる．後者を**項位置**(A 位置)というのに対し，CP の指定部(その他の付加位置)を**非項位置**(A′ 位置)という．束縛条件はいずれも項位置からの束縛だけを規制するものである．

次に「局所領域」を節(IP)と考えるだけでは処理できない例を見てみよう．

(98)　a.*John$_i$ resents [$_{NP}$ Mary's criticism of himself$_i$].

　　　b. John admires [$_{NP}$ Mary$_i$'s criticism of herself$_i$].

(99)　a. John$_i$ resents [$_{NP}$ Mary's criticism of him$_i$].

　　　b.*John admires [$_{NP}$ Mary$_i$'s criticism of her$_i$].

(98a) では himself は John に束縛されているが，この文は非文法的である．一方 (98b) では herself は Mary により束縛されていて，この文は文法的である．(99) は (98) で再帰代名詞があった位置に人称代名詞を代わりに入れたものであるが，文法性が逆転している．これらの例は，局所領域を節(IP=S)と規定したのでは正しく説明できない．代わりに局所領域を問題の要素を含む最小の節あるいは名詞句(NP あるいは DP)とすれば，これらの例は束縛条件 A, B によって正しく処理することができる．

(b)　統率範疇

局所領域を最小の節と名詞句としても，まだうまく処理できない例がある．

(100)　a. John$_i$ considers [$_{IP}$ himself$_i$ to be a genius].

　　　　b.*John$_i$ considers [$_{IP}$ him$_i$ to be a genius].

(100a) の照応形 himself は，それを含む最小の節または名詞句は[　]で示す節

であるが，その中にこれを束縛するものがなくても，この文は文法的である．もし全文が局所領域であるなら，その中に himself を束縛する John があるため，この文は文法的であると処理される．一方(100b)でも同じことが言える．もし節が局所領域であるなら，この文は代名詞の him がその局所領域の中で自由であるから，文法的なはずであるが，事実は非文法的である．これを説明するためには，この場合も him にとっての局所領域が全文であるように定義を変更しなければならない．そこで出てきたのが統率範疇という概念である．

(95)(96)(98)(99)において問題の照応形と代名詞が何によって統率されているかを見てみると，(95)(96)では動詞 hates であり，(98)(99)では名詞 criticism（あるいは前置詞の of）である．これらの例では，問題の要素とそれを統率する要素とは「最小の節または名詞句」の中におさまっている．ところが(100)を見てみると，問題の照応形と代名詞を統率しているのは主節の動詞 considers である（事実これらの要素はこの動詞から対格を与えられている）．この場合，従属節の IP は照応形と代名詞を含むが，それらを統率している要素は含まない．一方，もし全文が局所領域であれば束縛条件は正しく働くのであるが，その全文の中には照応形，代名詞とそれらを統率する要素もともに含まれている．そこで，この事実に着目して，局所領域を**統率範疇**(governing category)として次のように定義する．

(**101**)　次の場合 α は β の統率範疇である．
　　　　α が，β とその統率子と β の最も近くにある SUBJECT とを含む最小の範疇である．

統率子(governor)とは統率する要素のことで，SUBJECT は通常の主語と AGR を指すように定義されている．

この定義をもう一度(95)(96)(98)(99)にあてはめてみよう．(95a)(96a)では問題の名詞句の統率子は動詞 hates で，最も近くの SUBJECT は屈折要素の中に含まれる AGR であるから，統率範疇は期待どおり，IP すなわち全文である．(95b)(96b)では問題の名詞句の統率子は従属節の動詞 hates で，最も近くの SUBJECT は従属節の屈折要素の中の AGR で，したがって統率範疇はやはり期待どおり従属節の IP である．(98)(99)の場合，問題の名詞句の統率子は名詞句の中の主要部 criticism（あるいは前置詞の of）である．最も近くの SUBJECT は名詞句の主語である Mary's で，したがって統率範疇はやはり期

待どおり，この3者を含む最小の範疇である名詞句自身(NPまたはDP)である．これまでのところ節(IP=S)と名詞句(NPまたはDP)という以前の定義と新しい定義とでは結果が同じであるから，これだけでも新しい定義の方が列挙しないですむ分，よりすぐれていることが分かる．

問題の(100)を見てみよう．問題の名詞句の統率子は主節の動詞 considersである．そして最も近くにある SUBJECT は主節の屈折要素の中の AGR であるから，この3者を含む最小の範疇というのは，もちろん主節である．このように，統率範疇を統率と最も近くにある SUBJECT という概念によって定義することは，節または名詞句を列挙するという「選言問題」を回避しているという点ですぐれているばかりか，(100)のようなそれまでの定義では扱えなかった例を扱えるようになった(しかし，後述のようにここには新たな選言問題が隠されている)．

さらに次の例も統率範疇による分析が必要であることを示している．

(102) a.*John$_i$ saw [$_{NP}$ Mary's pictures of himself$_i$].
b. John$_i$ saw [$_{NP}$ some pictures of himself$_i$].

(102a)で himself の統率子は主名詞の pictures(または of)で，最も近くにある SUBJECT は Mary's であるから，統率範疇は名詞句ということになり，この中に himself を束縛するものがないためこの文は非文法的である．一方(102b)では himself の統率子は同じであるが，最も近くの SUBJECT が名詞句中にはない．これは名詞句には AGR がないためである．したがって最も近くにある SUBJECT は主節の AGR であるから，統率範疇は主節ということになり，照応表現はその統率範疇内で束縛されているから文法的である．

以上は Chomsky(1981)に基づいた記述である．その後 Chomsky(1986a)で統率範疇の代わりに**完全機能複合**(complete functional complex)という概念が導入されたが，ここでは詳細は割愛する．

(c) 移動と束縛条件

3.1節で名詞句移動を制限する条件として指定主語条件と時制文条件とを見たが，束縛条件が与えられると，名詞句移動の痕跡(NP痕跡)を照応表現としての性質をもつ空範疇として扱えば，これら二つの移動に関する条件は不要となる．次の例は指定主語条件によって扱われてきたものである．

(103) a. The candidates$_i$ expected [PRO$_i$ to defeat each other$_i$].
　　　b.*The men$_i$ expected [the soldier to shoot each other$_i$].

(104) a. John$_i$ seems [t_i to like Mary].
　　　b.*Mary$_i$ seems [John to like t_i].

(103a)は指定主語条件ではeachの移動を前提として処理されてきた例であるが,束縛理論のもとでは照応表現であるeach otherの分布として処理される.each otherの統率子はdefeatで,最も近くにあるSUBJECTは不定詞節の主語のPROである.したがって統率範疇は[　]で括った従属節で,その中で(主節の主語と指示を同じくする)PROにより束縛されているから文法的である(指定主語条件のときには,PROは指定主語とは見做さないという定義であった).一方(103b)では最も近くにあるSUBJECTは従属節の主語のthe soldierで,統率範疇は従属節であるが,その中でeach otherが束縛されていないので非文法的である.

次に(104a)では痕跡tの統率子は主節の動詞seemで,最も近くにあるSUBJECTは主節のAGRである.したがって統率範疇は主節全体で,その中でtはJohnにより束縛されているから文法的である.他方(104b)では従属節の目的語Maryが移動されているが,この場合の痕跡tの統率子は従属節の動詞likeで,最も近くにあるSUBJECTとしては従属節中にJohnがある.したがって統率範疇は従属節になり,この中には痕跡を束縛する要素がないので,非文法的である.

このように移動に対する条件として立てられた指定主語条件は,痕跡を含む名詞句の分布に対する束縛条件により置き換えられることを見た.もう一つ受動構文をつくる名詞句移動についても見ておこう.

(105) a. John$_i$ is believed t_i to like Mary.
　　　b.*Mary$_i$ is believed John to like t_i.

(104)の場合とまったく同じ理由で,(105a)の痕跡にとっての統率範疇は全文で,その中で痕跡は束縛されているが,(105b)の痕跡の統率範疇は従属節で,その中で痕跡は束縛されていない.その結果,前者は文法的で,後者は非文法的である.

以下の例は時制文条件の例である.

(106) a.*The candidates$_i$ expected that each other$_i$ would win.

b.＊John$_i$ seems that t_i likes Mary.

　　　c.＊John$_i$ is believed that t_i likes Mary.

(106a) も each の移動の問題としてではなく，照応表現 each other の分布の問題として扱われる．each other の統率子は屈折要素に含まれる AGR で，最も近くにある SUBJECT も同じく AGR である．したがって統率範疇は従属節になるが，each other がその中で束縛されていないために非文法的である．(106b)(106c) もまったく同じことである．NP 痕跡は時制文の主語の位置にあるため，屈折要素のなかの AGR により統率され，また AGR が最も近くにある SUBJECT として働くから，従属節が統率範疇になる．痕跡はその中で束縛されていないために非文法的である．

　次の例は以前の分析では二つの条件に違反していたが，束縛理論のもとでは束縛条件 A にだけ違反する．

　(**107**)　a.＊Mary$_i$ seems that John likes t_i.

　　　b.＊Mary$_i$ is believed that John likes t_i.

NP 痕跡の統率範疇は時制を持った従属節であるから，その中に取り残された痕跡は束縛条件 A 違反である．指定主語条件と時制文条件を束縛理論で一つにまとめることができたのは，通常の主語と時制文の屈折要素にだけ含まれる AGR の両者を SUBJECT としてまとめたことによる．（しかし，通常の主語と AGR を SUBJECT としてまとめることについて，統率範疇に関わること以外の独立の根拠があるかどうかとなると疑わしい．このことから SUBJECT の背後にはまだ選言問題がひそんでいる可能性が否定できない．）

(d)　PRO

　これまで，了解ずみの主語として PRO を想定してきた．PRO は名詞句の一種であり，発音されないから空範疇の一種であるが，(88) の名詞句の種類の中には出てこなかった．PRO はその分布が非常に厳しく制限されていて，ある種の不定詞や動名詞の主語の位置に現れる．

　(**108**)　a. It is difficult [PRO to solve the problem].

　　　b. [PRO seeing] is [PRO believing].

　　　c. John$_i$ tried [PRO$_i$ to solve the problem].

　　　d. John$_i$ enjoyed [PRO$_i$ skiing].

しかし，時制文の主語の位置(109a)，動詞の目的語の位置(109b)，for をともなう不定詞の主語の位置(109c)，そして例外的格付与構文の主語の位置(109d)には現れない．

(109)　　a.＊PRO is mortal.
　　　　　b.＊John likes PRO.
　　　　　c.＊It is difficult for [PRO to solve the problem].
　　　　　d.＊John considers [PRO to be a genius].

(108)と(109)の違いは，前者では PRO の位置は統率されていない位置であるのに対して，(109)ではすべて統率されている位置に生じている．

このような PRO の分布上の特徴を束縛理論から導くことができる．名詞句を照応形，代名詞，指示表現という3種に分ける(88)の分類を，次のように照応性 [anaphor] と代名詞性 [pronominal] の二つの素性により分析すると(これはちょうど動詞，名詞，形容詞，前置詞を二つの素性の組み合わせとして分析したのと同じ発想である)，[+anaphor, +pronominal] という空席ができるが，ここに PRO をあてはめれば，すべての組み合わせが存在することになる．

(110)

	+anaphor	−anaphor
+pronominal	PRO	代名詞 pro
−pronominal	照応表現 NP 痕跡	指示表現 WH 痕跡

それぞれの枠の上段は実範疇で，下段は空範疇である．照応形と代名詞の素性の組み合わせはそれぞれ自明である．これにより単に空席が埋まるというだけでなく，それぞれの名詞句の性質がうまく捉えられる．[+anaphor] という性質を共有する照応表現と NP 痕跡は，ともにその指示を他の何かに依存しているという特徴を共有している．PRO も(108c, d)に見るように，その指示を文中の他の要素に依存している場合がある(その場合の PRO を**制御 PRO** (controled PRO)と言う)．一方，[+pronominal] という素性は，その指示を文中の要素に依存しなくてもよいという代名詞の性質を表していると考えられる．次の例の代名詞はいずれも文中にそれと指示を同じくするものがない．

(111)　　a. I think he is a genius.

　　　　　b. Do you know her?

(108a, b) の PRO はこの性質を共有している．これらの例では PRO は一般的な人を指しており，それは文中に指示を同じくするものがない（このような PRO を**恣意的指示の PRO**（PRO of arbitrary reference）と言う）．

　このように名詞句の分類を改訂し，それに応じて，束縛条件 A, B も次のように述べ直すことにしよう．

(**112**)　束縛条件
　　　　A. [+anaphor] はその統率範疇において束縛されていなければならない．
　　　　B. [+pronominal] は統率範疇においては自由でなければならない．

新しい束縛条件は，照応表現と代名詞とに関してはまったく同じ効果を持つ．しかし PRO についてじつに興味深い結果をもたらす．PRO は同時に [+anaphor] でありかつ [+pronominal] であるから，束縛条件の A と B を同時に満たさなければならない．この二つの条件は同じ環境において同時に束縛されかつ自由であることを求めていて，束縛されないことが自由であることであるから，矛盾したことを PRO に求めていることになり，一見すると PRO は必ず束縛条件に違反し，決して存在しえないものであるように思える．

　しかし実は PRO が束縛条件 A, B のどちらにも違反しないで存在しうる道が一つだけあるのである．それは PRO が統率されていない場合である．それは束縛条件 A, B それぞれにある「統率範疇において」という部分と関係している．この部分は「統率範疇があればその中において」という意味である．つまりこの中に統率範疇の存在が条件として含まれている．PRO が統率されていなければ，定義からして統率範疇はなく，統率範疇の存在という束縛条件 A, B が成立するための必要条件が満たされることがないため，いずれの条件も該当しない．そのため違反の生じようもないのである．これは乗用車の制限速度が 50 km/h である道路を，（実際にはそんなことはできないが）乗り物に乗らずに時速 60 km/h で走っても，（理屈の上では）道路交通法違反にならないのと同じことである．

　束縛条件 A, B を公理とすれば，それと PRO が [+anaphor, +pronominal] であるということが与えられれば，そこからこの事実を引き出すことができるという意味で，これを **PRO 定理**（PRO theorem）と呼ぶ．

日本語と PRO

　PRO 定理は普遍的な定理であると考えられている．そうだとすると，必ず統率されない位置があればそこには PRO が存在しうることになる．英語の時制文の主語の位置は屈折要素のなかの AGR によって統率されているから，時制文の主語の位置には PRO は生じえない．そして英語の時制文の屈折要素に AGR があることは，主語と定形動詞との間の形態的一致が存在することで確かめられる．

　(1)　a.　I am/*is/*are fine.
　　　　b.　You *am/*is/are fine.
　　　　c.　He/She *am/is/*are fine.
　　　　d.　They *am/*is/are fine.

一方，日本語にはそのような主語と定形動詞との間の形態上の一致がないことはよく知られている (Kuroda 1988)．

　(2)　私が／私達が／君が／君たちが／彼が／彼らが　行く（のがよい）．

どの場合も「行く」の形を使うことができる．

　主語と定形動詞の間に一致がないのは屈折要素に AGR がないということであるとすれば，日本語の時制文の主語の位置は常に統率されていないことになるから，PRO 定理からすれば，PRO が生じうる位置であることになる．一方「格フィルター」または「可視性の条件」のために音声形をもつ名詞句は格をもたなければならず，格を持つためには統率されねばならないとすれば，日本語の時制文の主語の位置には PRO しか生じえないことになる．これはコラム〈日本語における格〉で述べたことと符合する．

---

(113)　PRO 定理

　　　　PRO は統率されない．

これによって (108)(109) の PRO の分布がすべて説明される．束縛理論は PRO の分布に関してはそれが統率されないということを説明できるが，それがどのような指示をもつのかということについては，何も言わない．そこで PRO がどのような先行詞をもちうるかといった解釈に関して別な理論が必要で，これを**制御理論** (control theory) と呼ぶが，ここではそのような理論が必要であるということだけにとどめる．また逆に PRO は純粋な照応表現であって，束縛理論に従い，だから制御理論は不必要であるという主張もある．

　最後に (110) の [+anaphor, +pronominal] には空範疇の PRO しかないが，

これは格が統率の下に与えられ，格を持つものは音声形を持たねばならないとすれば，格理論からの帰結であることになる．一方，格と音声形とは関係ないということであれば，英語では一般的な人を表す one がこれに当たるとする分析は魅力的であるが，one が PRO と分布を完全に共有しない点に問題がある．

3.5 空範疇原理

(a) 説明されるべき現象

3.1 節では要素はある範囲を越えて移動できないことが下接の条件の形でとらえられることを見たが，移動には下接の条件だけではとらえられない強い非文法性を生じる場合がある．これを扱う理論として空範疇理論がある．

空範疇原理に関係する現象をまず一通り見ておこう．最初のものは that 痕跡効果と呼ばれるものである．

(114)　a.　Who$_i$ do you think [$_{CP}$ t_i that [$_{IP}$ John saw t_i]]?
　　　b.　Who$_i$ do you think [$_{CP}$ t_i [$_{IP}$ John saw t_i]]?
(115)　a.*Who$_i$ do you think [$_{CP}$ t_i that [$_{IP}$ t_i saw Bill]]?
　　　b.　Who$_i$ do you think [$_{CP}$ t_i [$_{IP}$ t_i saw Bill]]?

目的語が WH 移動で取り出されている (114) では，補文標識 that の有無にかかわらず結果は文法的であるが，主語が取り出されている (115) では補文標識があると非文法的である．これは that の直後の主語の位置に痕跡があるという形状が非文法的であるという意味で **that 痕跡効果** (*that*-trace effect) と呼ばれる．

次の例は付加部の島の例で，付加部の島の中に付加部の痕跡が残ると著しい逸脱 (deviance) が生じる (116a, b)．一方 (116c) のように付加部の中でも補部の痕跡が残っている場合は弱い逸脱が生じる．これを？で表す．

(116)　a.*How$_i$ did you leave [before fixing the car t_i]?
　　　b.*Who$_i$ t_i left [before fixing the car how]?
　　　c.?What$_i$ did you leave [before fixing t_i]?
　　　d.　Who$_i$ t_i left [before fixing what]?

(116b) の how と (116d) の what の位置にも論理形式では痕跡が残る．いずれの例も before で始まる時を表す付加部の中に痕跡が残る例であるが，次は WH

の島からの付加部の取りだしで残る痕跡の例である．

(117) a.*How$_i$ did John tell you [$_{CP}$ when$_j$ [$_{IP}$ to fix the car t_i t_j]]?
b.*How$_i$ did John know [$_{CP}$ which car$_j$ [$_{IP}$ to fix t_j t_i]]?
c. How$_i$ did John tell you [$_{CP}$ t'_i [$_{IP}$ to fix the car t_i]]?

(117a,b)ではWHの島の中に付加部の痕跡が残っている．

次の例はNP移動が強い逸脱を生じる例である．

(118) a. John$_i$ is likely [t_i to win].
b.*John$_i$ is necessary [t_i to win].

(118a)は通常の繰り上げ構文であるが，(118b)では同じように従属節の主語を主節の主語の位置に移動できない．

最後の例は主要部を主要部へ移動する変形に関わる．疑問文における「主語と助動詞の倒置」は，屈折要素を補文標識の位置へ移動する操作と考えられる．

(119)

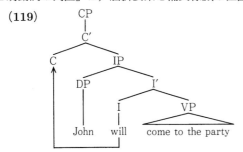

しかし次の(120a)は問題のない文であるが，(120b)は逸脱度のはなはだしい文である．

(120) a. [$_{CP}$ Could$_i$ [$_{IP}$ he t_i have done it]]?
b.*[$_{CP}$ Have$_i$ [$_{IP}$ he could [$_{VP}$ t_i done it]]]?

(120b)では法助動詞couldをさしおいて完了の助動詞haveを補文標識の位置へ移動しているのである．このような例は**主要部移動制約**(head movement constraint)違反として扱われてきたものである(Travis 1984)．

(b) 空範疇原理

上の現象を処理するために，Aoun et al.(1983)，Kayne(1981)，Chomsky (1981)，Huang(1982)，Lasnik & Saito(1984)などを経てChomsky(1986b)で

3.5 空範疇原理

かなりまとまった**空範疇原理**(empty category principle, ECP)が提出された.

(121)　空範疇原理(ECP)
　　　　痕跡は適正統率されていなければならない.

適正統率(proper government)は次のように定義される.

(122)　適正統率
　　　　次の(i)または(ii)の場合, α は β を適正統率する.
　　　　i. α が β を θ 統率する.
　　　　ii. α が β を先行詞統率する.

θ 統率(θ-government)とは, N, V, A, P が統率しかつ θ 役割を付与する対象に対して持っている関係で, これらの語彙範疇はその補部を θ 統率する. 一方, 主語の位置は屈折要素(実際は AGR)によって統率されるが, これから θ 役割を与えられるわけではない. したがって主語と付加部は θ 統率されることはない. **先行詞統率**(antecedent government)とは α が β を統率しかつ α と β が同じ指標を持っているということである(ここでいう統率は m 統御と障壁に基づく).

that 痕跡の(115a)にこれをあてはめてみよう(障壁理論に従って, think を中心とする VP に付加されて残っている痕跡 t'' を追加してある).

(123)　*Who$_i$ do you t''_i think [$_{CP}$ t'_i that [$_{IP}$ t_i saw Bill]]?

従属節の主語の位置に残された痕跡 t と CP の指定部に残された痕跡 t' はどちらも θ 統率はされないから, 空範疇原理を満たすには先行詞統率されねばならない. t は t' により先行詞統率されている. 両者の間には障壁はない(IP は単独では障壁にならない). t'' と who の間にも付加構造のため障壁はないので, t'' は先行詞統率されている. 問題は t' が t'' により統率されているかどうかである.

障壁理論における統率にはもう一つ次のような趣旨の**最小性の条件**(minimality condition)という条件がついている.

(124)　最小性の条件
　　　　　　α が β を統率する可能性がある場合でも, α より β により近く β を
　　　　　　統率する可能性のある δ がある場合は, δ は α による統率を妨げる.

ここでいう「より近い」というのは, α により c 統御されるが α を c 統御しないという意味である. つまり, もっとも近い潜在的な統率子だけが真の統率子

になれるということである．これは要素に対してこれを統率するものを一つだけにするという効果を持つ．この条件の中では統率の種類が区別されていない．したがって，語彙的要素による統率（語彙統率）と先行詞統率の両者が成り立ちうる場合には，統率子のより近くにあるほうしか成り立たないという効果を持つ．

これを念頭において(123)の t' を見ると，これは補文標識 that による語彙統率と，中間痕跡 t'' による先行詞統率の二つの可能性を持つ．二つの潜在的統率子のうち，より近いものは補文標識であるから，これが真の統率子となり，最小性の条件により先行詞統率は成立していないことになる．その結果この痕跡は θ 統率も先行詞統率もされず，そのために空範疇原理違反となる．

付加部の島の例を見てみよう．(116a)の付加部の痕跡 t は，付加部であるから θ 統率されていない．また [　] 全体が付加部であるから L 標示されず，したがって障壁となるため，痕跡 t は先行詞から障壁で隔てられているため，先行詞統率もされていない．そのために空範疇原理違反である．(116b)では，付加部 how は S 構造ではまだ移動していないが，主文の who と対で解釈されるために，論理形式部門で who のところへ移動される（これを吸収 absorption と呼ぶ）．

(**125**)　　who$_i$ how$_j$ t_i left [before fixing the car t_j]

そのおりに残された痕跡 t_j は，(116a)の場合とまったく同じ理由で適正統率されず，空範疇原理違反になる．これに対して，(116c)では what の移動は下接の条件には違反しているが，痕跡は付加部の中の動詞 fixing により θ 統率されているため，適正統率されていて，下接の条件違反の弱い逸脱しか示さない．(116d)では付加部の中の how はやはり(116b)の場合と同じように主節の who と対で解釈されるために移動されるが，この移動は下接の条件違反を引き起こさない論理形式部門での移動で，残された痕跡は動詞 fixing に θ 統率されているため，まったく違反のない文法的な文である．

(**126**)　　who$_i$ what$_j$ t_i left [before fixing t_j]

WH の島の(117a, b)では付加部の痕跡そのものは θ 統率されないから，先行詞統率されなければならないが，IP からの継承で CP が障壁となるため，先行詞統率も成り立たないため，やはり空範疇原理違反として排除される．(117c)が文法的であるのは，最初の痕跡 t は中間痕跡 t' に先行詞統率され，中間痕跡

は文頭の how によって先行詞統率されるためである．この場合，従属節の CP はそれ自体が L 標示されているために，中間痕跡にとっては障壁とならない．
　NP 移動の例を見てみよう．主節の述部が likely のときには繰り上げができるが，necessary ではこれができないのは，下に示すように，前者では従属節は IP だけからなり，後者では従属節は CP も含んでいるとすれば空範疇原理により説明できる．

(**127**)　　a. John$_i$ is likely [$_{IP}$ t_i to win].

　　　　　b.*John$_i$ is necessary [$_{CP}$ [$_{IP}$ t_i to win]].

(127a)では IP 単独では障壁にならないから，t は John に先行詞統率される．(127b)では CP が継承障壁となるため，痕跡が先行詞統率されず，また主語の位置は θ 統率もされないため，空範疇原理違反になる．ちなみに NP 移動は項連鎖(A 連鎖)を作るので，(127b)の場合には WH 移動のときのように CP の指定部に立ち寄ることができない．これは CP の指定部は非項位置であるため，項連鎖の中に非項位置を含むことになり，そのような移動は**不適切移動**(improper movement)といって連鎖の適格条件に反するためである．

　主要部移動制約違反の(120b)では，痕跡 t とその先行詞 have の間には VP と IP があって VP は L 標示されていないため障壁となり，さらに IP も VP の障壁性を継承して障壁となる．これにより先行詞統率が阻まれているために空範疇原理違反となる．一方，(120a)の場合は，t と could の間には IP があるだけで，IP は単独では障壁にならないから，先行詞統率が成立して文法的である．

(c)　γ 標 識

もう一度 WH の島からの取り出しの例を見てみよう．

(**128**)　　a. ?What$_i$ did John tell you [$_{CP}$ how$_j$ [$_{IP}$ to [$_{VP}$ t'_i [$_{VP}$ fix t_i t_j]]]]?

　　　　　b.* How$_j$ did John tell you [$_{CP}$ which car$_i$ [$_{IP}$ to [$_{VP}$ t'_i [$_{VP}$ fix t_i t_j]]]]?

(128a)は補部の what の取り出しで，下接の条件違反はあるが，空範疇原理違反はない．一方(128b)は付加部の取り出しで，空範疇原理違反である．よく見てみると，どちらの場合にも動詞句に付加されていた痕跡 t' がある．これは障壁理論のところで見た，VP の障壁をかいくぐる手段である．この中間痕跡は CP の障壁のために先行詞統率されないし，付加位置にあるためもちろん θ 統

率もされない．したがってこのままでは(128a)は下接の条件違反だけでなく空範疇原理違反でもなければならなくなる．(128b)の場合にはいずれにせよ最初の痕跡が空範疇原理違反であるからまあよいが，(128a)は問題である．

このような問題について Chomsky (1986b) では Lasnik & Saito (1984) の γ 標識 (γ-marking) による処理を取り入れている (γ とは文法的 grammatical のことである)．

(129) γ 標識

痕跡が適性統率されていればこれに [$+\gamma$] という標識を与えよ．そうでない場合はすべて [$-\gamma$] という標識を与えよ．

その上で，空範疇原理そのものは次のように述べられる．

(130) 空範疇原理

痕跡は論理形式で [$+\gamma$] という標識が与えられていなければならない．

その上で，項の痕跡と付加部の痕跡について，前者はS構造で γ 標識を受け，後者は LF で γ 標識を受け，さらに項の連鎖では LF で中間痕跡を消すことができるとしておくのである．

今，[$-\gamma$] 標識を * で表すと(128)は S 構造では(131)，論理形式では(132)の姿をしている(文頭の文法性の記号は混乱を避けるために省略してある)．

(131) a. What$_i$ did John tell you [$_{CP}$ how$_j$ [$_{IP}$ to [$_{VP}$ *t'_i [$_{VP}$ fix t_i t_j]]]]?
(S 構造)

b. How$_j$ did John tell you [$_{CP}$ which car$_i$ [$_{IP}$ to [$_{VP}$ t'_j [$_{VP}$ fix t_i t_j]]]]?

(132) a. What$_i$ did John tell you [$_{CP}$ how$_j$ [$_{IP}$ to [$_{VP}$ [$_{VP}$ fix t_i t_j]]]]? (論理形式)

b. How$_j$ did John tell you [$_{CP}$ which car$_i$ [$_{IP}$ to [$_{VP}$ *t'_j [$_{VP}$ fix t_i t_j]]]]?

S 構造の(131a)では what の中間痕跡には * が付き，(131b)では付加部の中間痕跡にはまだ何の印もついていない．論理形式の(132)では(132b)の how の中間痕跡には * がつくが，what の中間痕跡はどちらにおいても消され，それとともに * も消える．だから(132a)は論理形式で [$-\gamma$] を持たず，空範疇原理に違反しないのである．

以上が Chomsky (1986b) の段階での空範疇原理の概略である．この理論はそれ以前の多くの個別の条件を一つの理論のもとに統一しているという意味で，

3.5 空範疇原理

すぐれた理論であるが,実は,この段階できわめて重要な問題を内包していたのである.まずthat痕跡効果とWHの島からの付加部の取り出しが,空範疇原理がカバーする中心をなす現象であるが,そもそもこの二つが同種の現象であるのかどうかということ自体が問題である.後者は英語のどの方言においても強い逸脱を生じるのに対して,that痕跡効果がない方言があるのである.このことは,本来別の現象を空範疇原理という一つの原理に無理矢理押し込めようとしていた可能性を示唆している.

もう一つは適正統率という概念が「θ統率または先行詞統率」というように「または」を用いて定義されているという選言問題である.そもそも語彙的な主要部がθ役割を与える補部に対して持っている関係と,痕跡とその先行詞との関係とはまったく異質な関係のように思われ,これを「または」で括ることには特に根拠があるとは思われない.選言問題は「θ統率または先行詞統率」という形が現れることからくる問題であるから,これを解決するためには

(ⅰ)　θ統率かつ先行詞統率

(ⅱ)　θ統率(だけ)

(ⅲ)　先行詞統率(だけ)

とする三つの方法がある(もちろん「θ統率でもなければ先行詞統率でもない」という方法もあるが,これは明確な代案がなければならない).(ⅰ)についてはRizzi(1990)が,(ⅱ)についてはLasnik & Saito(1992)が,そして(ⅲ)の可能性についてはChomsky(1993)がそれぞれ追究している.

最後の問題は今の問題と関係しているが「最小性の条件」に関する.この条件でも語彙統率と先行詞統率を同列に見て,どちらでもより近いものが成立すれば,もう一方が排除されるということになっている.さらに先行詞統率について,それがWH移動によるものか,NP移動によるものか,主要部移動によるものかについても十把ひとからげの扱いをしている.この点についてよりきめの細かい処理をRizzi(1990)が提案している.

(d)　相対的最小性

Rizzi(1990)による「最小性条件」の修正を見ておこう.Chomsky(1986b)の最小性の条件が,可能な統率子を,それが語彙範疇であろうが,非項位置にいるWH移動により移動された句であろうが,あるいは項位置にいるNP

移動により移動された名詞句であっても区別しないのに対して，Rizzi(1990)はこれらを区別して，「同種の統率子が複数ある場合はもっとも近くのものが統率し，他のものによる統率を阻む」という形に修正した．これを**相対的最小性**(relativized minimality)と呼び，次のように**典型的潜在統率子**(typical potential governer)という概念により定義されている．

(133) 相対的最小性

X は次の条件を満たす Z がない場合にのみ Y を α 統率する．

i. Z は Y にとっての典型的潜在統率子である．

ii. Z は Y を c 統御し，X を c 統御しない．

α 統率には下に示すような種類があり，それによって典型的潜在統率子も区別される．

(134)

統率	
主要部統率	先行詞統率
	A′ 統率
	A 統率
	X^0 統率

そして典型的潜在統率子は次のように定義されている．

(135) a. Z は Y を m 統御する主要部であるときに，Y の典型的潜在主要部統率子である．

b. Y が A 連鎖にあるとき，Z は Y を c 統御する A 指定部であるときに Y の典型的潜在先行詞統率子である．

c. Y が A′ 連鎖にあるとき，Z は Y を c 統御する A′ 指定部であるときに Y の典型的潜在先行詞統率子である．

d. Y が X^0 連鎖にあるとき，Z は Y を c 統御する主要部であるときに Y の典型的潜在先行詞統率子である．

(135b)の **A 連鎖**とは項移動により生じる連鎖をさす．(135c)の **A′ 連鎖**とは WH 移動のような非項位置への移動により生じた連鎖をさす．また(135d)の **X^0 連鎖**とは主要部移動により生じる連鎖で，**X^0 統率**とはそのような連鎖における先行詞統率である．

相対的最小性を用いると，that 痕跡効果の例では that による主要部統率と

先行詞統率は種類の異なる統率であるから，前者が後者を阻止するということがなくなり，空範疇原理による説明が成立しなくなる．しかし Rizzi(1990)では空範疇原理を

 （ⅰ）　**適正主要部統率**(proper head-government)
 （ⅱ）　「先行詞統率」または「θ 統率」

の両者が成立しなければならないと定義し，適正主要部統率は主要部の一次投射の内部における統率と定義している．このため主語の位置は屈折要素(I)からは適正主要部統率されず，また外の that は統率能力を欠くものと定義されているため結局どこからも適正主要部統率されず，したがって空範疇原理に違反することになる．

　次の例は(135b, c, d)に該当する典型的潜在統率子に阻まれて空範疇原理違反になる．

(**136**)　　a.＊Mary$_i$ seems [John to like t_i]. (=(104b))
　　　　　b.＊How$_i$ did John tell you [$_{CP}$ when$_j$ [$_{IP}$ to fix the car t_i t_j]]?
　　　　　　(=(117a))
　　　　　c.＊[$_{CP}$ Have$_i$ [$_{IP}$ he could [$_{VP}$ t_i done it]]]? (=(120b))

(136a)では John が A 連鎖中の痕跡にとっての典型的潜在統率子で，(136b)は when が A′ 連鎖中の痕跡 t_i にとっての典型的潜在統率子で，(136c)では could が X^0 連鎖中の痕跡の典型的潜在統率子で，いずれの場合も先行詞統率が阻止されて，空範疇原理違反となる．

　このほかに空範疇原理がカバーする現象に対する異なるアプローチもあった．Kayne(1981)の**経路理論**(path theory)を発展させる形で Pesetsky(1982)が提案した**経路包含条件**(Path Containment Condition)と Aoun(1986)が提案する**一般化束縛理論**がその主なものである．前者は句構造中の要素間の関係をとらえる基本的な概念である c 統御を**経路**(path)という概念で置き換える経路理論のなかで，統率，束縛，空範疇原理を統一的に処理しようとするものであり，後者は統率と束縛を統一的に捉えようとする理論であるが，ここでは割愛した．

3.6 文法のモジュール構造

以上見てきた統率・束縛理論の下位理論では，それぞれの下位理論はある種の自立性をもっていてそれ自身の論理に従って働くが，これら全体で文法という全体的なシステムができている．このような仕組みを**モジュール構造**(modular structure)と言う．ここで文法全体のモジュール構造を見ておこう．

(137) 文法のモジュール構造

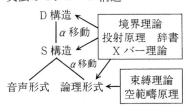

D構造は初期の理論のように句構造規則により作られるものではなく，いわば任意に与えられた構造で，それがXバー理論を満たし，さらにそこに含まれるすべての語彙項目が辞書において記載されている条件をすべて守っていれば適格なD構造として認知される．辞書の記載を守っていることを辞書を投射している，または辞書の投射であると言う．

そのD構造にさまざまな移動操作を加えることができる．移動操作はA連鎖を作るNP移動(例えば受動構文，繰り上げ構文に見られる)，A'連鎖を作るWH移動，そしてX^0連鎖を作る主要部移動の3種に大別できるが，これは移動されるものと移動先によって区別できるので，移動規則としては「何でもどこへでも移動しなさい」という主旨の**α移動**(move-α)と呼ばれる1種類を想定すればそれですむ．ここに，かつては多数の規則として存在していた変形規則が一つの操作に還元されることになったのである．

しかしもちろん何でもどこへでも移動すれば，でたらめな文が無制限にできてしまう．このことを**過剰生成**(overgeneration)と言う．実際にそのような過剰生成が生じないように派生を監視しているのがさまざまな下位理論である．移動そのものを監視しているのが境界理論であり，名詞句の移動の結果生じる痕跡を含めて，名詞句の指示と分布を監視しているのが束縛理論である．また

移動によってでたらめな構造が生じないように監視しているのが X バー理論である．そして D 構造，S 構造，そして論理形式（この 3 者を統語レベルと呼ぶ）のどれもが辞書からの投射でなければならないことを定めた理論がもう一つあり，これを**投射原理**(projection principle)と呼ぶ．この投射原理によって，D 構造になかったものを派生の途中で付け加えたり，あるいは D 構造にあったものを跡形もなく消してしまったりすることが禁止されているし，またものを移動した後に痕跡が残る．

3.7 原理と媒介変数のアプローチ

(a) 普遍文法と言語獲得

言語理論の目標は「子供が短時間にきわめて不十分かつ不純物を多く含んだ資料をもとに文法を獲得する」という言語獲得を説明することである．初期の文法モデルでは数多くの規則を含んでいて，それぞれの規則が獲得されなければならないことになるため，文法がその記述においてより精緻なものになればなるほど言語獲得の説明が困難になるという矛盾を含んでいた．3.6 節の文法モデルでは，例えば移動に関わるメカニズムも α 移動一つというように必要最小限に切り詰められていて，その他の部分は派生や派生の結果生じた表示に対する条件群（下位理論）からなっているとすれば，言語獲得の説明は飛躍的に容易になる．

3.6 節のモデルで明らかに言語獲得者が獲得しなければならない部分は辞書である．人間は生後数年で母語をあやつれるようになり，その段階で文法の中核部分は獲得されていると考えられるが，語彙に関しては一生を通じて更新され，増加することは我々の経験に照らして明らかである．初めてパソコンを買った人は「インストール」とか「メガバイト」などという語彙を獲得することになるが，これらの語を知る以前，その人の文法がその分不完全であったというようなことはない．

そこでもし辞書（正確にはその中身）を除いた 3.6 節のモデルがそのまま人間が生まれたときに持っているもの，すなわち普遍文法であるとすれば，言語獲得は語彙の獲得だけであるから，その説明はきわめて簡単である．もっともそ

うはいっても，生まれたばかりの赤ん坊の頭の中に上の文法モデルから辞書を除いたものがそのまま存在するとは考えにくいから，そのようなものがある成熟の過程を経て，かつその他必要な条件が満たされれば，ちょうど種が発芽するように，子供の脳のなかに出現するようになっていると考えればよい．

このように考えることができれば，話はきわめて単純であるが，残念ながら，そこまで割り切ることはできない．というのも言語の間に細かい点で相違があるからである．後で述べるが，例えば日本語と英語とを比較しただけでも語順が異なるし，WH移動に関しても明らかな違いがある．その一方で，これまでの研究で，文法モデルを構成している下位理論についてはそれを大きくはみ出るような言語現象は見当たらず，その基本においては普遍的であるように思われる．そこでこのような事実を捉えるために**媒介変数**(パラメータ，parameter)という概念が導入された．媒介変数とは文法の下位理論のそれぞれについてごく狭い範囲の可変部分を取り扱うスイッチのようなものと考えればよい．そしてこれらのスイッチを設定すると，普遍文法は個別の言語の文法として機能しはじめると考えるのである．下位理論は文法の諸原理と考えることもできるので，このようなモデルのことを**原理と媒介変数のモデル**と呼び，このようなモデルを想定して文法を研究する方法論を**原理と媒介変数(パラメータ)のアプローチ**(principles-and-parameters approach)と呼ぶ．普通，第2次認知革命後の文法理論を統率・束縛理論と呼ぶが，Chomskyはむしろこの理論を「原理と媒介変数のアプローチ」の理論というのが正しいと言っている．

媒介変数というスイッチが全部でどれほどあるかはまだ分からないが，言語獲得者(幼児)は対象言語から直接観察されるきわめて単純な事実を使うだけでスイッチの設定ができるとすれば，言語獲得はごく少数のスイッチを設定すれば完了するわけであるから，それが非常に短期間に，しかも不完全な資料をもとにしても可能であるということが説明される．どのような言語事実がスイッチ設定の資料となるかについては諸説あって，まだ結論は出ていない．以下これまでに提案されてきている媒介変数をいくつか見ておこう．

(b)　境界接点の媒介変数

初期の下接の条件では境界節点という概念があり，これが英語ではIPとNP(正確にはDP)であることを見た．ところがRizzi(1982)はイタリア語では複

合名詞句からの取り出しは下接の条件違反を生じるが，WH の島からの取り出しは逸脱性を生じないことを指摘し，この取り扱い方として，境界理論の下接の条件そのものは普遍的な理論であるが，何が境界節点になるかについては言語ごとに異なりえて，そのための媒介変数があるということを提案した．

イタリア語では英語と違って CP と NP(DP) が境界節点であるとすれば，下に示すように英語では境界節点を二つ越えるのに対してイタリア語では一つしか越えないという結果が得られ，事実をうまく説明できる．

(**138**) 　 [$_{CP}$ WH$_j$ [$_{IP}$ … [$_{CP}$ WH$_i$ [$_{IP}$ … t_i t_j]]]]

英語の場合は IP を数えるから，WH$_j$ と t_j の間には境界節点は二つあり，下接の条件違反になる．一方イタリア語の場合は CP を数えるから，両者の間には CP は1個しかなく，下接の条件違反にならない．

(c)　Pro-drop 媒介変数

英語では時制文の主語や動詞の目的語などは原則的に発音されねばならないが，イタリア語などでは時制文の主語やある種の動詞の目的語は発音されなくてもよい．このような事実に対していくつかの提案がなされたが，Rizzi (1986) では，発音されない主語や目的語を音声形を持たない代名詞 pro と捉えて，「pro は X^0 すなわち語彙的主要部により格を与えられねばならない」と規定し，語彙的主要部に何が該当するかについての媒介変数があるという理論を提案した．これに従えば，英語にはそのような語彙的主要部がなく，イタリア語では時制文の屈折要素やある種の動詞がこれに当たることになる．代名詞を落とすことを許すかどうかに関するものであるため，これを **Pro–drop 媒介変数** と呼ぶ．

(d)　X バー理論の媒介変数

世界の言語には，少なくとも表面的に見れば英語のような SVO，日本語のような SOV の2種類が大多数であるが，ウェールズ語のような VSO，マラガシ語のような VOS も少数ながらあり，さらに最近のアマゾン地帯の調査で少数ながら OVS と OSV の言語も報告されている．

今かりに目的語は補部の位置に生じ，主語は指定部の位置に生じると単純化して考えると，上の6種類の語順を X バー理論で捉えるためには，要素の順序

に関しての媒介変数が必要になる．そこでXバー理論の式型はある要素が他のどのような要素からなるかを定めているだけなのに対して，下記の二つの式型のそれぞれについて要素の順序を決定する媒介変数があると考えられる（*がなくなっていることに注意）．

(139) a. 式型: $X' = XY''$
　　　b. 媒介変数: XY'' または $Y''X$

(140) a. 式型: $X'' = Z''X'$
　　　b. 媒介変数: $Z''X$ または XZ''

(139b)の媒介変数は主要部と補部との語順を決定するもので，これにより主要部が補部の前にくる場合とその逆の場合が生じるが，前者を選択する言語を**主要部先頭**(head-initial)の言語と言い，後者を**主要部末尾**(head-final)の言語と言う．日本語は主要部末尾で英語は主要部先頭である．(140b)の媒介変数は指定部と残りの順序を決定するもので，主語が指定部にあるということが正しければ，SVOやSOVの語順の言語では**指定部先頭**(specifier-initial)の値が選ばれ，VOSやOVSの言語では**指定部末尾**(specifier-final)が選ばれているということになる．

　二つの媒介変数にそれぞれ二つの選択があれば，組み合わせとしては4通りしかないが，実際には6通りあり，VSOとOSVが扱えないが，これについては，主語を動詞句の指定部の位置に発して，屈折要素の指定部の位置に移動しうるものであるとする仮説（これを**動詞句内主語仮説** VP-internal subject hypothesis という）と動詞が屈折要素の位置に移動する可能性を組み合わせると説明ができる（動詞句内主語仮説については Kitagawa (1986)，Kuroda (1988)，Koopman & Sportiche (1991) を参照）．

(141)
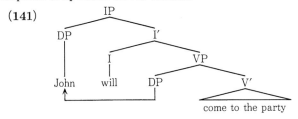

英語では通常の場合は主語だけが屈折要素の指定部に移動するが，be動詞やhave動詞は屈折要素に移動する．

日本語と X バー理論

日本語は一般に SOV 言語であると考えられていて，次のような構造をもつ「指定部先頭，主要部末尾」の言語であると考えられている．

(1)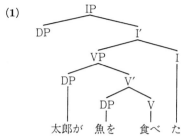

動詞句内主語仮説からすれば，主語の「太郎が」は S 構造ではまだもとの VP の指定部にあって，LF で IP の指定部に移動すると考えてもよいし，すでに IP の指定部に移動していると考えてもよい．同様に動詞「食べ」は S 構造ではまだ動詞のもとにあり，LF で屈折要素の位置へ移動すると考えてもよいし，時制要素「た」の位置に主要部移動ですでに移動していると考えてもよい．これが一つの分析である．

しかし日本語の主語は PRO であり，WH 疑問文の文末に現れる「か」が WH 要素で，その位置が CP の指定部であることを表しているとするなら，日本語の構造は下に示す OVS 言語の構造であることになる．

(2)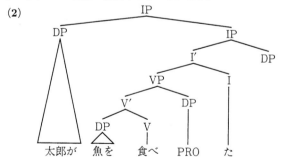

そして一般に主語と考えられている「太郎が」は本当の主語である PRO のさす範囲を限定する付加部であることになる (外池 1994; Tonoike 1995)．

(142)

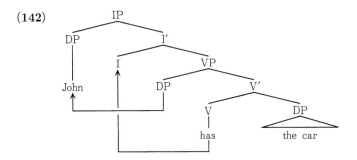

そうすると VSO と OSV は下のように導くことができる．

(143)

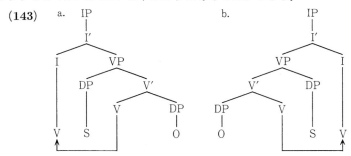

ただ，これ以外に IP と VP のそれぞれの上に AGR 句を想定してその指定部の位置にそれぞれ主語と目的語が移動できるが，S 構造までに移動するかどうかは言語ごとに異なるとする立場をとれば，(142)のような指定部先頭，主要部先頭の構造からすべての語順を導きだすということも可能である(Kayne 1994)．したがって X バー理論に付随する語順に関する媒介変数の扱いについても，まだ研究者の意見の一致を見るに至っていない．

　ここまでは主要部，補部，指定部の語順に関しての媒介変数を見てきたが，X バー理論には他に付加部に関する式型がなければならず，それに対応して付加部の位置についての媒介変数があることになる．関係節や副詞節などを見れば分かるように，英語では最大投射からなる付加部は一貫して修飾される要素の後に現れる．一方，日本語では関係節や副詞節など最大投射からなる付加部は修飾される要素の前に現れる．このことから付加部の要素も原則的にはそれぞれの言語の中で一貫して決まっていると考えられる．

第3章のまとめ

3.1 移動という現象は一見多種多様であるように見えるが，α 移動という一つの変形とこれに対する一般的な局所性の条件という形で捉えることができる．

3.2 名詞句は形の上で区別されるかどうかにかかわらず，抽象的な格を他のこれを統率する要素から与えられなければならない．そしてある種の移動は格を与えられるために引き起こされる．

3.3 言語表現(=文)を構成する要素の構造はきわめて厳密に制限された範囲におさまっていて，言語の構造は要素の順序を除いては同じである．

3.4 人称代名詞，再帰代名詞，普通名詞句の間には，それが他の名詞句との間でどのような指示関係を担いうるかということについての明確な相違があり，それぞれを規定する別の条件に従う．

3.5 要素が移動された後に残る痕跡は，その近くの何らかの要素により統率されなければならない．統率には先行詞統率と主要部統率の2種類がある．

3.6 文法はいくつかの下位理論とよばれるモジュールからなっていて，それぞれが自律しながら互いに影響しあって全体としての機能を果たしている．

3.7 普遍文法はいくつかの下位理論からなっているが，そのほとんどはすべての言語に共通していて，言語ごとに修正可能な部分があって，これを媒介変数(パラメータ)という．言語獲得は基本的には対象言語にあわせて媒介変数の値を決定すること(と語彙の獲得)として捉えられる．

4

極小モデルの展開
言語の説明理論をめざして

4　極小モデルの展開——言語の説明理論をめざして

【本章の課題】

　生成文法理論を他の言語理論から際立たせている最も顕著な特徴は，それが「言語機能」というヒトの精神・脳内に実在する心的器官を研究対象として定め，言語機能に関する経験的に妥当な説明理論の構築を一貫して追い求めてきたことにある．

　1980年代中頃までの生成文法理論の発達を説明した前章までの議論をふまえて，本章では生成文法において現在構築されている最中である新しい枠組み，「極小モデル」の内容について，それを導いている基本的な考え方に焦点を当てて説明する．技術的細部にわたる議論は極力避けるつもりである．

　言語機能が占める，ヒトの認知機構内の位置づけを考えると，この機能が二つの運用システム，すなわち概念および意図(多少不正確だが，まとめて「意味」と呼んでおく)をつかさどるシステムと，調音および知覚(すなわち「音」)をつかさどるシステムとの間に「交通・相互作用」をもっていなければならないことは明らかである(言語とは「音」と「意味」を結びつけるシステムである)．そしてさらに，現在までの生成文法研究が明らかにしたところによると，言語機能というシステムは(生物学的システムとしては驚くべきことに)「簡潔」で「無駄がなく」，「エレガント」なシステムであって，ある種の一般的な「経済性」の原理に従っているらしい．

　極小モデルとは，今述べた二つの要因，すなわち，(1)言語機能が占める認知機構内の位置，および(2)一般的な「経済性原理」のみを用いることによって(すなわち他のよぶんな概念を一切使用することなしに)，どこまで言語機能の本質に迫れるかを問う研究プログラムであるといえる．

　このプログラムが正しい方向を指し示しているとすれば，言語の説明理論構築にむけての大きな一歩となるであろう．

> 一人の大英雄が出なかったとしても，時世は幾多の小英雄を生んで，行ける所までは行くものと思える．若しも時世が英雄を生み得なくなるならば，暗黒時代が来るであろう．
> 　　　　　　　　　　　高木貞治『近世数学史談』

4.1　理論的背景

　極小モデル(Minimalist Program；直訳は「極小(主義)プログラム」だが，日本語としての座りのよさを考慮して「極小モデル」と呼ぶことにする)とは1980年代後半から徐々に形を成し始め，1990年代中期に至ってかなり明確な輪郭を現わしてきた，生成文法理論の現在の枠組みを示す言葉である．この枠組みは，新たな名前が付けられていることからもわかるように，それ以前の生成文法理論にはなかった(あるいはあっても明確には意識されていなかった)様々なアイデアを内包していることは事実であるが，同時に，生成文法理論の展開の一形態として，それ以前の枠組みとその根本的主張をかなりの部分共有していることも確かである．すなわち，極小モデルはあくまでも過去40年間にわたって行なわれてきた理論的および実証的研究に基づいた生成文法理論の発展形態であり，その主張の多くの部分を過去の研究の蓄積に負っている．このことを忘れると，生成文法理論はまるでファッションのように(何の内的必然性もなく)その都度(恣意的に)枠組みを変えていく，というよく聞かれる誤解を生じさせることになると思われるので注意しなければならない．次節以下の極小モデルの説明においても，過去の生成文法理論研究のどういうところから極小モデルの考えが出てきたのか，ということに注意を払うつもりであるが，その前にまず，極小モデルがそれ以前の生成文法理論と共有している部分のいくつかについてごく簡単に述べておきたい(詳しくは本巻第1～3章を参照されたい)．これらの主張は生成文法理論において一貫して今までなされてきたものであるが，極小モデルの観点から述べ直してみるとよりいっそうその内容が鮮明になるように思われる．

　まず第一に根本的な仮定として，ヒトの精神・脳(mind/brain)の内部に，他の様々な(認知)システムと連動し相互作用を引き起こしながらもなおかつ自律

的で言語に固有な部門が存在すると仮定し，これを**言語機能**(language faculty)と呼ぶ．生成文法理論とは大まかに言ってしまえばこの言語機能(の中核的部分)の構造と機能(function)に関する理論である(第1章を参照のこと)．この仮定は言語に関する根本的仮定であるがゆえに数々の批判にさらされてきた．生成文法誕生以前の構造主義言語学およびその背後にあった経験論哲学は明確にこの仮定をしりぞけているし，最近ではいわゆる**コネクショニズム**(connectionism, 第1巻第3章を参照)の立場をとる研究者からの批判も根強い(たとえば Elman, et al. (1996)などを参照)．

しかしながら現在までに様々な経験的研究によって，自律的認知機構としての言語機能の存在は十分に実証されてきているように思われる．言語機能の存在に関する問題に立ち入るのはこの章の趣旨ではないので多くは述べないが，聴覚・視覚などの他の認知機能に欠陥を持ちながらも正常な言語獲得を示す例，他の面では深刻な精神発達遅滞があるにもかかわらず優れた言語能力を示す例，あるいは逆に言語能力は正常に保たれていながらコミュニケーション能力に著しい欠陥を持つ例など，言語機能の自律性を示す例は数多く報告されている(最も詳細で信頼がおける最近の研究としては Yamada(1990)を参照されたい)．また，澤口(1996)は霊長類学の立場から，ヒトとチンパンジーの DNA構造の違いは1〜2%にすぎず，実際チンパンジーは一般の知覚，記憶，運動能力においてはヒトと大差ないことを指摘し，その上で，ただひとつ言語能力においては際立った，歴然とした差がヒトとチンパンジーの間に見られることを報告している．このことから澤口は「①ヒトとチンパンジーは共通の(しかも同程度に発達した)脳領域をもつ．そして，②ヒトは，そうした共通領域に加えて，言語に深く関係した特別な脳部位をもつ」(澤口 1996, p.220)と結論している．つまり，ヒトには「言語を担う脳の特別な部分がある」(澤口 1996, p.219)，すなわち生成文法が主張する言語機能の存在を主張しているわけである．

これ以上この問題にここで立ち入るわけにはいかないが，実際に言語の規則性・法則性を研究している立場から言わせていただければ，言語機能の存在とその自律性はほとんど疑い得ぬことのように思われる．一言で言えば，言語には言語そのものを見て発見しなくてはならない深い規則性・法則性があまりにも多いのである．言語に関して言語機能の存在を認める生成文法がつみあげて

きた成果と，それを認めない構造主義言語学，あるいはコネクショニズムの枠組みで成されてきた言語研究の成果を具体的にくらべてみれば，どちらのアプローチが言語が持っている根本的特性をよりいっそう明らかにし得たかはほとんど自明であるように思われる．本章ではひきつづき，独立した心的器官(mental organ)(Chomsky 1980)としての言語機能の存在を仮定する．

さらに，これも従来の生成文法理論が一貫して保持してきた想定だが，言語機能はその内部に(少なくとも)二つの下位部門を持つと仮定する．ひとつは，言語機能の中核を成し言語に関する情報を貯蔵している**認知システム**(cognitive system(of the language faculty))であり，もうひとつは認知システムによって供給された情報にアクセスし，それを様々な仕方で使用する**運用システム**(performance systems)である．運用システムの内部構造などはまだあまりわかっていないが，言語機能の認知システムにアクセスしている運用システムの少なくとも一部は言語に固有の特性を有していると考えられ，したがって言語機能の一部を成していると仮定されている．ただし認知システムが発育時の言語環境によって明らかに変異するのに対し(すなわち生得的言語機能が，さらされる言語環境によって異なった I–言語(第1章を参照)になる)，運用システムの方はそのような，言語環境による変異は引き起こさないと考えられている．もしこれが本当だとすると(そうであることを証明する確実な証拠はまだあがっていない)，言語機能における認知システムと運用システムのこの違いがどこに由来するのかは興味深い問題である．

言語機能内の認知システムと運用システムは**表示のレベル**(levels of linguistic representations)を介して触れあっている．これも従来の生成文法理論における標準的仮定である(第1章を参照)．具体的には，少なくとも二つの表示のレベルが存在しなくてはならない．ひとつは認知システムと**調音・知覚システム**(articulatory-perceptual system)をつなぐ表示のレベルであり，もうひとつは認知システムと**概念・意図システム**(conceptual-intentional system)をつなぐ表示のレベルである．これらの表示を介して認知システムで生成された出力は発音され，思考の道具として用いられ，あるいは推論などをつかさどる能力によって使用されたりするわけである．これらの表示を**仲介レベル**(interface levels)と呼び，調音・知覚システムとの仲介レベルを**音声形式**(phonetic form, PF)，概念・意図システムとの仲介レベルを**論理形式**(logical form, LF)と呼

ぶことにする(近年は,「仲介レベル」は「インターフェースレベル」と呼ばれることも多い).言語機能の中枢を成す認知システムは音声形式,論理形式という二つの仲介レベルを介してその外部にある運用システムとつながっているわけである.

　言語が「音声」(sound)と「意味」(meaning)をつなぐ機能を果たしている以上,音声形式,論理形式という二つの仲介レベルは必要不可欠であるが,これら以外の表示のレベルは必要であろうか.前章までに詳説されているように,極小モデル以前の生成文法理論では,二つの仲介レベル以外にも認知システム内部に固有のD構造とS構造というもう二つの表示のレベルを設けていた.しかしながら,次節で述べる極小モデルの方法論を徹底させると,これら二つの表示のレベルはいわば「よけいな」構成物であり,よほど強力な,独立した根拠が存在しない限り破棄されるべきものである(詳しくはChomsky(1993)を参照).したがって,現在の極小モデルにおいては,表示のレベルとしては音声形式と論理形式という必要最低限の二つの仲介レベルのみが仮定されている.

　以上ごく簡単に,極小モデルがそれ以前の生成文法理論から受け継いでいる基本的想定のうちのいくつかを見てきた.次節では極小モデル独自の,あるいは極小モデルによって初めて明確にされた考え方に焦点をあてて説明を試みたい.

4.2　極小モデルの基本的発想と考え方

　前節では極小モデルがそれまでの生成文法理論と言語に関する最も基本的な捉え方を共有していることを述べた.確認のためにそれらをまとめてみると次のようになる.

(1) ヒトの精神・脳の内部には言語に固有で自律的な部門,すなわち言語機能が存在する.

(2) 言語機能はその内部に(少なくとも)二つの下位部門を有する.ひとつは言語機能の中核を成し,言語に関する情報を貯蔵している認知システムであり,もうひとつは認知システムによって与えられた情報にアクセスし,それを使用する運用システムである.

(3) 言語機能における認知システムは(少なくとも)二つの運用システムと「交通・相互作用」(interaction)を持っている.ひとつは,「音声」をつ

かさどる調音・知覚システムであり，もうひとつは「意味」をつかさどる概念・意図システムである．認知システムとこれらの運用システムとの間の交通は二つの仲介レベル，すなわち音声形式（認知システムと調音・知覚システムとの仲介）と論理形式（認知システムと概念・意図システムとの仲介）とを介して行なわれる．

これらの主張は生成文法理論がその誕生以来一貫して行なってきたものであるが，こうして現在の観点からまとめてみると，人間の認知機構の中で言語が占めている位置がより鮮明に浮かびあがってくるように思われる．すなわち，もしこれらの主張が正しければ，ヒトはその精神・脳の深部に言語機能という独自の自律したメカニズムを持っており，その中核を成す（言語機能の）認知システムはさらに奥深く埋め込まれており，調音・知覚および概念・意図という二つの運用システムを介して，いわば間接的にのみ他の認知機構と関わっていることになる．もし本当に人間の認知機構の深部にこのような自律的メカニズムが埋め込まれているとしたら，それだけで人間の「こころ」の働きに関するひとつの発見であるが，さらに，このメカニズムが示す特性が生成文法理論，特に極小モデルが主張しているようなものであるならば，それは真に驚くべき発見であり，いわゆる**認知科学**(cognitive science)に対する根本的なレベルでの貢献をなすであろう．

それでは極小モデルが主張している言語機能の認知システムの特性とは何か．この問いに答えるためには，極小モデルを，いわば導いている次のような設問を考えてみなければならない．

(4) ヒトの言語機能（特にその認知システム，第1章を参照）が満たすべき一般的条件とは何か．

この設問の意味を考えるためには次の二つの要因を心に留めなければならない．

(5) a. 言語機能の認知システムが人間の認知機構体系のなかで占める位置
b. **簡潔性**(simplicity)，**経済性**(economy)，**非冗長性**(non-redundancy)，**最適性**(optimality)などの，概念レベルでの要因が果たす役割

(5a)の要因に関しては今までの議論から明らかであると思う．すなわち，言語機能内の認知システムが調音・知覚，概念・意図という二つの運用システムと接し，それらに情報を提供している以上，これらの運用システムの方から認

知システムの出力に関して「条件」が出されるはずである．音声形式表示は調音・知覚運用システムが解釈できる(interpretable)ものでなければならないし，論理形式表示は概念・意図運用システムによって解釈可能なものでなければ不適格であろう．したがって，認知システムがもつべき特性は必然的に，これらの運用システムが課す，いわば「外側から」の条件を満たさなければならない．これら「外側から」認知システムに対して課される諸条件のことを**素出力条件**(最低出力条件，bare output conditions)と呼ぶことにする．(極小モデルで用いられる用語には現在のところ訳語が(少なくとも定訳が)存在しない．本当は煩雑さを避けるために原語を用いたいところだが，そうもいかないので以下暫定的な訳語を使用するがすべて試訳であり，これらの訳語にこだわるものではない．)もちろん調音・知覚システムが課す素出力条件と概念・意図システムが要求する素出力条件とは異なっているので，認知システムには2種類の異なった素出力条件が課されていることになる．

ちなみに，生成文法理論の主な対象である言語機能の認知システムの特性が，このように運用システムによって「動機づけられる」(motivated)という発想は，極小モデル以前の枠組みにおいては稀薄であった．むしろ，認知システムの自律性を否定するものとして等閑視する傾向さえ認められた．極小モデルにおいても，むろん認知システムの自律性は保持されているが，認知システムが一般的認知機構のなかで占める位置に注目することによって，それが示す諸特性の少なくとも一部が運用システムからの要請の結果であることを明確に認めた点において，従来の枠組みから大きく一歩踏み出したと言えよう．極小モデルの出現によって認知システムと運用システムの間の相互作用の研究に新たな地平が拓けたと言っても過言ではないと思う．実際，私見では，現在までに提案されてきたいくつかの普遍的原理，例えば束縛理論(の一部)など(第3章を参照)は，素出力条件との兼ね合いにおいて捉え直すべきであるように思われる．

さて(5b)で挙げた要因がなぜ言語機能の認知システムの本質を考える上で重要なのかを理解するためには，生成文法理論が今までたどってきた歴史(の一面)をごく簡単に見てみなければならないだろう．以下述べることは当面の問題の理解に必要最小限なものに限ってあるので，詳細な説明は第1〜3章をごらんいただきたい．

第1章で説明されているとおり(また前節でも述べたように)，生成文法理論

はその誕生当初から言語機能内の認知システムの解明をその究極的目標として掲げてきた．しかしながら実際問題として，データとして言語学者が手に入れられるものはほとんどすべて，言語機能そのものに関するものではなく，言語機能が発育して「安定状態」(steady state)に至ったもの，すなわち話し手・聞き手がその母語に関してもつ「知識」に関するものである．この状況をうけて，生成文法は当面の目標を母語話者がもつ言語知識(I-言語)の解明にすえ，究極的目標である言語機能の解明をとりあえず先送りしたのであった．個々のI-言語の解明を**記述的妥当性**(descriptive adequacy)の問題といい，最終的な言語機能(の認知システム)の解明を**説明的妥当性**(explanatory adequacy)の問題というが，初期の生成文法理論では説明的妥当性の達成を当面到達不可能な課題として脇に置き，とりあえず記述的妥当性の達成にその努力を集中したのであった．

初期の生成文法研究においては説明的妥当性に関しては，非常に限られた，かつ質の悪いデータをもとにして子供が高度に組織的で豊かな内容を持つ知識を短期間に獲得するという言語獲得の問題(いわゆる言語に関する「プラトンの問題」，第1章を参照)を解明するには，言語機能に関する理論，すなわち**普遍文法**(Universal Grammar，以下UGと略記する)は子供に与えられているI-言語に関するオプションをきびしく制限しなければならない，という一般的議論しかなされていなかった．UGがあらかじめ子供にとって**接近可能な**(accessible) I-言語をきびしく制限していれば(すなわち選択の幅を十分に狭くしておけば)，それだけ子供がデータに基づいてその中から「正しい」I-言語に到達するのがたやすくなるからである．この条件を満たすために，UGは**評価尺度**(evaluation measure)と呼ばれるI-言語選択のための尺度を持っていなければならないとされたが，評価尺度に関する具体的提案はほとんどされていなかったに等しい．ただし，この段階ですでに**簡潔性の尺度**(simplicity measure/metric)が評価尺度の一部として示唆されていたことは特筆に価しよう(実際には簡潔性の尺度はいわゆる生成文法理論の誕生以前から，多少異なった文脈で萌芽的な形でではあるが考察されている．Chomsky (1951)を参照)．この尺度は，データと矛盾しない文法(I-言語)が競合しているときはより「簡潔な」方を選ぶことを要求するものであるが，何をもって文法の「簡潔さ」とするかという根本的な問題に関しては十分に突っ込んだ議論はなされなかった．

(現在の観点から取り上げるべき洞察がまったく含まれていなかったということではない．Chomsky (1951, 1955, 1965) および Chomsky & Halle (1968) にはこの点に関して注目すべき提案が随所にみられる．)

こうして，説明的妥当性の問題を先送りして記述的妥当性の達成に集中することによって，言語現象の記述という面では生成文法はそれまでの構造主義言語学とは比較にならないほどの成果を挙げた．言語現象の分析そのものに興味を持つ伝統的言語学者の間で最も生成文法の評判が良かったのがこの時期であるのは決して偶然ではない．しかし，言語機能の解明すなわち説明的妥当性の達成という，生成文法本来の目標からすると，記述的妥当性の問題への集中は奇妙な状況を作り出すことになった．それが**記述的妥当性と説明的妥当性の緊張関係**(tension between descriptive and explanatory adequacy)と呼ばれる状況である．

次々に観察される個別文法の特徴(すなわち個別 I-言語の諸側面)を記述するために，この時期の生成文法理論においては数々の句構造規則と様々な変換規則が提案された．英語という一言語に限っても数十の変換規則と，句構造規則の長いリストが提案されたことは周知のとおりである．表面上きわめて多様な特徴を示す他の諸言語の知識も同様のやり方で記述しようとすれば，必要とされる句構造規則と変換規則の数と種類は膨大なものになるであろうことは容易に看取されよう．ところが，このように記述的妥当性の達成のために個別文法(すなわち個別 I-言語に関する理論)の内容をふくらませていくことによって，生成文法本来の目標である説明的妥当性の達成からは逆にどんどん遠のいていってしまうこともまた明らかであろう．上で述べた(また前章までで，たびたび強調されている)言語獲得の問題を解決するためには，UG によって許容される個別文法のクラスはきびしく制限され，子供に与えられている「選択の幅」は非常に狭く定義されなければならないからである．記述的妥当性の要請は個別文法の内容をふくらませることを要求するように見え，説明的妥当性の達成のためには個別文法の内容をきびしく制限しなければならない．これが両妥当性間に生じた緊張関係であった．

この緊張関係をとくために生成文法がたどった道は(これも前章までに詳述されている通り)，個別文法に関する言明として提案されている句構造規則や変換規則の特性のうち一般的で普遍性のある部分を抽出し，それらを UG の原

理として再定式化するというものであった．言語機能に関する理論であるUGの内容を豊かにしていくことにより，個別I–言語に関する理論である個別文法特有の言明(個々の構文に特有な句構造規則や変換規則)を減らしていくという努力を続けていったのである．個別I–言語のある特性がUGの原理から自動的に導かれるものであるならば，その特性をI–言語固有の特性として個別文法に盛り込む必要はなくなるわけである．

　このようにして，個別文法において個々に述べられていた特性のうち普遍的な部分をUGに「移しかえる」努力を20年近くも続けた結果(その道のりは決して平坦ではなかった)，生成文法が到達した枠組みが第3章で詳しく述べられている**原理とパラメータのアプローチ**(あるいはモデル)(principles-and-parameters approach/model，以下P&Pモデルと略記)であった．P&Pモデルにおいは，UGは有限個の原理と各々の原理に組み込まれたパラメータからなっている．原理に組み込まれたパラメータの値が言語環境によってすべて決定されたときに個々のI–言語が定まるわけである．ここにおいて「規則体系」(rule system)としての個別文法は完全に姿を消し，今まで個別文法の規則で捉えられていた現象はすべてUGの原理とパラメータとの相互作用の結果として捉えられることになった．個別文法特有の規則群が存在しないのだから「どのようにして子供は限られた言語資料から複雑な規則体系を獲得するのか」という記述的妥当性と説明的妥当性の間の緊張関係を生じさせる原因になっていた問題も生じないことになる．

　P&Pモデルによれば，言語獲得とはUGの諸原理に付随しているパラメータの値を言語資料に基づいて決定するプロセスに他ならず，UGの諸原理は定義上言語機能の一部としてすでに「与えられて」いるわけだから「獲得」する必要はないわけである．したがって，言語獲得とはパラメータ値の決定に他ならないことになる．ただし急いで付け加えておかなければならないが，このような一般化はI–言語の「計算的な」(computational)側面に関してのみ成り立つのであって(従来「規則体系」としての文法が捉えようとしていたI–言語の特性は大部分この側面である)，個別I–言語の各々の語彙項目が持つ特性はこれとは別に「獲得」されなければならない．すなわちI–言語の**辞書・語彙**(lexicon)はUGから予測できない諸特性を含んでおり(あるいは予測できない諸特性のみを含んでおり)，それらの特性は言語資料に基づいて獲得されなけ

ればならない（この点は次節でもう少し詳しく論じる）．

　P&Pモデルの出現は長年の懸案であった記述的妥当性と説明的妥当性の間の緊張関係を解消すると同時に，諸言語間にみられる**言語間変異**(crosslinguistic variation)に関する研究を飛躍的に発展させた．P&Pモデルの出現によって初めて，**比較統語論**(comparative syntax あるいは parametric syntax)という新しい下位分野が言語理論研究のなかに登場したと言っても過言ではないくらいである．もちろんP&Pモデル以前にも言語間の比較や言語間変異の研究が全くなされていなかったわけではない．19世紀に発達したインド・ヨーロッパ語比較言語学においては音法則，内的再構法などに代表される精緻な方法論が展開され，系統を同じくする言語間の比較研究に大きな成果を挙げたことは周知の事実である（詳しくは第1巻第2章を参照されたい）．また生成文法の枠組みの中で行なわれた研究に限ってみても，1960年代における標準理論の成立以降多くの「比較統語論的」研究が成されており，記述的観点から見れば非常に重要な成果が蓄積されてきている．しかし，それらはすべて生成文法が用意した記述的道具立て（句構造規則や変換規則など）を用いてある言語，あるいは複数の諸言語を記述する試みであり，そのような研究から一般言語理論（普遍文法，UG）における仮説の変更を迫るような貢献がなされることは，ごく一部の例外を除いてほとんどなかったと言ってよい（そのような例外的研究のひとつとして黒田成幸による日本語に関する一連の研究があることは特筆に値しよう）．生成文法理論そのものが，異なった個別文法間の比較を理論的に実り豊かな形で位置づけられるほど成熟していなかったからである．この点でも，P&Pモデルの成立はまさに画期的であったと言えるであろう．

　さて，われわれの現下の関心にとって重要なことは，P&Pモデルの誕生に至る過程で，より「簡潔」で「エレガント」で「自然」な原理体系による説明を求めるという研究態度が生成文法理論の中に定着したことである．たとえば，扱う対象が重複するような原理が複数個ある場合には，それらの原理の定式化にどこか不備があるのではないかと疑う態度が研究者の間に定着し，そのような場合には，複数の原理が同一の事象を取り扱うことがないよう，すなわち言語理論内に「冗長性」(redundancy)が存在しないように当該の原理の再定式化がはかられる，ということがきわめて頻繁に行なわれてきた．そしてその結果，事実，経験的にもより妥当な結果が得られ，UGが許容する個別文法のクラス

4.2 極小モデルの基本的発想と考え方　173

もより狭く限定され，理論的にも望ましい方向に分野が進展するということがたびたび起こったのである．

一例を挙げれば，かつて，様々な統語的関係を規定する一般条件として**指定主語条件**(specified subject condition, SSC)と**時制文条件**(tensed-S condition, TSC)が提案されていた(両者を合わせて**不透明性条件**(opacity conditions)と呼んでいた)．大まかに言えば(詳しくは第3章を参照)，前者は音形をもつ主語を越えて二つの要素を結びつけることを禁じたものであり，後者は時制文(いわゆる定形節)の内部に生じた要素をその時制文の外部の要素と結びつけることを禁じた条件である．ところが(6)のような例を見てみると，この二つの条件の間に冗長性が存在することがわかる([$_\alpha$　]は時制文，＿＿は指定主語，下付の i は同一指示を表わす)．

　(6) *John$_i$ expected [$_\alpha$ that Mary would criticize himself$_i$].

(6)においては，主文の主語の John と埋め込まれた文の内部にある照応形(再帰形)himself を結びつけ，John を himself の先行詞として解釈することはできない．ところがこの事実は指定主語条件によっても時制文条件によっても説明できるのである．埋め込まれた文は Mary という音形を持つ主語を有しているので，この主語(指定主語)を越えて John と himself を結びつけることは指定主語条件に違反することになり許されない．同時に，埋め込まれた文(α)は would という助動詞形からもわかるように時制文であるので，その内部にある要素 himself とその時制文の外にある要素 John を結びつけることは時制文条件によって阻止される．

この冗長性を取り除くためにはどちらか(あるいは両方)の条件の再定式化が必要である．指定主語条件の方は次の(7)の例のように指定主語条件のみでしか取り扱えないデータが数多く存在することがわかっているので，(基本的に現在の定式化のままで)独立の原理として必要なことは明らかである．

　(7)　a.*John$_i$ read [$_\alpha$ Mary's story about himself$_i$].

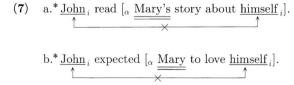

　　　b.*John$_i$ expected [$_\alpha$ Mary to love himself$_i$].

(7a)において John と himself が結びつけられないのは，名詞句の主語として Mary が存在し，指定主語条件違反を引き起こすからである．名詞句((7a)の α)には時制は無関係であるから時制文条件は(7a)の説明には無力であり，指定主語条件のみが(7a)の非文法性を説明することができる．(7b)においては himself は埋め込まれた文の内部に生起しているが，不定詞標識 to があることでもわかるように，埋め込まれた文(α)は(7b)においては時制を持たない非定形文である．したがって，(7b)の非文法性を説明するのに時制文条件は役に立たず，指定主語条件のみがその非文法性を説明できることになる．したがって指定主語条件が独立の原理として必要であることは明らかである．

それでは時制文条件の方はどうであろうか．データを注意深く見てみると，時制文条件のみが扱える(すなわち指定主語条件は無関係である)例というのは，実はすべてただひとつのパターンを示していることに気がつく．すなわち(8)に見られるように，照応形が時制文の「主語」として生起しているときに限られるのである．

(8) *John$_i$ expected [$_\alpha$ that himself$_i$ would win].

照応形が主語以外の要素として時制文の中に現われたときは，かならず他の要素が指定主語として機能し，時制文条件と指定主語条件の間に機能上の重複が生じてしまう((6)を参照)．(8)のように照応形そのものが時制文の主語として現われたときにのみ指定主語条件は無関係となり，その非文法性は時制文条件のみによって扱われることになる．したがって，両条件間の冗長性を取り除くためには，時制文条件はこの環境のみを正確に指定したものとして再定式化されなければならない．

このような理由で，時制文条件の代案として提出されたのが「主格を持つ照応形はそれが生起している節の内部で束縛されていなければならない」とする**主格の島の条件**(nominative island condition, NIC)である(「束縛」などの用語の説明を含む詳細は第3章を参照されたい)．この条件は指定主語条件との間に存在する冗長性を排除すると同時に，一般原理の適用環境を規定する構造的要因として**格**(Case)という概念に注目した点において，時制文条件にはなかった洞察を含んでいる．この条件を基点として，その後，格理論およびそれ

4.2 極小モデルの基本的発想と考え方

を支える**統率**(government)**理論**を媒介に照応形(さらには名詞表現一般)の一般理論としての**束縛理論**(binding theory),さらには主格の島の条件のいわば副産物としての**空範疇原理**(empty category principle, ECP)などが発展し,P＆Pモデルの重要な構成原理となったことは前章までに述べられている通りである.

ついでながら,時制文条件と主格の島の条件を比べてみると,経験データの記述という面でも主格の島の条件の方が優れていることがわかる.以下の例を見てみよう.

(9)　a.＊They$_i$ said [$_\alpha$ that each other$_i$ would win].

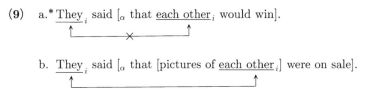

　　b.　They$_i$ said [$_\alpha$ that [pictures of each other$_i$] were on sale].

(9a)における埋め込まれた文(α)は時制文であり,かつ each other(照応形)は主格を与えられているので,they と each other を結びつける関係は時制文条件によっても主格の島の条件によっても阻止される.ところが(9b)を見ると,埋め込まれた文(α)は(9a)と同じく時制文であるが,each other は主格を与えられていない(主格を与えられているのは pictures of each other という名詞句全体である).したがって,(9b)における they と each other との結びつきは,時制文条件が正しければ阻止され,主格の島の条件が正しければ許されるということになる.事実は,図示されている通り(9b)においては(9a)と異なり they と each other を結びつけることは可能なのである.

すなわち,指定主語条件と時制文条件という二つの条件の間に存在する冗長性を取り除こうと努力した結果が,主格の島の条件という,経験的にもより妥当な条件の発見を促し,主格の島の条件の定式化の過程で気づかれた格(およびそれを支えている統率という構造的関係)という概念が,その後のUGの発展において重要な役割を果たしたということになる.

以上,より簡潔で「無駄」がなく,エレガントな体系を求める努力が,結果として経験的にも理論的にも正当化され得る発展を促してきた例として,指定主語条件と時制文条件の間に見られる冗長性の除去を見てきたが,これはほんの一例であって,他にも同様の例はP＆Pモデルに収束していく生成文法理

論の理論展開においては（そして極小モデルに至るその後の展開においても）多数観察されるのである．

　このことは，言語機能（の認知システム）が，その根元的特性として簡潔で無駄がなくエレガントなシステムであることを強く示唆している．しかし考えてみれば，これは決して当り前のことではなく，むしろ驚くべきことなのである．しばしば，科学においては，観察された事実を説明するために設定された法則が一般的でかつ簡潔な形式を持つであろうことを予想し，かつそのような法則は未知の観察可能な事実をも説明する力を持つことを期待する．そして，そのとき，法則は，その適用範囲が一般的であればあるほどまたその形式が簡潔であればあるほど価値が高く対象の真実を示すものであるとされる（Hempel (1966) などを参照）．しかし，「科学」に対するこの特徴づけは多少不正確であり，法則・原理が一般的であることを予想（あるいは期待）し，より適用範囲が広く一般的である法則・原理に価値を置くというのはおそらく科学一般に当てはまる特徴であろうが，より「簡潔」な法則・原理に高い価値を認め，対象の真実を表わすものとみなす，という考え方は，実は物理学を中心にする非有機体を取り扱う科学にしか当てはまらない考え方であるように思われる．

　物理学を中心とする近代科学においては，「自然は無駄がなく簡潔でエレガントに作られている」というのが研究を導いてくれる揺るぎのない直観であった．実際に物理学において重要な業績を残した研究者は，研究上の信念としてしばしばこの直観を述べているし，現在でも現場の科学者のほとんどは具体的に研究を進めていく上での指針として，意識的にであれ無意識にであれこのような直観を用いていると言ってもよいであろう．近代科学の歴史を見てみても，I. Newton による，Galileo の落体の法則と J. Kepler の三法則の統一という古典的な例をはじめとして，いくつかの現象論的法則をより一般的でかつ簡潔な法則で置き換えるという努力が科学の発展を常に推進してきたことは疑いようのない事実である．よほど穿った見方をしない限り，物理学が対象としている「自然」が（なぜそうなのかはわからないが）簡潔でエレガントに作られていることは確かなことのように思われる．

　ところが，この直観は生命現象のような有機体を扱う分野の科学者には共有されていない．これらの分野で研究している科学者も，もちろん，なるべく適用範囲の広い一般性の高い法則の発見を目指している点では物理学の研究者と

変わらないが，それらの法則が簡潔でエレガントな形式を持つとまでは普通予想していない．なぜならば，生物の世界というのは（おそらく）何億年にもわたる偶然および試行錯誤の積み重ねの結果（自然淘汰の要因ももちろんあるだろうが）現在の状況があるのであり（Jacob (1973)，Kimura (1983) などを参照），そこに物理現象において見られるような根本的レベルでの簡潔性やシステムとしてのエレガントな形式を見い出すのは不可能だからである．Jantsch & Waddington (1975) が言うように，複雑な生物学的システム (complex biological system) というものは一般に「不完全」(imperfect) であり，その特性は「予測不可能」(unpredictable) なのである．抗体の多様性生成に関して自らが行なった発見に関連して述べた利根川進の「ネイチャーというのはロジカルではない．特に生命現象はロジカルではない」という趣旨の発言（立花・利根川 (1990)，pp. 76-80 を参照）なども生命体を研究する科学者が自分の研究対象について持っているこの直観（つまり生物学的現象というものは予測不可能で偶然的特徴を示すということ）をよく表わしているものと言えよう．

　さて，そうであるならば，生成文法が明らかにしてきた言語機能の特性は真に驚くべきことであることになる．なぜならば，生成文法によれば言語機能とはヒトの精神・脳の（おそらく前頭連合野の）中に存在する生物学的実体（心的器官）であり，したがってまさに Jantsch & Waddington (1975) のいう「複雑な生物学的システム」の一つに他ならないからである．そしてそうであるならば，他の生物学的現象と同様に，言語機能もまた冗長性を含み，不完全で予測不可能な特性を示すことが，当然予想される．にもかかわらず，生成文法理論において蓄積された研究は言語機能の特性の究明にあたって，物理学などで用いられてきた直観，すなわち研究対象が簡潔でエレガントな本質を持っているという直観がきわめて有効であることを強力に示唆している．

　さらに一歩進んで，それではなぜ言語機能が生物学的システムとしてはきわめて特異ともいえるこのような特性を示すのかを問うことは，物理学の対象である非有機体の世界がなぜ同様の特性を示すのかが全くわかっていない現状ではあまり意味のあることではないであろう．ただひとつ思弁的推測として言えることは，ヒトのもつ精神機能のなかで言語機能と類似の特性を示すものがもうひとつあり，それは（特に）自然数を取り扱う，すなわち「数をかぞえる」能力である**数機能** (number faculty) とでも呼べる認知システムであり，この数機

能もおそらく簡潔でエレガントな根本的特性を持つであろうということである．そして，物理学の対象である非有機体の世界の構造が「数学の言葉で書かれている」ことは周知の事実である．であるとすれば，これら三つの対象(言語機能，数機能，および物理学的対象)がいわば「同型の」(isomorphic)構造を有しており，言いかえれば，これらの背後に何か共通の要因が存在していると推察することはそれほど無理なことではないと思われる．ただし，言語機能および数機能(の一部)は少なくとも現在の理解においては**離散的**(discrete)本性を持っているのに対し，物理学的対象は一般的に**連続的**(continuous)特性を示すという，かなり根元的な相違もあり(この点は後にまた取り上げる)，これ以上この問題を追究するのは現時点ではあまり実り豊かなことではないであろう(Chomsky(1988, 1995a)などに関連した議論が散見される)．

以上，なぜ(5b)で挙げた「簡潔性」「経済性」「非冗長性」「最適性」などの要因が，言語機能が満たすべき一般的条件を考える上で重要な役割を果たしていると捉えられるに至ったかを理解するために，多少詳しく生成文法理論の発展史を見てきた．そこで得られた知見は，言語機能とは簡潔でエレガントなシステムであり，複雑な生物学的システムとしてはきわめて特異な特性，むしろ物理学の対象である非有機体の世界と類似した特性を示すということであった．このような知見が言語機能の本質的特性を示すものとして確信されたとき，極小モデルへの道が拓かれたと言ってもよいであろう．

極小モデルに関する今までの議論をまとめると以下のようになる．極小モデルにおいても従来の生成文法理論と同様に，固有の特性を有する自律的認知機構としての言語機能の存在を認め，その中核的構成部門として「言語機能の認知システム」の存在を仮定する．さらに，この言語機能の認知システムは，二つの仲介レベルを介して，「意味」をつかさどる概念・意図システムと「音声」をつかさどる調音・知覚システムという二つの運用システムと触れ合っている．前者の仲介レベルを論理形式と呼び，後者を音声形式と呼ぶ．これら二つの運用システムの少なくとも一部は言語に固有のものであると考えられるので，それらの部分は広義の言語機能の一部(だだし認知システムには含まれない)であると見なされる．運用システムに関しては，それらの構造・機能，他の認知機構との結びつきを含め実質的なことはほとんどわかっておらず，また本章の趣旨でもないので，これ以上は立ち入らない．以上を(多少不正確な部分を含ん

図 4.1 認知機構内における言語機能の位置づけ．実線は相互作用(交通)が存在しないことを，破線は相互作用(交通)が存在することを示す．

ではいるが)図示すると図 4.1 のようになる．

生成文法理論の目標は，一貫して図 4.1 における言語機能の認知システムが持つ特性の解明にある．言語機能の認知システムは仲介レベルを介して概念・意図システムと調音・知覚システムと触れ合っているわけであるから(もう少し正確に言うとこれらの運用システムに「指令」(instructions)を発している)，当然これらの運用システムが解釈可能な形で仲介表示を生成しなければならない．これらの，いわば「外側から」認知システムに課せられる条件を，上で述べたように素出力条件と呼ぶ．これが(5a)で挙げた要因である．

さらに，今までの議論で明らかなように，生成文法において蓄積された過去の膨大な理論的および経験的研究は，言語機能の認知システムが何らかの意味で(この意味は経験的研究によって定められなければならない)**最適な**(optimal)システムであることを強く示唆している．すなわち，言語機能(の認知システム)は簡潔でエレガントなシステムであり，複雑な生物学的システムであるにもかかわらず，物理学が対象とする「自然」(非有機体)が示す特性と同種の(あるいは少なくとも類似の)特性を有しているように思われるのである．これが(5b)に述べられている要因である．

まとめると，言語機能の認知システムの本質的特性を決定している要因には少なくとも次の二つがある．

(A) (=5a) 概念・意図運用システムと調音・知覚運用システムによって課せられる 2 種類の素出力条件

(B) (=5b) 「簡潔性」「経済性」「非冗長性」などによって表わされる，最適性にまつわる要因

上でも述べたように(A)の要因は，いわば「外側から」(すなわち 2 種類の運用

システムから）課された条件であるのに対し，(B)の要因はその出自が明らかでなく，まさに言語機能の認知システムが持つ，その本質とでも言うほかない性質である．

これらの最低限必要な要素によって言語機能の認知システムの諸特性が説明される限りにおいて，言語機能はいわば**完璧な**(perfect)システムであることになる．極小モデルとは，言語機能がどの程度「完璧な」システムであるか，言いかえれば(A)と(B)の要因のみを用いて（他によぶんな概念を一切用いないで），どこまで言語機能を説明しつくせるか，を追究する研究プログラムである．当然のことながら，この研究プログラムでは，今までに提案されてきた記述上の様々な道具立てが厳しい吟味にさらされ，あらゆる「完璧さからの逸脱」(imperfections)はその根拠を問われ，可能な限り排除されることになる．結果として得られるものは，ぎりぎりまで絞りこまれた，そしてそれゆえに言語機能の本質を直截に表わしている言語理論になるはずである．次節では，この極小モデルが現時点において提示しているUGの内部構造に関して説明を試みる．

4.3 極小モデルにおけるUGの構成

前節で述べた極小モデルの考え方が比較的まとまった形で示されたのは1990年代前半のことだが，以来極小モデルの観点からの言語理論の再組織化が急速に進行してきており，現在も進行中である．その結果，P＆Pモデルで措定されていた数々の原理および概念が極小モデル的吟味を受けることにより，上で述べた(A)および(B)の条件を満たさないものとして言語理論から排除され，それらが担っていた様々な機能・役割は，極小モデルの基準に合致するメカニズムによって置き換えられるに至っている．このようにして現在までに廃棄された原理・概念には，P＆Pモデルにおいて中心的な役割を担っていた構造的概念である「統率」やD構造およびS構造の表示レベル，さらに投射原理(projection principle)，Xバー理論，空範疇原理(ECP)などの一般原理が含まれる（第1～3章を参照）．

本当は，これらの諸原理・概念が具体的にどのようにして検討され廃棄されるに至ったかを詳しく見ていくことができれば，極小モデルの考え方や方法論を知る上で非常に参考になるのだが，技術的議論に立ち入らないでそれをする

4.3 極小モデルにおけるUGの構成

ことは不可能であるし，本稿の目的からも逸れることになると思うので，以下では過去数年間の研究を基礎にした，現時点での極小モデルの枠組みを概説する．技術的細部には，どうしても必要なとき以外は立ち入らないようにするが，そのことによって多少議論の(非本質的部分における)厳密さを欠くこともあることをお断わりしておきたい．また煩雑さを避けるために，数多く存在する専門論文への言及も最小限にとどめてある．本章をお読みになってもう少し専門的な議論に関心を持たれた読者は，Chomsky(1995b)に含まれている諸論文，およびそこで触れられている諸文献に当たられたい．日本語の文献では，極小モデルを含む生成文法理論の包括的研究史を本巻とは多少異なった観点からもう少し専門的に論じたものとして，福井(準備中)がある．

さて，前節で述べたように，言語機能の認知システムが調音・知覚システムと概念・意図システムという二つの運用システムに出力を送り込まなければならないとしたら(すなわち言語が「音声」と「意味」を結びつけるシステムであるという伝統的な考えが正しいとしたら)，それは，すなわち，この認知システムが音声形式における表現(linguistic expression) π と論理形式における表現 λ を生成しなければならないということである．π と λ の結びつきは言うまでもなくでたらめではなく，ある特定の音声形式表現がある特定の論理形式表現と結びつけられているのであるから，正確に言うと認知システムは音声形式表現と論理形式表現の対 (π, λ) をその出力として生成しなければならない．すなわち，言語機能の認知システムは (π, λ) を生成する一種の**計算システム**(computational system)である．

いうまでもなく，この計算システムが (π, λ) という出力を生成するためには何らかの入力が必要である．この場合，入力として考えられるのは**語彙項目**(lexical items)に他ならない．語彙項目の集合が**辞書**(lexicon)と呼ばれる．辞書からある特定の語彙項目の集まりを選びとり，その集まりを計算システムが (π, λ) に写像するわけである．

したがって，UGの内部には最低限，入力を提供する「辞書」と，辞書によって与えられた(あるいは辞書から選びとった)入力を対 (π, λ) に写像する「計算システム」の2種類の部門が存在することになる．そして，極小モデルにおいてはこれら必要不可欠の部門のみをUGの構成部門として認めるのである．以下各々の部門の内部構造を少し詳しく述べてみたい．

(a) 辞　　書

　生成文法における辞書とは，各々の語彙項目に関してそれに特有の性質を述べた言明の集合である．ある語彙項目に「特有の」(idiosyncratic)性質とは，すなわちその項目が持つ特性のうち，UG あるいは特定 I–言語の諸原理・諸特性から導き得ない，各々の語彙項目に関して独立に述べておかなければならない性質のことである．そして極小モデルにおいては，辞書とはこれらの各語彙項目特有の性質のみを含み，予測可能な「よぶんな」情報は一切含まないものとされる．つまり，辞書とは各語彙項目に関してその個別的特性を「最適な形で」組み込んだものである．

　それでは，各語彙項目に関してどうしても辞書で述べておかなければならない予測不可能な特性としてはどのようなものがあるだろうか．例として英語の語彙項目 book を取り上げてみよう．まず /bʊk/ という音連続が "ホン" という概念を特定の言語(この場合英語)において表わすという事実(すなわち「音」と「意味」の語彙レベルでの結びつき)は恣意的であり，一般原理から予測することは不可能なので(いわゆる**ソシュール的恣意性**†，Saussurean arbitrariness)，このことはまず辞書で述べておかなければならない．さらに book という項目が「名詞」(N)であるという事実も，この語彙項目特有の性質として述べておかなければならないだろう．前章までに詳しく述べられているように，生成文法における最も基本的な単位は**素性**(features)であり，各々の語彙項目も厳密に言えば原始的素性の複合体(feature complex)であるから，このことは book (これはあくまでもインフォーマルな表記である)という語彙項目が [+N, −V] という素性指定(すなわち「名詞」)を持つということを意味する．

　これに対して，たとえば，この語彙項目が**格**に関する特性を有していることや，いわゆる**一致現象**(agreement)に関わる素性(人称，性，数などに関する素性，まとめて**φ素性**(φ-features)と呼ばれる)を持っていることなどは，この項目が「名詞」であるという事実と英語という言語の諸特性から予測されることであるので，book という語彙項目特有の性質として辞書に記載しておく必要はないであろう．

　以上ごく簡単に名詞を例にとって説明してきたが，同様のことは他の語彙類(例えば動詞 V)に関しても言える．すなわち，一般的に言って，各語彙項目の

4.3 極小モデルにおける UG の構成

(予測不可能な)音韻上の特性，(予測不可能な)意味上の特性，およびそれらの結びつきは辞書が述べなければならない．(繰り返しになるが，これらの特性も素性の形で表記される．音韻上の特性を表わす素性を**音韻素性**(phonological features)，意味上の特性を表わす素性を**意味素性**(semantic features) と呼ぶ.) また語彙項目の**範疇素性**(categorial features)もまた辞書で指定されなければならない(例えばある語彙項目が名詞([+N, −V])であるとか動詞([−N, +V])であるとかなどの情報)．これに対して，名詞が持つ格素性であるとか ϕ 素性のような特徴は，おそらく範疇素性(および他の原理)から予測できるものであると思われるので，辞書で指定しておく必要はないであろう．同様のことは動詞における「時制」(tense)であるとか，各々の動詞が持つ**選択素性**(selectional features)などに関しても当てはまるものと思われる．

辞書に関しては(おそらくその本質からして)一般的理論が立てにくく，体系的な理解が及んでいない部分も数多い(多少とも体系的なものを目指した研究としては Levin (1993)，Pustejovsky (1996)などを参照されたい)．また，本稿の主な目的は言語機能の計算システムの記述にあるので，これ以上辞書の細部に立ち入ることはできないが，重要なことは，辞書においては予測不可能な，各語彙項目に特有の諸特性のみが記載されるべきであり，それ以外の，何らかの形で予測可能な性質は各語彙項目の辞書における指定には一切用いてはならないということである．これも極小モデル的要請のひとつと言えよう．

さて，今までは辞書における要素として，名詞，動詞などの，それ自身が固有の「意味」を持つ要素のみを考察してきたが，実は辞書にはこれらの要素とは根本的に異なった役割を果たす少数の要素が存在している．動詞，名詞などの，それ自身固有の「意味」を持つ要素を**語彙範疇**(lexical categories，あるいは**実詞**，substantive elements)と呼ぶ．これらの語彙範疇が数の上では辞書の語彙項目の大部分を占める．これに対し，少数ながら，言語における計算操作のいわば駆動力になるという意味で非常に重要な役割を担っている要素が存在する．**屈折辞**(inflection, I)，**補文標識**(complementizer, C)，**冠詞**(determiner, D)などの，それ自身固有の「意味」を持たないが言語計算において重要な機能を担っているこれらの要素を**機能範疇**(functional categories)と呼ぶ．4.4節で述べるように，これらの機能範疇は，それがある種の素性を持つとき，他の場所にある要素を「引きつけて」移動現象を引き起こすことが

知られている．語彙範疇にはこの機能は存在しない．

以上の議論をまとめると次のようになる．今，UG において [±機能的]（[±functional]，略して [±f] とする）という素性があるとする．この素性の値に応じて，辞書には2種類の根本的に性質が異なる要素が存在することになる．

(10)　[±f]　　[+f]：D, I, C などの機能範疇
　　　　　　　[−f]：N, V, A などの語彙範疇

語彙範疇はそれ自身固有の「意味」を有し，述語としての機能を果たしたり，修飾要素になったりして言語による思考表現の不可欠の要素として働く．機能範疇はそれ自体の「意味」を持たず，その機能は狭い意味での「文法的」現象，すなわち移動現象を中心とする言語の計算面に限られている (Fukui 1986; Abney 1987)．辞書の中の圧倒的多数の要素は語彙範疇であり，機能範疇の方はごく少数の（おそらく UG によって規定された）閉じたクラスを成している．

この2種類の語彙類を極小モデルの観点から考察してみよう．ここにおいて重要な問題は，これらの要素が素出力条件によってどれだけ「正当化」され得るかである．特に論理形式仲介表示におけるこれらの語彙類の役割を考えてみよう（これは論理形式仲介表示のほうが音声形式仲介表示よりも，より純粋な形で言語機能の本質を表わしている可能性が高いからである．次節を参照）．語彙範疇が論理形式仲介表示に課される素出力条件によって正当化されていることは明らかである．上で述べたように，これらの要素はそれ自身固有の「意味」を持ち，言語表現の解釈に直接的に関与するのであるから，論理形式仲介表示において「解釈可能」(interpretable) な対象として認可されることは疑い得ない．

機能範疇に関しては事情はそれほど簡単ではない．中心的な機能範疇として現在までに提案されているもののうちのいくつかは言語表現の解釈に全く関与せず，したがって論理形式での素出力条件によっては正当化され得ないものであるし，素出力条件によってある程度正当化される可能性があり得る機能範疇に関しても，その正当化には疑問の余地がかなり残るように思われる．一般的に言うと，機能範疇設定の主たる根拠はほとんどすべて言語計算の技術的側面に（少なくとも現在までは）求められているのであって，素出力条件の観点からの正当化は十分には行なわれてこなかったと言えるであろう．結果として，1980年代中期に機能範疇のアイデアが明確化されて以来，その記述力の強さ

(すなわち記述上の便利さ)ゆえに様々な機能範疇が,いわば恣意的に提案されてきた.筆者は機能範疇の理論の提唱者の一人として,説明的妥当性の見地からこのような傾向に一貫して警鐘を鳴らしてきたが,極小モデルの誕生はこの筆者の懸念に具体的な形を与えたと言ってよいであろう.機能範疇がUGにおいて何らかの重要な役割を果たしていることは確かだが,同時にこれらの語彙類の存在自体が極小モデル的観点から見ると一種の「完璧さからの逸脱」であり,したがって機能範疇の設定にあたっては,特に素出力条件との関連において十分に慎重な検討が行なわれなければならない.

最後に,言語獲得および比較統語論の観点から辞書の役割を考えてみよう.上に述べたように,辞書はその本質からして個々の語彙項目に関しての予測不可能な情報を集めたものである.したがって,辞書に記載されている情報は,与えられた言語資料に基づいて子供が獲得しなければならない.言語機能においてどうしても「学習」に基づかなければならない部分が辞書なのである.そして,前節で詳しく述べたように,説明的妥当性の達成のためには「学習」しなくてはならない部分を最小限にしなければならない.とすれば,言語間変異,すなわち個々のI-言語の決定に必要な過程(すなわち,いわゆる「パラメータ化」parametrization)をすべて辞書の獲得に還元させようという考えが出てくるのはごく自然なことである.この考えを**語彙パラメータ化仮説**(lexical parametrization hypothesis)と呼ぶ(Manzini & Wexler 1987).

「学習」が必要な部分を最小限に絞っていく,という考えをさらに推し進めていくと,辞書の内部においても普遍性が色濃く現われている部分と言語によってかなりの変動を許す部分があることに気づく.前述のように,語彙範疇は言語による思考表現の中核になる要素であり,細かい部分での変異は別にして,辞書のこの部門で根本的なパラメータ化が行なわれているとは考えがたい.また,言語獲得のピーク時(およそ2歳から8歳までの期間)における語彙獲得(主に語彙範疇の獲得)の驚くべきスピード(ほぼ1時間につき1語と言われている)を見ても,語彙範疇の獲得が全くの白紙の状態から行なわれるのではなく,もともと生得的に与えられている「可能な概念のリスト」を与えられた音連続と結びつける過程が語彙範疇における語彙獲得の本質であるように思われる(Gleitman & Landau(1994)などを参照).もしそうであるならば,概念と音連続との結びつきは別にして,人間に与えられた「可能な概念」が普遍的であ

る限り，語彙範疇の部門における根本的な言語間変異はまず存在しないと考えるのが妥当であろう．(このことは，言語機能における辞書と何らかの意味で「概念」をつかさどる他の認知機構とのあいだに「交通・相互作用」がある可能性を示唆するが，ここではこの問題には立ち入らない．)

これに対して機能範疇は，今までの議論からも明らかなように，思考表現とはほとんど直接の関係を持たず，もっぱら言語機能内部における計算の駆動力としての役割を担っている要素である．したがって，機能範疇の選択およびその特性に関して変異が存在しても，それは純粋に言語機能内部の問題であり，それを妨げる他の認知機構からの要請は存在しないであろう．

以上の考察をふまえて提案されたのが**機能範疇パラメータ化仮説**(functional parametrization hypothesis)と呼ばれる次の仮説である(詳細は Fukui (1988, 1995)を参照)．

(11) 機能範疇パラメータ化仮説
　　　言語機能におけるパラメータ化(言語間変異)は辞書における機能範疇の領域に限られる．

もしこの仮説が正しければ，一見多様に見える個別 I–言語の諸特性はすべて，いずれにせよ「学習」が必要な辞書の，それもその一部分(機能範疇)に限られ，その結果，言語機能の計算部門の中核部分は真の意味で普遍的であることになる．もちろんこの仮説が説明的妥当性の観点から見て実質的な意味を持つためには，「可能な機能範疇」とその特性に関しての十分に「制限的な」(restrictive)理論が提案されなければならない．次々と恣意的に新たな「機能範疇」を辞書に付け加えていけるような状況では，言語間変異の説明理論を構築するのは不可能である．この意味でも，先に述べた極小モデルの観点からの機能範疇に関する吟味は厳密に行なわれなければならない(具体的な提案としてはたとえば Fukui (1995)を参照されたい)．

辞書に関する今までの議論をまとめてみよう．辞書とは個々の語彙項目に関して，UG および個別 I–言語の諸原則から予測できない特徴のみを指定したものである．これらの諸特徴は「素性」の形で表わされ，したがって，「語彙項目」とは厳密に言えばこれらの素性の複合体に他ならない．辞書で用いられる素性には語彙項目の「意味」を表わした意味素性，「音」を表わした音韻素性，およびその語彙項目の「形式上の」特性を表わした範疇素性などがある．範疇

素性と，派生的に各語彙項目に与えられる(先の議論を参照)他の素性，例えば格素性，φ素性などを総称して**形式素性**(formal features)と呼ぶ．言語機能の計算部門において中心的な役割を果たすのはこれらの形式素性である．

したがって，各々の語彙項目(lexical item, LIと略す)は，次のように素性複合体の形で辞書に記載されていることになる．

(12) LI = {{意味素性}, {音韻素性}, {形式素性}}

形式素性の一つである[±f]の値に応じて辞書は大きく二つに分割され((10)を参照)，[+f]であれば機能範疇，[−f]であれば語彙範疇が定義される．語彙範疇はそれ自身固有の「意味」をもつ要素であり，言語による思考表現において中核的役割を果たし，その諸特徴は基本的に普遍性を保ち言語間変異を許さない．これに対し機能範疇の役割は言語機能の計算部門において駆動力としての機能を果たすことであり，論理形式仲介表示においては一般的に言ってほとんど重要な機能を担わない．言語間変異(パラメータ化)は原則的に機能範疇の領域においてのみ見られるものと思われる((11)を参照)．

以上ごく簡単に極小モデルにおける辞書の一般的特性を見てきたが，次項では辞書から与えられた入力を論理形式および音声形式の仲介表示に写像する役割を果たしている，言語機能の計算部門について説明する．

(b) 計 算 部 門

言語機能の認知システムは，辞書によって与えられた材料(入力)を用いて二つの仲介表示，すなわち論理形式仲介表示における言語表現 λ と音声形式仲介表示における言語表現 π を生成する部門を持っていなければならない．この部門を言語機能の(認知システムにおける)**計算部門**(computational component)と呼び，しばしば C_{HL} (human language computation の意)と略記する．本項では C_{HL} の特徴を概説する．

C_{HL} が行なうことは，辞書から選びとったいくつかの語彙項目を入力にして，それを π と λ の対 (π, λ) に写像することである．C_{HL} への入力となる語彙項目の集まりを**数え挙げ**(**計数列**)(numeration，以下Nと略記する)という．辞書からは「同一の」語彙項目を任意の回数選べるということは明らかである．たとえば「赤い」という語彙項目を2度用いて

赤い 車が 赤い 壁にぶつかった．

と言うこともできるし，thinkという動詞を3回用いて

　　John thinks that Mary thinks that Bill thinks that Harry likes Susan.

と言うことも(もちろん多少不自然ではあるが)可能である(ちなみにこの文では補文標識(C)も3回，時制辞(T)は4回用いられている)．したがって，数え挙げNにはどの語彙項目が選ばれたかという情報とともに，それらが「何回」選ばれたかという情報も与えられていなければならない．語彙項目をLI(もちろん，何度も言うように，これは厳密には素性の複合体である)，それが辞書から選ばれた回数を指標iで表わすと，N＝{(LI, i)}である．そしてC_{HL}はこのNを対(π, λ)に写像する計算的メカニズムである．

　(13)　$C_{HL}: N \longrightarrow (\pi, \lambda)$　　ただし　N＝{(LI, i)}

　さて，この写像C_{HL}には言語機能に特有のいくつかの特性がある．まず第一に，C_{HL}は**派生的過程**(derivational process)である．すなわち，C_{HL}はNに適用され順々に「記号的構成要素」(symbolic elements) σ を生成し，最終的にNを使い切って対(π, λ)にたどりつく過程である(すなわち，$C_{HL}: S = (\sigma_1, \cdots, \sigma_n)$，ただし$\sigma_n = (\pi, \lambda)$)．

　この**派生**(derivation)という概念は，生成文法理論誕生以来の中心的概念であり，人間の言語における言語計算が派生的過程として最も適切に特徴づけられるという主張も，生成文法における「標準的な」主張である．しかしながら，この主張は言語機能に関する経験的仮説であり，当然のことながら異論の余地がないわけではない．事実，このような派生の概念を用いずに，出力となる表示に対する**制約**(constraints)という形で言語機能の特徴を記述しようとする立場も(具体的提案をともなって)いくつか提出されている．ただ，筆者の意見では，これらの研究においてはある現象を派生を用いないでも記述できる，という形の議論は見受けられるが，派生を用いるのは誤りであって出力に課される制約という形でしかある現象は記述できない，というタイプの議論は提出されていないように思われる．

　C_{HL}が派生的過程であるか否かという問題にこれ以上立ち入ることはできないが，この問題を考える上でのポイントとして，N → (π, λ) という写像において，入力と出力を見ただけではわからない，すなわち「中間段階」(intermediate steps)を見なければ捉えられない一般化が存在するならば，派生の概念を用いてC_{HL}の特徴を捉えねばならないだろうし，もしそのような一般化が見受けら

れないようであるならば，それは派生の概念は C_{HL} の特徴を述べるのに不可欠の概念ではないことを示唆するのであろう．この場合，中間段階で表わされている情報を何らかの形で出力としての表示に持ち込むことがないように注意しなければならない．そのような「移し替えの技法」(coding tricks)はしばしば可能であり，そのことをもってして派生の概念を排除したことには決してならないからである．重要なことは C_{HL} において入力と出力以外の中間段階が真の意味で役割を果たしているかどうかを決定することであって，派生という概念(あるいは言葉)を追放することではないのである．以下では C_{HL} が派生的過程であるという想定にたって話を進める．

それでは，C_{HL} は具体的にはどのような操作を含まなければならないのだろうか．まず数え挙げ N から語彙項目 LI を取り出して，他の計算操作がそれを使用できるようにする操作が必要である．この操作のことを**選択**(Select)と呼ぶ(以下では操作の名称には〈　〉をつける)．もう少し詳しく言うと，〈選択〉は，①N からある語彙項目 LI を選びだし，②その語彙項目 LI の指標 i を一つ減じ(たとえば $i=2$ ならば $i=1$ にする)，そして③その LI を派生に送り込む，という操作を行なう．

このようにして派生に送り込まれた語彙項目は，最終的に，すなわち仲介表示(ここでは前に述べた理由により，主に論理形式仲介表示を考える)においてはバラバラの要素として存在するのではなく，全体として単一の**統語的構成物**(syntactic object)を成していなければならない．すなわち，(論理形式)仲介表示において語彙項目が組み合わさって全体として一つの「文」を成しているのでなければ，それを生成した派生は適正ではなく，論理形式仲介表示における表現 λ は素出力条件を満たさず，「解釈不可能」と見なされるのである．したがって，C_{HL} は語彙項目を組み合わせてより大きな，単一の統語的構成物を作り出す操作を含んでいなければならない．この操作を**併合**(Merge)と呼ぶ．〈併合〉の基本的役割は(14)に示したように，二つの統語的構成物(SO)を組み合わせて単一の新たな統語的構成物を作り出すことである．

(14)　〈併合〉: $(SO_i, SO_j) \longrightarrow SO_{ij}$

論理形式仲介表示に課される素出力条件をもう少し詳しく見てみると，〈併合〉はただ単に二つの統語的構成物を組み合わせればよいのではなく，ある特定のやり方で組み合わせを行なわなければならないことがわかる．まず第一に，

論理形式における言語表現λは階層構造を有していなければならず，したがって〈併合〉は階層構造を作り出すように統語的構成物の組み合わせを行なわなければならない．言語表現が単なる記号列ではなく背後に抽象的な階層構造を担っていることは，現在では言語学の入門コースでも必ず論じられるほど確立された事実であるので，ここでこれ以上議論する必要はないであろう．第二に，Xバー理論(第3章参照)において強調されているように，人間の言語における構造は，ある要素を中心にして，それに他の要素をくっつけて，かつその中心的要素の諸特徴を保持する形でさらに大きな要素を作り出す，という方法で形づくられる．Xバー理論の言葉を使うならば(この理論そのものは，極小モデルにおいては独立の原理として存在し得ない)，すべての要素はそれよりも小さな要素の**投射**(projection)として特徴づけられねばならない．特に，論理形式仲介表示においてはそのような投射の最大のもの(**最大投射**，maximal projection)と投射が全く行なわれていない要素(**最小投射** minimal projection, 最小投射はしばしばその句の**主部** head に当たる)の二つが明確に示されていなければならない．論理形式仲介表示に適用される様々な解釈上の諸原理がこれらの概念に言及するからである(詳しくは Chomsky(1995b)を参照)．したがって，〈併合〉は，より小さい要素から「投射」の関係を用いてより大きな要素を作り上げる機能を持たねばならない．第三に，よく知られている「言語の(離散的)無限性」(第2章参照)を説明するためには，〈併合〉は無限の生成力を持たなければならない．すなわち，〈併合〉は繰り返し(原理的には無限に)適用可能でなければならない．

　以上の要請を考慮して，極小モデルでは「統語的構成物」を次のように帰納的・回帰的(recursively)に定義する．

(15) **統語的構成物**
　　　a. 素性(および素性複合体＝語彙項目)は統語的構成物である．
　　　b. 〈併合〉によって作られたものは統語的構成物である．

(16) 〈併合〉
　　　〈併合〉とは次のKを作り出す操作である．
　　　$K = \{\gamma, \{\alpha, \beta\}\}$
　　　ここで α, β は統語的構成物であり $\gamma \in \{\alpha, \beta\}$ である．

すなわち，統語上の原子である素性(複合体)を組み合わせることによって，

〈併合〉は次々とより大きな構成物 K を作り出していくわけである。(16)に関してもう少し詳しく見てみよう。今、α と β という二つの統語的構成物に〈併合〉が適用されたとしよう。(16)における γ は α と β を組み合わせたときにどちらの要素が K の中心的要素（これを K の主部と呼ぶ）になるかを示している。〈併合〉が γ=α を選べば K において α がその主部となり、γ=β を選べば K において β がその主部になるわけである。γ を〈併合〉によって作り出される新たな統語的構成物 K の**ラベル**(label)と呼ぶ。言いかえれば、γ は〈併合〉において α と β のどちらが「投射して」(project) K を作り出すか、すなわちどちらが K の主部になるかを示しているのである。そしてこの〈併合〉の操作を繰り返すことによって、言語機能はいくらでも複雑な統語的構成物を作り出すことができるわけである。

たとえば、いま二つの統語的構成物 α, β が〈選択〉によって派生に送り込まれたとしよう。この二つの要素に〈併合〉が適用されることによって、新たな構成物 K={α,{α,β}} が作り出される（α をラベルとして選んだ場合。言うまでもなく、β をラベルとして選べば K={β,{α,β}} となる）。この K は α の投射であり、α は K の主部である。さらに〈選択〉によって δ が派生に送り込まれたとしよう。K と δ に〈併合〉が適用されることによって、さらに新たな構成物 L={K,{K,δ}} が作り出されることになる（これは K をラベルとして選んだ場合である。δ をラベルとして選べば L={δ,{K,δ}} となる）。〈選択〉によってさらに ζ を派生に送り込み、L と ζ に〈併合〉を適用すれば M={L,{L,ζ}}（L をラベルに選んだ場合）という新しい統語的構成物が L の投射（すなわち、この場合 α の投射）として作り出されることになる。これ以上〈併合〉が適用されず、α の投射がこのレベルで終了すれば、M を α の**最大投射**と呼ぶ。また、〈併合〉の最初の適用によって β と組み合わされた要素(α)を α の**最小投射**と呼ぶ。

ちなみに、上でみたように「主部」という用語はこの最小投射を指す場合と、各々の〈併合〉の適用において投射を起こす要素を指す場合がある（たとえば L={K,{K,δ}} における K）。混乱を避けるために、標準的用法ではないが、前者の意味での主部を**最小主部**(minimal head)と呼ぶことにする。最小主部の**姉妹**(sister)である最大投射をその（最小）主部の**補部**(complement)、また、ある最大投射に直接支配されている他の最大投射を前者の**指定部**(specifier)と呼ぶ（「姉妹」「直接支配」などの構造概念に関しては標準的定義を仮定する）。こ

のようにして，Xバー理論において中心的役割を果たしていた諸概念は，Xバー理論を仮定することなしにすべて保持されることになる．すなわち，極小モデルにおいては，かつて用いられていた句構造規則もXバー理論もいっさい仮定することなしに，〈併合〉という基本演算のみによって，従来の生成文法理論が句構造に関して捉えようとしていた一般化をすべて把握しようとしているのである．

以上見てきたように，〈併合〉は純粋に集合論的操作であり，二つの統語的構成物を組み合わせてより大きな構成物を作り出し，同時にそのラベルを決定する（すなわちどちらの構成物が投射するかを決定する）という最低限の操作しか含んでいない．しかしながら，実際の文献においては，上で述べたような集合論的説明がわずらわしいのと視覚に訴えないためわかりにくいのとで，しばしば従来の**木構造**(tree structure)を用いた記述がなされている．参考のため，上で説明した過程を木構造を用いて示しておく（図4.2）．ただしαの右肩のプライム(α')はαが投射していることを示すために便宜的に用いているもので，Xバー理論における「バーレベル」(bar level)のような概念は極小モデルにおいては認められていない．同様に，$\alpha^{\max}$における max も便宜的な表記であり，最大投射という概念が(Xバー理論におけるように)内在的に定義されているわけではない．また，要素間の左右順序関係(linear order)に関しても〈併合〉は何も述べない．図4.2における表示はあくまでインフォーマルなものであることに留意されたい．

今までみてきた〈選択〉と〈併合〉という二つの操作は，言語機能の働きを述べるために最低限必要な操作であり，極小モデルにおいても十分に正当化され

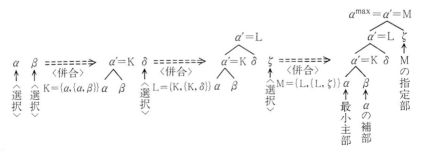

図 **4.2** 〈併合〉のメカニズム

得るものである．もし C_{HL} における計算がこれら二つの基本操作のみによって成り立っているのであれば，言語機能はまさに「完璧な」システムであると言えよう．しかしながら，実際には，人間の言語は論理形式における素出力条件によっては動機づけられないもう一つの操作を含み，その限りにおいて重大な「完璧さからの逸脱」を示している．それが**移動**(displacement)の現象である．

次の三つの例文を見てみよう．

(17) a. **John** was killed ____.
b. **John** seems [____ to be smart].
c. **What** did John buy ____ ?

(17)において太字で示された要素はすべてそれが生起している位置とは別の場所で，すなわち下線部で表わされた場所において解釈されている．たとえば，(17a)における John は動詞 kill の（主語ではなく）目的語として解釈されているし，(17b)において John は，述部 to be smart の主語として解釈されているのであり，動詞 seem とはいかなる意味関係も持っていない．また(17c)で what は動詞 buy の目的語として明確に解釈されているのである．これらの，要素が「発音される位置」とそれが「解釈される位置」との間に存在する，きわめて体系的な乖離が**変換**(transformation)という概念の設定を促したことは前章までに詳述されている通りである．そして事情は極小モデルの枠組みを仮定しても全く変わらない．人間の言語が（ある特定の条件下で）要素の発音と意味解釈を別々の場所で行なう（すなわち移動の特性を有する）ということは疑い得ない基本的事実であり，変換という特定の記述手段を否定しようがしまいが，この基本的事実そのものを否定することはできない．したがって，言語機能に関する理論(UG)は人間の言語が示すこの特性を扱うメカニズムを備えていなければならない．

ところがよく考えてみると，この特性は論理形式仲介表示に課される素出力条件によっても，また「簡潔性・経済性」などによっても正当化され得ない特徴である．たとえば(17)の諸例において，太字で示された要素がそれらが解釈される場所から離れて文頭の位置を占めなければならない，と要請するような条件・原理は論理形式における素出力条件のなかには存在しない．また，「簡潔性・経済性」の条件がこのような，いわば「無駄な」操作を正当化しないことは言を待たないであろう．「移動」の存在は明らかに「完璧さからの逸脱」なの

である．

　ではなぜそのような「無駄な」特性を言語機能は有しているのであろうか．この問題を考えるためには，今まで考慮の外に置いてきた音声形式仲介表示の特性を見てみなければならない．

　言語機能が持つ二つの仲介表示（論理形式と音声形式）およびそこにおける表現（λとπ）を比べてみると，これらが全く異なる特性を有していることは明らかであろう．今まで述べてきた様々な特性（階層構造の存在であるとか最大・最小投射の概念，「c統御」(c-command)などの構造概念の必要性，など）はすべて論理形式表示においてのみ当てはまるものであり，音声形式表示には当てはまらない．音声形式表示においては豊富な階層構造が保持されているとは思われないし，新たな要素が付け加えられたり，存在する要素が消去されたり，隣接する要素と同化したりして，上で考察してきた「数え挙げ」Nから論理形式表示への過程（「N→λ写像」と称することがある）では起こらないことが数多く観察される．これは論理形式表示と音声形式表示が，それぞれ概念・意図システムと調音・知覚システムという二つの異なった運用システムによって規定されていることを考えればごく自然なことである．

　したがって，言語機能は，言語表現の派生の過程で，それまでに作り上げられた構造のうち音声形式表示において機能を果たす部分を音韻過程をつかさどる部門に送り込む操作を含まなければならない．この操作（C_{HL}の一部）を**音声化**(Spell-Out)と呼ぶ．〈音声化〉は，言語が知覚・運動機構と結びついている限り（すなわち言語が「音」を持つ限り）必要不可欠の操作である．この操作は一つの派生につき1回適用され，また派生の任意の段階で適用される．〈音声化〉が全く適用されなかったり，一つの派生において2度も3度も適用されたり，あるいは「間違った」段階で（たとえば〈併合〉がまだ十分構造を作りきっていない段階で）適用されたりすれば，最終的に仲介表示において不都合が生じ，そのような派生は排除されるのである．

　このようにして〈音声化〉によって入力された構造を最終的に音声形式表示に変換していく部門を**音韻部門**(phonological component)と呼ぶ．音韻部門の中味に立ちいるのは本章の趣旨ではないのでこれ以上は述べないが（第2巻参照），この部門内で行なわれる計算操作がN→λ写像において行なわれる計算操作と根本的なところでかなり異なった種類のものであろうことは容易に予想

されよう．ちなみに，〈音声化〉が適用される前の段階の派生を**顕在**(overt)部門，〈音声化〉の後の部分を**潜在**(covert)部門と呼ぶことがある．〈音声化〉適用の前に行なった操作の結果は一般的に音声形式表示において顕在的に示されるのに対して，〈音声化〉の後に行なわれた操作の結果は音声形式表示に反映されないからである．

以上のことを図示すると図 4.3 のようになる．図では〈音声化〉がある決まった段階で適用されているように見えるが，上で述べたようにこの操作は派生の任意の段階で適用される．したがって，音韻部門への入力となる，定められた言語レベル(従来の生成文法理論で言う「S 構造」，S-structure)が存在するわけではないということに留意されたい．

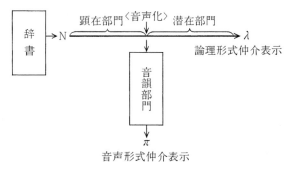

図 4.3 C_{HL} の内部構造

こうして音韻部門の特性を考慮に入れてみると，「移動」という操作が何らかの意味で音声形式表示，すなわち調音・知覚システムの要請によって動機づけられているという可能性を探ってみることには十分意味があると言えよう．論理形式表示に課される素出力条件から移動現象が動機づけられない以上，いずれにせよ N→λ 写像とは根本的に異なる特性を持つことが知られている音韻部門(すなわち音声形式表示およびそれに課される素出力条件)にその動機づけを求めざるを得ないであろう．調音・知覚システムにおける要因によって移動現象を動機づけようという試みは，Miller & Chomsky(1963)による古典的研究以来いくつか存在するが，残念ながら現在の時点ではいずれも示唆の域を出ておらず，この面でのより深い展開は将来の研究に待たなければならない．しかしながら，従来何の疑念も抱かずに仮定されていた，人間の言語における移動現象が(そして上で見たようにそれは確かに人間の言語が有する特徴である)，

実は不思議な驚くべき現象であり，なぜそのような特性を人間の言語が所有するのかを問わねばならないということを研究者に自覚させたという点で，極小モデルの貢献は少なからぬものがあると言えよう．

さてこのように考えてくると，一般的に，言語機能（の認知システム）の本質は，$N \rightarrow \lambda$ 写像において最も純粋な形で保持されているのであって，そこに見られるいくつかの「完璧さからの逸脱」は言語機能が知覚・運動系と接点を持つ（すなわち音声形式表示を持つ）ということから派生されるのではないか，という可能性に思い至る．このことは，音韻部門のプロセスが $N \rightarrow \lambda$ 写像におけるプロセスときわめて異なった特性を示すことや，音韻論において提案されている普遍的原理・法則の多くが構音・知覚上の（その多くは解剖学的な）要因にその基礎を持つことを考えると，あながち根拠のないばかげた考えではないかもしれない．事実，Chomsky(1995b) は C_{HL} の本質は $N \rightarrow \lambda$ 写像において最も純粋な形で現れ，〈音声化〉から音声形式表示に至る過程（すなわち音韻部門）は知覚・運動系の特性が，いわば言語機能に浸食してきた「外部から来る異質の」(extraneous) 体系である，との示唆を行なっている．この主張が正しいかどうかは別として，このような観点から音韻部門に関する最近の理論である**最適性理論**(optimality theory)（詳細は第2巻を参照）が提案している様々な仮説を表記上の変異を捨象したレベルで考察し，極小モデルにおいて提出されている C_{HL} の特性と比較吟味してみるのは，統語論と音韻論の関係を捉えなおす上で有意義なことであろう．

以上，本節では極小モデルにおける UG の内部構成を，特にそこで行なわれる計算的操作とその材料になる辞書に焦点を当てて見てきた．次節では言語機能における C_{HL} 全体を統括する原理である経済性原理に関してごく簡単に述べてみたい．

4.4 経済性原理

極小モデルにおける**経済性原理**(economy principles)を考えるとき，このモデルにおける研究を貫いている，いわば方法論としての「簡潔性」の概念と，はっきりと言語機能における具体的な原理として提案されている「経済性原理」とを区別しなければならない．前者の例としては，たとえば極小モデルにおい

ては計算操作を規定する構造的要因を，主部とそれを取り囲む局所領域(その主部の**最小領域** minimal domain と呼ばれる)に限定しているが，これなども一般的な(かつ直観的な)意味で「簡潔」で「自然」な概念を用いて言語機能という対象を記述・説明しようという意図の現われとみることができよう．さらに，N→λ写像において顕在部門の計算も潜在部門における計算もすべて同質の演算・操作であることを主張した**一様性条件**(uniformity condition)，またN→λ写像においてはNにおいて与えられている情報に何も付け加えてはならない(すなわちN→λ写像における計算はNにおける諸要素の再配列に限られる)とする**包括性条件**(inclusiveness condition)などの背後にも「簡潔性」の指針が働いていると言えよう．これらは，ちょうど，物理学者がなるべく少数の「簡潔」で「自然」な概念を用いて対象に関する理論を作り上げようとする態度と基本的に同一の研究戦略である(4.2節で論じたように，物理学におけるこのような研究上の指針が言語研究に関しても有効であるということは，言語機能が生物現象であることを考えるときわめて驚くべきことである)．

これに対し，極小モデルにおいては，もう少し正確に定義された，言語機能のメカニズムの本質に関する具体的仮説として提案された「経済性原理」が存在する．こちらは，再び物理学とのアナロジーを用いれば，さしずめ解析力学における**ハミルトンの原理/最小作用の原理**[†](Hamilton's principle, principle of least action)にでも対応するものであろう(この点を含む，言語における経済性原理に関しての一般的議論に関してはFukui(1996)を参照されたい)．もちろん，研究上の指針としての「簡潔性・経済性」と具体的な原理・法則として定式化された経済性原理の間に本質的な違いが存在するのかどうかは明らかではないし，両者を常に截然と区別できるわけでもない．直観的な研究上の指針として語られていたものが，研究の進展にともなってはっきりと定式化され，具体的な原理・法則として提案される，というようなことは科学の歴史上しばしば起こってきている．極小モデルにおいても対象(言語機能)に関する理論が深まるにつれて同様の事態が生じるであろうことは十分に予想(期待)され，したがって，上で述べた区別は現時点での便宜的区別であることをお断わりしておきたい．

それでは言語機能のメカニズムを規制する経済性原理とはどのようなものであろうか．現在までに提案されている経済性原理には大別して2種類のものが

ある．仲介表示を規制する表示の経済性とC_{HL}における派生を規制する派生の経済性である．以下，この二つの経済性原理の特質を簡単に見てみよう．

表示の経済性(economy of representation)は，論理形式および音声形式仲介表示における言語表現(λとπ)が，それぞれの運用システム(概念・意図システムおよび調音・知覚システム)によって「解釈可能な」要素のみによって構成されていることを要求する原理である．この原理によれば，言語機能の認知システムはそれが接する二つの運用システムに対して「最適な」(optimal)形で入力を提供しなければならない．すなわち，仲介表示における言語表現(λとπ)は完全に解釈可能な構成物でなければならないのである．この意味で表示の経済性は**完全解釈の原理**(principle of full interpretation, FI)とも呼ばれ，以下ではこの名称を使用することにする．そして，ある派生Dが完全解釈の原理を満たす表現λを生成するとき，Dは**論理形式において収束する**(converges at LF)と言い，またDが完全解釈の原理を満たす音声形式表現πを生成するとき，Dは**音声形式において収束する**(converges at PF)と言う．派生Dが論理形式および音声形式両方で収束するとき，Dは**収束する**(converges)と言う．派生Dによって生成される仲介表現(λあるいはπ)が完全解釈の原理を満たさないとき，Dは(論理形式あるいは音声形式において)**破砕する**(crashes (at LF/PF))と言う．概念・意図システムおよび調音・知覚システムという二つの運用システムにとって完全に解釈可能な仲介表現を提供できない限り，派生は収束できず，仲介表示において衝突を起こして砕け散ってしまうわけである．

では論理形式および音声形式表示においてはどのような要素が「解釈可能な」要素なのであろうか．この問題は，概念・意図および調音・知覚システムの特性を考慮して経験的に決定されなければならないのだが，現在のところ，この二つの運用システムに関する包括的な理論が存在しない以上，決定的なことはあまり言えない．しかし現時点においても概略次のことだけは言えるであろう．4.3節(a)で，個々の語彙項目LIは意味素性，音韻素性，形式素性の複合体として捉えられると述べたが((12)を参照)，これらの素性のうち，論理形式においては意味素性は解釈可能であり，音韻素性は解釈不可能である．逆に，音声形式においては音韻素性は解釈可能であり，意味素性は解釈不可能である．このことは，論理形式および音声形式という仲介表示が接している運用システムの性格からいって明らかであろう．したがって，〈音声化〉は音韻素性を音韻部

門に送り込まねばならず，逆に意味素性には手をつけずに論理形式に向かう派生に残しておかなければならない．

　形式素性に関しては，事情は意味素性や音韻素性ほど簡単ではない．というのは，形式素性の多くは論理形式表示においても音声形式表示においても解釈不可能であると考えられるからである．(本当は，仲介表示において「解釈可能」な形式素性とそうでないものの間には興味深い関係が成り立ち，それに応じて素性体系および計算のメカニズムに関していろいろと面白い提案がなされているのだが，それらを詳しく説明することは本稿の範囲を超えることになるのでここでは省略する．)たとえば，格素性，ϕ素性などは意味解釈に直接関与しないし，音形を持たないことも多いので，論理形式，音声形式仲介表示においては解釈不可能な存在であろう．そうであるならば，これらの形式素性は仲介表示に至るまでの派生において削除されねばならない．もしこれらの素性が仲介表示において残っていればその表示は完全解釈の原理に違反し，それを生成した派生は収束できないことになるからである．

　形式素性を削除する(もう少し正確に言えば仲介表示において「見えなく」(invisible)する)ための C_{HL} におけるメカニズムが**素性照合**(feature checking)と呼ばれるメカニズムである．そして，このメカニズムこそが4.3節(b)で述べた「移動」という現象を引き起こす駆動力なのである．そして，4.3節(a)で触れたように，素性照合において中心的役割を果たすのが機能範疇である．ある機能範疇がある指定された形式素性を持つとき，同一の形式素性を持つ要素をその近傍(先に述べた最小領域)に引きつけて素性のチェック(照合)を行ない，チェックされた素性は(専門的な意味で)**削除**(delete)される．これが素性照合の基本的メカニズムであり，この素性照合の要請によって移動が引き起こされるわけである．

　この考えに基づいて，極小モデルにおいては移動現象は機能範疇による**牽引**(Attract)という操作として定式化されている．(「牽引」という言葉は引きつけるものと引きつけられるものとの間に物理的接触があること，および現象・行為に持続性があることを(少なくとも筆者の語感では)含意するので "Attract" の訳語としては理想的ではないが，他に適当な訳語が思い浮かばないのでこれらの含意を捨象した上で「牽引」という言葉を用いることにする．)細かい形式上の問題に立ち入らずに大まかに言えば，ある機能範疇 X がいまだチェッ

クされていない形式素性 F を持つとき,同一の素性 F を持つ要素を探し出して,F の照合のために自分(X)の近傍に引きつける,そして引きつけられた要素は自分の元の位置にコピー(痕跡,trace)を残し,その引きつけられた位置で〈併合〉によって構造に組み込まれる.素性 F は照合とともに「削除」される.これが移動現象のメカニズムである.機能範疇として C(補文化辞),素性 F として [+wh] をとった場合の例を図 4.4 に挙げておく.

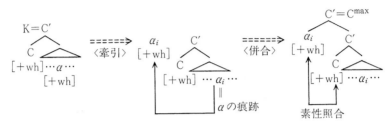

図 4.4 〈牽引〉のメカニズム

この操作によって,たとえば上で見た What did John buy?(17c)のような移動現象が生じるのである.機能範疇を T(時制辞),素性 F を格素性(主格,nominative)と取れば,同様の〈牽引〉の操作によって(17a, b)のような例を説明できる.

本稿ではこの〈牽引〉という,極小モデルにおいて重要な役割を果たす操作についてこれ以上細かい点は論じられないが(話が非常に技術的になるので),派生の経済性との関連においてどうしても述べておかなければならない点が一つある.**派生の経済性**(economy of derivation)原理とは,大まかに言えば,適正な言語表現(仲介表現)は単に,収束する派生によって生成された対 (π, λ)(すなわち表示の経済性(完全解釈の原理)を満たす対 (π, λ))ではなくて,収束する派生のうちで「最も経済的な・最適な」(most economical/optimal)派生によって生成されたものでなければならない,とする原理である.もちろん,言語機能においてどのような要因がその「経済性」を決定しているかは経験的な研究によって決定されなければならないし,その探究はこれからの極小モデル構築において中心的課題になるものだが(次節を参照),この派生の経済性原理の特質が最も顕著に現われるのが〈牽引〉という操作においてなのである.

まず第一に,〈牽引〉は〈選択〉,〈併合〉などの操作と異なり,素出力条件に照らして必要不可欠な操作ではない(上述の議論を参照されたい).あくまでも,

素性照合という言語機能内部のメカニズムによって要請される操作である。したがって，〈牽引〉の適用そのものが言語計算によぶんなコストを与えるものと言えよう。〈牽引〉は，適用しなくてすむのであれば適用しない方がよいのである。すなわち，〈牽引〉は，それが適用されなければ派生が収束しないとき，かつそのときにのみ適用が許されるのである。派生の経済性から導き出される，〈牽引〉に対するこの性格づけを**最後の手段の原理**(last resort principle)と言う。

次に，〈牽引〉は最後の手段の原理によってその適用がきびしく制限されるのみならず，実際に適用が許される場合でも一種の**最小性**(minimality)とでも呼ぶべき経済性原理によって適用の仕方が規定されている。たとえば，ある機能範疇 X が F という形式素性を有し，同一の素性 F をもつ要素を素性照合のために引きつけようとしたとしよう。そのとき，もし素性 F をもつ要素が複数個存在するならば，〈牽引〉はそれらのうち最も X に「近い」要素にしか適用され得ないのである。図 4.5 を参照されたい。

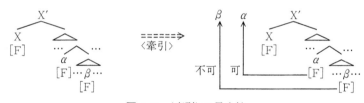

図 4.5 〈牽引〉の最小性

〈牽引〉のもつこの最小性は，従来**相対化最小性**(relativized minimality)の名のもとに，現象としてはよく知られていたものである（第 3 章参照）。機能範疇が C で素性が[+wh]のときは，いわゆる **wh 島制約**(wh-island constraint)の場合であるし，機能範疇が T で素性が格素性（あるいはそれと関連した素性）のときは**超繰り上げ構文**(superraising)に該当する（詳しい点に関しては第 2, 3 章を見られたい）。

今まで述べた二つの条件以外にも，〈牽引〉に関してはいくつか経済性にまつわる条件が観察されているが，ここでは省略する。ただ，派生の経済性が示す「効果」が主に〈牽引〉において顕著に見られるという事実は，決して偶然ではなく，言語機能が持つこの操作が運用システムからの要請によって生じたものではなく，その意味で言語機能の「完璧さからの逸脱」を示すものであることと，おそらく深いところで関係しているのであろう。

本節では，ごく簡単に表示の経済性と派生の経済性という二つの経済性原理を論じた．これらの経済性原理のうち表示の経済性(完全解釈の原理)のほうは，仲介表現における諸要素がすべて運用システムにとって解釈可能なものでなければならないというごく「自然な」原理であって，言語機能の認知システムが送り出す出力が，この「自然な」原理に従うことそのものへの驚きはあっても(4.2節参照)，原理自体の特性については(少なくとも認知システム側から見るかぎり)比較的疑問の余地は少ないと思われる．これに対して，派生の経済性については，その存在基盤を「外側に」，すなわち運用システムに求める理由はなく，もしこの経済性原理が成立するとすれば，それは言語機能の認知システムに関する驚くべき発見であるということになろう．さらに，表示の経済性の場合と異なり，派生の経済性に関しては「最適な派生とは何か」というこみ入った問いに正確な答を与えねばならず，このことは必然的に「言語計算におけるコスト」の一般的理論の構築にわれわれを導いていくであろう．極小モデルにおける「経済性」の研究は，⟨牽引⟩が示す諸特性を視野に入れながら，派生の経済性原理をより豊かに，深く，かつ実質的内容をともなう形で正確に定義していくことを求める方向で進んでいくであろう．

4.5 言語の科学は可能か

本章では，生成文法理論が現在構築しつつある極小モデルについて，その基本的な考え方および方法論に焦点を当てて説明してきた．説明にあたっては，包括的あるいは網羅的であることは一切目指さなかったし，直観的理解を重視したので，記述の詳細においては不正確な部分が多々生じることは避け得なかった．網羅的な説明を目指さなかったのは，極小モデルのような現在進行中の研究活動を論じるにあたっては，使用されている(あるいは提案されている)概念や術語をなるべく多く紹介しようとするよりも，実際にその枠組みにおける研究を導いている考え方の理解に重点を置いたほうが，結局はモデル全体の理解につながると考えたからであるし，記述にあまり厳密さを要求しなかったのは，今述べた理由と，技術的な部分に立ち入るのを極力避けようとしたからである．また，本章における極小モデルの説明は，あくまでも筆者の解釈によるものであり，「標準的」な見解(そのようなものが存在するのかどうか定かでは

ないが)とはいくつかの点で異なっていることもお断わりしておきたい．

ここで，繰り返しになるが，極小モデルにおける基本的発想法をまとめておくと次のようになる．まず，言語機能(の認知システム)は他の認知機構のなかに(その自律性をあくまでも保ちながらも)埋め込まれており，少なくとも(言語が「意味」と「音」を持つ限り)概念・意図システムと調音・知覚システムという二つの運用システムと接点(すなわち交通)を持ち，これらのシステムに入力(言語機能からみれば出力)を送り込まなければならない．したがって，これらの運用システムとの接点になるレベル(仲介レベル)の特性は，運用システムによって「解釈可能」でなければならないという意味で「外側から」規定されている．次に，現在までの生成文法理論における経験的研究が強く示唆するところによると，言語機能は(なぜそうなのかはよくわからないが)「簡潔」で，「エレガント」で「自然」なシステムであり，言語機能における表示および計算は根本的なレベルにおいて「経済性」の条件に支配されている．極小モデルとは，これらの，言語機能が認知機構のなかに埋め込まれており，また他の認知システムと「交通」(相互作用)を持つという「事実」と，言語機能が深い意味で「最適性」の原理に支配されているという(経験的研究に基づく)「直観・見通し」とに立脚して，他のよぶんな要素を入れずにどこまで言語機能の本質に迫れるかを問う研究プログラムなのである．

このプログラムを推し進めていくことによって，今まで問題にもならなかったことが新たな興味深い問題として現われてきたり，従来の枠組みで一応の，表層的な「説明」を与えられていた現象に対して，より深い説明を求めざるを得なくなったりすることがしばしば起こることになる(実際に言語研究をしていく上で極小モデルが持つ最大の利点は，このような従来行なわれていた「擬似説明」が許されず，「真の」説明に向けて研究者を強制するところにあるといっても過言ではない)．以下，極小モデルにおいて現在論議されている問題のうちのいくつかを取り上げて，それらの問題の本質とこれからの方向に関して簡単に論じてみたい．

まず前節で述べた派生の経済性だが，この問題は極小モデルにおける中心的課題として今後も存在しつづけると思われる．派生の経済性原理とは，収束する派生のうちで最も「経済的」で「最適」なものが実際の派生として選ばれねばならないとする原理だが，この原理が実質的な意味を持つためには(前節で

も述べたように）言語計算における**コスト**(cost)の概念が正確に定義されねばならない．派生におけるよぶんなステップは許されず，一つ一つのステップは「最小」でなければならない，とするのがおおよそ現在での理解だが，何をもって「ステップ」と数えるのか，ステップにおける「最小性」を決定するときの「距離」をどう定義するか，さらにステップの数を最小に抑えるという要請とそれぞれのステップを最小にするという要請がぶつかったときにどのような事態が生ずるのかなど，これから煮詰めていかなければならない問題は数多く存在する．

　コストの概念を正確に定義することと並行的に派生の経済性原理に関して考えねばならないことは，「いかにして」最適派生を決定するかという「手順」(procedure)の問題である．今までの，派生の経済性に関する議論においては，しばしば「より経済的な派生がそれよりも非経済的な（すなわちコストが高い）派生を阻止する」というような言い方がなされることがあった．すなわち，異なった派生間の比較を含意しているような言い方である．また，同一の派生においても，かなり「先の方」において非経済的な（よぶんな）ステップを生じさせるのでこの操作は許されない，というような説明がなされることもあった．もしこのような**大域的**(global)な情報が派生の最適化において要求されるのであれば，計算量理論†において示されているように，最適派生の決定にはたいへんな複雑性が生じ，ヒトの脳のなかで行なわれている計算のモデルとしては（おそらく）失格ということになるであろう．このような事情から，現在の極小モデルにおいては，派生最適化はすべて**局所的**(local)な情報に基づいてのみ行なわれるとする考え方が有力である（Chomsky(1995b), Collins(1997)などを参照）．

　このアプローチは基本的なところでは正しいと思われるが，いくつか疑問がないわけではない．まず，これらの議論では，派生において（あるいは派生における統語的構成物において）何が「局所的」情報で何が「大域的」情報であるのか厳密な定義が与えられていないし，加えて，どのような「大域的」制約がどの程度の「計算上の複雑さ」(computational complexity)を生み出すのかという点に関しても十分な考慮がなされていないように思われる．それゆえ，議論が精密さを欠き，直観的な意見の表明に終始している印象を受ける．仮に派生の経済性が文字通りすべて局所的制約に還元されたとしよう．それは，すな

わち，言語というシステムが実は「つまらない」(trivial)，あまり豊富な内容を持たないシステムであることを意味しはしまいか．筆者の意見では，最適派生の決定においては真の意味での計算量の問題（いわゆる計算量の指数関数的増大，exponential blow-up）は生じないが，そうかといって完全に局所的（上でも言ったようにこの語の定義にもよるが）制約にすべてが還元されてしまうわけでもなくて，むしろその「中間」のところ（計算量理論で言う $\mathcal{NP}$ のクラス†）で派生の最適化が行なわれていて，そのことが派生の経済性原理を興味深い問題にしている理由であると思う．派生の経済性原理の「局所化」を推し進めることによって，極端な計算量上の問題を回避することはもちろん重要だが，同時にどうしても「局所化」できない部分にも光を当て，その部分が言語の**使用可能性**(usability)とどのように関わっているかということも深く考えてみるべきだと思う．

　派生の経済性に関しての，もう一つの大きな問題は，この原理が今まで生成文法理論において提案されてきた様々な**局所性条件**(locality conditions)をどこまで含むことができるかという問題である．前節で見たように，ある種の局所性条件，すなわち従来「相対化最小性」で取り扱われていた類の局所性は，すでに派生の経済性原理によって説明が可能となっている．それでは他の局所性条件，特に**障壁**(barrier)**理論**（第3章参照）によって取り扱われていた局所性も派生の経済性原理によって説明可能であろうか．障壁理論は「L標示」(L-marking)という，主部とその補部の間に存在するきわめて局所的な関係を基にして組み立てられており，その限りでは，極小モデルにおいて必ず排除されなければならない特性を持ったシステムというわけではない．しかしながら，ある種の局所性は派生の経済性原理によって扱い，他の種類の局所性は障壁理論で取り扱うというのは，いかにも「無駄」であり，理想としては，独立の根拠を持つ派生の経済性原理にすべての局所性条件を還元したいところである．この問題に関しては，いくつかの試みがあるものの，現在のところまだ手つかずの状態と言ってよいであろう．

　障壁理論に関してはもう一つ大きな経験的問題が存在する．Huang (1982)以来，障壁理論で扱われている類の局所性条件は，顕在移動過程は規制するが潜在移動過程には適用されないことが知られている．すなわち，〈音声化〉以降に適用される〈牽引〉（潜在移動）には，障壁によって定義される局所性が見られな

いのである．この事実を説明することは 1980 年代から現在に至るまで生成文法理論の大きな研究課題であったが，残念ながらいまだ説得力がある説明は提出されていない．Chomsky(1995b) は，〈音声化〉のあとに適用される〈牽引〉(潜在移動)はその純粋な形を保っており，したがって当該の素性のみを引きつけるが，〈音声化〉の前に適用される〈牽引〉(顕在移動)はその出力が音韻部門に送り込まれるため，音声形式仲介表示に課される素出力条件によって，当該の素性のみならずそれを含む全体の範疇を引きつけてしまう，と論じている．たとえば，wh 移動の場合ならば，wh 要素が〈音声化〉の後で〈牽引〉によって移動するのであれば当該の wh 素性のみが移動するのに対し，もし移動が〈音声化〉の前に起こるとすれば，その場合は wh 素性だけでなくそれを含む範疇全体が移動することになる(wh 素性のみを発音することはできない)．もし Chomsky のこの示唆が正しければ，障壁理論における局所性条件は「範疇移動」のみを規制して，「素性移動」は規制しない，という形で問題を言いかえることができるであろう．それではそれはなぜか，という問いにはまだ答が出ていない．

顕在移動と潜在移動については比較統語論上の重要な問題がある．例として wh 移動を挙げると，英語のような言語においてはこの操作が顕在部門で(すなわち〈音声化〉の前に)行なわれるのに対し，日本語などでは顕在部門での wh 要素の移動は存在しない．このような，ある操作が〈音声化〉の前で適用されるのか，それとも後で適用されるのかという点に関する言語間変異の説明は，**強素性**(strong feature)という概念を用いて現在行なわれている．しかし，この「強素性」という概念には疑わしい点が多く，それを用いた説明も恣意的に感じられることがしばしばある．個人的な意見としては，「強素性」という概念は廃棄されるべきであり，顕在・潜在移動に関する言語間変異は全く異なった観点から説明されるべきであると思う．そしてそのときには，「潜在移動」という概念そのものの存在理由も批判にさらされることになるであろう．

言語における要素の(左右)**順序関係**(linear order，線条性)の位置づけも極小モデルにおける未解決問題である．音韻部門において要素間の(左右)順序関係が重要な役割を果たしていることは疑い得ないが，N→λ 写像においてはどうであろうか．Kayne(1994) は要素間の階層関係が一意的に(左右)順序関係を決定するという原理(**線条性対応公理**，linear correspondence axiom，LCA)を提案し，これによって**主部パラメータ**(head parameter) (第 2, 3 章参照)を含

む,順序関係に関するすべてのパラメータの廃止を主張している.Chomsky (1995b)は線条性対応公理(の改訂版)を音韻部門の原理とすることを提唱し,$N \rightarrow \lambda$ 写像においては順序関係は一切役割を果たしていないことを示唆している.これに対し,Fukui & Saito (1996)は**随意移動**(optional movement)の特性と分布を正しく記述するためには順序関係を考慮に入れることが不可欠であることを示し,主部パラメータを〈併合〉の定式化に組み込むことを提案している.もしこの提案が正しければ(〈併合〉は $N \rightarrow \lambda$ 写像における中核的演算・操作なのだから),順序関係は $N \rightarrow \lambda$ 写像においても重要な役割を果たしていることになる.

「順序関係は $N \rightarrow \lambda$ 写像においては定義されていない」という Chomsky の示唆の背後には,(左右)順序関係は知覚・運動(sensori-motor)システムの持つ特性であって C_{HL} の中核的部分はそのような特性を有していない,という考えがあるように思われる.この考えは確かに納得がいくものではあるが,他方,抽象的な関係としての順序関係は,たとえば言語との親近性がしばしば指摘される自然数の体系にも見られるものであるし(自然数を規定する順序関係を知覚・運動システムに帰着させるのはかなり無理があろう),言語における順序関係をこのような「概念的な」(conceptual)議論のみで否定することはできないと思われる.C_{HL} における順序関係の位置づけは,あくまでも経験的研究を通して決定されねばならないだろう.

以上,現在の極小モデルにおいて論議されている諸問題のうちのいくつかを思いつくままに簡単に述べてきたが,他にも興味深い問題は山積しており,これらの問題に正面から取り組むことにより,次の大きな理論展開の基礎となるような研究が蓄積されていくものと期待される.極小モデルは,ある意味では,今までに積み重ねられてきた生成文法研究の成果をすべて新たな観点からとらえ直す作業を研究者に強いており,これからも,忘れさられていた過去の研究が思いがけない形で復活し,今まで解けなかった問題を解決するのに力を発揮する,というような事態が起きたりもするだろう.いろいろな意味で,理論言語学という分野は,いま面白い時期にあると思う.

さて最後に,この節のタイトルとして掲げた問いを考えてみよう.言語の科学は可能か.この問いは「科学」という語をどう解釈するかに応じて様々に答えることができよう.もしこの問いが,いわゆる「科学的方法」は言語を研究

するにあたって有効な方法か，という程度の問いであるとしたら，それに対する答は，19世紀および今世紀における言語学の進展・成果によって，すでに肯定的に出されていると言ってよいであろう．

それに対して，この問いをもう少し狭くとって，言語を対象として（物理学において達成されたような）説明理論を構築することは可能であろうか，という問いとして解釈するならば，それに対する答はまだ出ていないと言わねばならない．もちろん生成文法理論は，その誕生当初から，この問いに肯定的に答えることを，長く存在する言語研究の歴史上おそらく初めて究極の目標として掲げ，現在までの生成文法理論の成果，および現時点での極小モデルの展開は，言語を対象とした説明理論の可能性に対してわれわれを楽観的にさせるのに十分であると言えよう．しかし，しばしば Chomsky が言うように，われわれの分野はいまだに「Galileo 以前」の状態にあり，物理学を中心とした自然科学が経験した「科学革命」は，残念ながら言語学においてはまだ起こっていないのである．筆者の感じでは，極小モデルは，その来たるべき「革命」（すなわち説明理論の構築）の直前の段階であるような気がする．どの部分で，どのような形で「突破口」(breakthrough)が開ければ説明理論に手が届くのかが，おぼろげに見えてきたような感じがあるからである．

実際に筆者が頭に描いている領域はいくつかあるのだが，そのうちで一番重要なのは何といっても「派生の経済性」であろう．言語機能における派生の経済性原理の本質が明らかになったとき，言語の説明理論がその全貌を現わすことになるだろう．そのとき得られる言語の説明理論はどの程度「深い」ものになるであろうか．正直な話，この点に関しては筆者は多少懸念を抱いている．それは，対象の本質，すなわち言語が**離散システム** (discrete system)であるということから来る懸念である．物理学があれほどの成功を収めたのは，経験的要請が微積分学という新たな数学上の手法の発見を促し，その後も数学における関連分野と物理学における経験的研究とが相互に刺激し合いながら発展してきたからである．しかし，これは物理学の対象が（一般的に言って）連続体であるからこそ可能であったのであって，残念ながら，離散系を扱う数学と経験科学が同様の経緯をたどって深い説明理論に至ったという例はないように思われる．もちろんこれは離散系を扱う数学が比較的後になって発展してきたせいかもしれないし，また「数学化」（もちろん単なる「形式化」のことではない）が

説明理論構築のための必要条件であると言うつもりもないが，離散系をそのままに扱うと「深い」結果が出にくいということも事実であるように思われる．

そしてこの懸念は，派生の経済性原理を「局所化」しようとする最近の動きを見るとますます強まるのである(前節の議論を参照)．それでは理論を矮小化させないためにはどうしたらよいのか．一つの可能性(あくまで可能性であるが)は，言語という離散システムを何らかの形で連続体と結びつける方法を発見することだと思う(この点に関しては第1巻第4章の著者の見解も参照されたい)．考えてみれば，数学における「深い」発見(定理)は，離散的なものを思いがけない形で連続的なものに結びつけたものが多い．言語と関係が深い(であろう)数論の分野で言えば，素数という「離散的な」存在と対数関数という連続的に変化するものを結びつけた「素数定理」であるとか，有限体の代数多様体という全く「離散的な」存在に連続的な(トポロジカルな)構造が埋め込まれていることを主張した「Weil予想」など，重要な数論上の成果でこの特徴を持ったものは数多いのである．もし言語機能と「数機能」が深いところで結びついているとしたら(4.2節を参照)，具体的にどのような方法によるかはまだわからないが，思いがけない形で派生の経済性が何らかの連続体に結びつけられるのではないか．そして言語機能の他の部分に関しても同様なことが起こり，その結果，数論で蓄積された膨大な成果のうち言語機能に関わる部分が利用可能になるのではないか．これが，現在筆者がぼんやりと心に描いている夢であるが，少なくともこのような方向で考えを進めるほうが，やみくもに派生の経済性を(表面上)「局所化」しようとするよりは期待が持てる気がするのである．

いずれにせよ，歴史上初めて言語の説明理論構築を目指して突き進んできた「生成文法の企て」(generative enterprise)は近い将来正念場を迎えることになろう．本章の冒頭に掲げた言葉は，C. F. Gauss と19世紀数学との関係について高木貞治が述べたものである．Gauss ならぬ Chomsky という，生成文法理論をほとんど独力で創始し，過去40年間にわたって常にその第一線で「生成文法の企て」を引っ張ってきた，(他の分野においてもほとんど類をみない)「大英雄」抜きで理論言語学が進まなければならなくなる日が来るのも，そう遠いことではないであろう．そのとき，本章をお読みになった読者の中から大小の「英雄」が現われて「生成文法の企て」を推し進めてくれるのを願って，筆を置きたいと思う．21世紀の理論言語学に「暗黒時代」をもたらさないようにす

るのは，われわれの世代の責務であろう．

（謝辞：武田和恵，原田かづ子，藤村靖の三氏には本章の原稿をていねいに読んでいただき，多くの有意義なコメントをいただいた．ここに記して感謝したい．）

第4章のまとめ

4.1　極小モデルとは(1)ヒトの言語機能が他の認知機構のなかで占める位置と，(2)一般的な「経済性・最適性」の条件とを考察することによって，どこまで言語機能の本質に迫れるかを問う研究プログラムである．

4.2　言語機能は「意味」をつかさどる概念・意図システムと，「音」をつかさどる調音・知覚システムという二つの運用システムに入力を送り込まねばならず，したがって論理形式と音声形式という二つの「仲介表示」を持たなければならない．

4.3　言語機能の特性は，これら二つの仲介表示に課される「素出力条件」によって部分的に規定される．

4.4　言語機能とは，その内部において供給される材料を用いて仲介表示を作り出すシステムであり，したがって，材料を供給する「辞書」とそれを仲介表示に写像する「計算システム」とを持っていなければならない．

4.5　辞書の内部は大まかに言って「語彙範疇」と「機能範疇」に分かれ，このうち言語間の変異を許すのは機能範疇のみである．

4.6　計算システムは派生過程としてとらえられる．

4.7　計算システムにおける演算・操作としては，計算の素材を選びとる〈選択〉，句構造を作り出す〈併合〉，移動を引き起こす〈牽引〉，および知覚・運動野に入力し音声形式表示を生み出す〈音声化〉がある．

4.8　言語機能の働き全体が「経済性」の条件に従っており，具体的な原理としては仲介表示を規制する「表示の経済性」と計算システムそのものを規制する「派生の経済性」が提案されている．

4.9　表示の経済性は「仲介表示は運用システムにとって解釈可能な要素のみによって構成されていなければならない」とする完全解釈の要請であり，派生の経済性は「仲介表示を生み出す派生は最も経済的で最適なものでなければならない」とする最適派生の要請である．

4.10　もし極小モデルの基本的想定が正しければ，言語機能とは生物学的現象としては他に類をみない，エレガントなシステムであることになる．

用 語 解 説

本文中で十分説明できなかった用語について解説し，本文の該当箇所に†を付けた．

確定主義的方法 文の解析において，いったん決定した構造は必ず出力の一部とする方法．つまり，解析の過程で，いったん決定した構成素構造を，その後の解析の結果により取り消したり，未決定のまま二つ以上の解析の可能性を並列しておき，後にその一つに絞り込む，などの操作を含まない解析の方法である．Marcus(1980)の解析器(parser)は，文法と文法解釈機構からなり，解釈機構はこのような確定主義的方法で解析する．左から右に順次読みとった単語に，文法知識を用いて構造を与えるが，記憶装置の中には，読みとった単語や，構造が一部決定された構成素を，三つを上限として蓄えておくことのできるバッファがある．

計算量理論($\mathcal{P}$と$\mathcal{NP}$) 帰納的関数論に代表される古典的な計算の理論は，「計算可能性」を中心にしたものであるが，さらにそれに「どの程度の計算コストで計算可能か」という考察を付け加えたものが20世紀後半になって発達してきた計算量理論である．計算量は普通，計算手順を完遂するために必要なステップ数(時間計算量)と，その計算手順を完了するために必要な記憶単位数(空間計算量)とによって計られる．ある問題の計算量の一般的かつ形式的な定義は主としてチューリング機械によって与えられるが，決定性チューリング機械によって多項式時間内に解ける問題のクラスを$\mathcal{P}$で表わし，非決定性チューリング機械によって多項式時間内に解ける問題のクラスを$\mathcal{NP}$と書く．

$\mathcal{P}$と$\mathcal{NP}$という二つの計算量のクラスが特に重要なのは，$\mathcal{P}$のクラスが「実際上解ける」問題の特性を規定している，と考えられているからである．すなわち，ある問題が$\mathcal{P}$に属さないということは，その問題が「実際上は」解くのが非常に困難である，ということを意味している．経験的に解くのがむずかしいと知られている問題のいくつかは$\mathcal{NP}$のクラスに属しているが，それらが$\mathcal{P}$に属しているかどうかはわかっていない．じつは，$\mathcal{P} \subseteq \mathcal{NP}$は自明であるが，$\mathcal{P} = \mathcal{NP}$かどうかはわかっていない($\mathcal{P} \neq \mathcal{NP}$であるとほとんどの研究者は信じているが)．(この問題にさらに興味のある読者は竹内外史(1996)：『$\mathcal{P}$と$\mathcal{NP}$: 計算量の根本問題』日本評論社，などを参照されたい．)

構造の二重性 人間の言語は，人間以外の動物の伝達システムとは異なる重要な特性として，二重構造あるいは二重分節の特性を持っている．例えば，単語は形態素の配列

からなる(形態素とは意味を持つ最小の単位,例えば singer の sing と er).また,形態素 sing は音素 /s/+/i/+/ŋ/ という下位要素の配列からなっている.このように単一の言語表現が,意味単位としての形態素の配列(あるいは句における語の配列)に分節されると同時に,音単位としての音素の配列にも分節されることを構造の二重性という.

恣意性 F. de Saussure 以来,言語記号とその指示物との間には必然的な関係がないことが言語の一般的な特性とされる.「いぬ」という動物を指す表現(犬や dog や Hund など)が言語により異なるように,音声象徴などを除けば,言語表現は指示対象と恣意的な関係しか持たない.C. S. Peirce は,指示するものと指示されるものの関係から,記号をアイコン(icon),インデクス(index),シンボル(symbol)の三つに分けた.アイコンは,キリスト像が描かれた踏み絵がキリストを意味する場合のように類似関係がある場合,インデクスは,風見鶏の指す方向と風向きのように直接的対応関係が存在する場合,シンボルは,交通標識や言語記号のような,約束に基づく関係しか持たない最も抽象的な記号である.

習慣形成 日常的行動で反復されるものが十分に習得され,特定の文脈や状況などで自動的に遂行されるようになること.言語においては,過剰学習された習慣が,必要な場面で無意識的に触発されるようになるという考え方.しかし,挨拶など一部の交感的(phatic)言語使用を除き,習慣形成により文法獲得が可能であるとはとうてい考えられない.ただし,構造言語学で用いられる「習慣」という用語は,明確に規定されたものではなく,新しい発話を作り出す仕組みの「獲得」も含意することがある(Chomsky 1965).

生成文法・変形文法 生成文法とは広義には,形式と意味との無限な結びつきを演繹的な規則体系で説明しようとする文法理論一般を指す.狭義には N. Chomsky が提唱する生成変形文法理論(generative transformational grammar)のことを指す.生成変形文法の初期理論(第 1 次認知革命期)では「変形規則」の比重が大きかったので,変形文法(transformational grammar)と略称されることがある.その後,文法理論の中で占める変形規則の比重が軽減するのに伴い変形文法という呼び方は避けられ,生成文法(generative grammar)とか生成理論(generative theory)と呼ばれるのが普通である.

転移性 人間の言語を動物の伝達システムと区別する特徴として,構造言語学では,時間や空間を越えてアイデアや事実を伝えることができる点を挙げている.例えば,人間の言語は,他の場所で会う約束をしたり,未来形により未来の夢について語ったり,仮定法により架空の出来事を述べたりすることもできる.(本叢書第1巻第1章の「超越性」参照)

ハミルトンの原理 自然が「簡潔さ」を好み，ある種の経済性原理に支配されているらしいという認識は，古くは紀元1世紀のHeronによる(光の経路に関する)「最小距離の原理」以来，多くの科学者によって様々な形で表明されてきたが，力学的現象一般に適用される原理として提出されたのは，おそらくP. Maupertuisによる「最小作用の原理」が最初であろう(幾何光学におけるフェルマーの原理は重要な先行例である)。Maupertuis による最小作用の原理は，形而上学的含意を色濃く持ち，また数学的にも物理学的にも不正確な部分を多く含んだものであったが，それを精密化し，もっと正確で適用範囲の広い一般原理として定式化したのが L. Euler, J. L. Lagrange, および W. R. Hamilton である．

ハミルトンの原理とは，きわめて大まかに言えば「時刻 t_1 に $r_1(t_1)$, t_2 に $r_2(t_2)$ をとる質点系の運動は，作用積分と呼ばれる量が極値(典型的には最小値)をとる運動である」とする原理であるが，このように「ある量を最小(または最大)にするように現象が生じる」という形で述べられる原理(変分原理, variational principles と呼ばれる)が物理学の基本法則では多く知られている．

ハミルトンの原理からは自動的に Euler–Lagrange の運動方程式を導くことができ，このように，「微分的な」(「局所的な」)原理(Euler–Lagrange の方程式)と「積分的な」(「大域的な」)原理を特定の座標系に依存することなしに結びつけることができるのも，「変分法」(calculus of variations)と呼ばれる数学的手法の強みのひとつである．

ポールロワイヤルの文法 Port-Royal は17世紀に学問所として栄えたフランスの修道院である．1660年に出版されたその文法書 "Grammaire générale et raisonnée" では，言語の構造が人間の理性を反映しているという合理論の立場をとり，言語の表面的な多様性にもかかわらずその根底には一般的な理性に支配された普遍的な原理があることを示そうとしている．Chomsky (1966) によると，生成文法の普遍性の探究はこのようなデカルト的伝統と相通じるものがある．

有限状態文法 内部に有限の状態を持つ装置で，それらの状態を一つ通過するごとに単語を一つ加えていって，文を生成する．例えば，(i)では，初めの状態 ST_1 から終わりの状態 ST_5 まで順次進んで，The man comes. と The men come. の二つの文を生成する．また，(ii)のように閉じたループを作ることにより，無限の文を生成することができる．

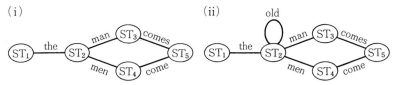

しかし，このような有限状態文法では，次のような依存関係(men–are, if–then, しか–ない)を含む文を生成することはできない．

 (iii) a. The men [$_{S_1}$ who said that …] **are** leaving.
    b. **If** [$_{S_1}$ John said that …] , **then** [$_{S_2}$ that is a lie].
    c. 漫画の本しか　[$_{S_1}$ … である] 学生は　読まない．

これらの文の途中にある S_1 の内部は無限に展開する可能性があり，それぞれ無限の文を含んでいるので，閉じたループを加えることによってそれらの文を生成することは不可能である．

類推 未知の事柄のある性質が他の既知の事柄の対応する性質と類似性をもつとき，既知の事柄で成り立つ関係を未知の事柄に関する仮説として導入し，それが本当に成り立つことを検証によって確かめて学習する方法である(長尾真他(編)：『情報処理辞典』岩波書店)．また上記の類似性の条件を満たすときに，比例式 $a:b=c:x$ に基づいて x の値を求めること．

読書案内

学習の手引き

[1]　Chomsky, N(1994): *Language and Thought*. Moyer Bell.
　　Chomskyの言語に対する研究態度が非常に明快に書かれている．
[2]　大石正幸(訳)(1999):『言語と思考』松拍社．
　　[1]の翻訳であるが，特に巻末に収録された黒田成幸(1999)の論文「文法理論と哲学的自然主義」が，科学としての生成文法の営みを理解するのに大変役に立つ．言語学者，非言語学者(哲学，工学，心理学など)を問わず，言語の研究に興味がある人にはぜひ目を通していただきたい論考である．

第1章

[1]　今井邦彦(編)(1986):『チョムスキー小事典』大修館書店．
　　生成文法の方法論や理論の現状などが分かりやすく解説されている．本文では取り上げなかった機能文法や一般化句構造文法などへの簡単な案内も含まれている．
[2]　太田朗・梶田優(1974):『文法論II』大修館書店．
　　構造言語学と生成文法の枠組みや成果について詳しく述べられている．様々な文法モデルについての解説，具体的な分析や問題点の指摘も随所に含まれている．
[3]　中村捷他(1989):『生成文法の基礎』研究社．
　　生成文法の基本的な課題や具体的な分析の内容についての分かりやすい解説書である．英語の各種構文に対する生成文法の扱い方についても参考になる．
[4]　梶田優(1977–1981):生成文法の思考法(1)–(48)．英語青年 **123**(5)–**127**(4)，研究社．
　　生成文法の方法論に関する本格的な著述．理論提示の様式，基本的仮説について詳述されている．本文でも参照した評価の尺度などは，1970年代の状況がよく分かる．
[5]　Chomsky, N.(1975): *Reflections on Language*. Pantheon Books. 井上和子・神尾昭雄・西山佑司(共訳)，『言語論』大修館書店，1979．
　　言語の哲学的省察と言語獲得に関する基本的な問題を論じ，生成文法に対する誤解の解消につとめている．他の立場からの批判に対する反論も説得力がある．
[6]　大津由起雄(編)(1987):『ことばからみた心——生成文法と認知科学』認知科学選書 13，東京大学出版会．
　　生成文法の目標や内容についての分かりやすい解説に続いて，照応表現の獲得などに

関する具体的な研究が含まれている．

[7] Pinker, S.(1994): *Language Instinct*. Harper Perennial. 椋田直子(訳)，『言語を生み出す本能』(上，下)，NHK ブックス，1995．
生成文法における言語研究がどのような興味深い問題を対象としているかについて，専門家以外の読者にむけて書かれている優れた解説書である．

第2章

[1] Chomsky, N. (1965): *Aspects of the Theory of Syntax*. MIT Press. 安井稔(訳)，『文法理論の諸相』研究社，1970．
生成理論の目的や方法論，歴史的位置づけ，文法理論の評価尺度などを示し，標準理論の枠組みを明らかにする．目標や方法論の部分は今日でも価値を失っていない．

[2] 今井邦彦(編)(1986)：『チョムスキー小辞典』大修館書店．
Chomsky 理論の全容を辞典と読み物風にまとめたもの．言語学だけではなく，Chomsky と政治の関わり，生成理論の関連領域に及ぼした影響など多方面にわたる．年譜，業績一覧も付いている．

[3] 太田朗・梶田優(1974)：『文法論 II』英語学大系 4，大修館書店．
生成理論の基礎や概念を精密に解説．1970 年代前半までに得られた成果や課題が著者独自の視点から集約されている．

[4] 今井邦彦(編)(1985)：『英語変形文法』英語学コース 3，大修館書店．
第 1 次認知革命の枠組みで，生成理論の統語論，意味論，音韻論を具体的に，平明に解説．

[5] 中島平三(1995)：『ファンダメンタル英語学』ひつじ書房．
生成理論の初歩を英語の分析を通してやさしく解説．コンパクトなので手軽に読める．

第3章

[1] 今井邦彦(編)(1986)：『チョムスキー小事典』大修館書店．
事典と銘打っているが，実際は解説書形式で，統率・束縛理論の全体像とそこに至る過程が分かりやすく記述されている．

[2] 今井邦彦(編)(1989)：『一歩進んだ英文法』
Chomsky(1986b)の段形での統率・束縛理論の解説書で，英語の具体的な事象に当てはめた解説が行われている．

[3] Chomsky (1988): *Language and Problems of Knowledge: The Managua Lectures*. MIT Press. 田窪行則・郡司隆男(訳)，『言語と知識――マナグア広義録(言語学編)』産業図書，1989．

原理と媒介変数によるアプローチを分かりやすく解説した好書．翻訳で読めるのも初学者には便利である．
[4]　中村捷・金子義明・菊池朗 (1989)：『生成文法の基礎』研究社．
統率・束縛理論の分かりやすい解説書である．

第 4 章

生成文法理論において現在構築中の枠組みを論じるという本章の性格からして，「初学者向け」の文献を紹介することは不可能である．極小モデルをその基本的考え方も含めてある程度まとまった形で解説した日本語の文献は，筆者の知る限り存在しないし，英語で書かれた解説の類はいくつかあるが，どれも一長一短で (しかも，もとになっている理論的仮定が微妙に異なっていたりして) 双手を挙げて推薦できるものは残念ながら現時点では存在しない．

理論言語学のように，新たな「科学」を構築しようとしている発展途上の分野の研究者は，対象としている現象 (この場合は言語) に関して，専門家としての「直観」に基づいて (この場合の「直観」は科学者としての直観であり，いわゆる「常識的理解」とは往々にして異なっていることに注意したい) かなり込み入った議論ができるという技術的修練と，分野全体を広く諸科学の中に位置付け，どういう方向で分野が進んでいけばよいのかを見通す理論的洞察力との両方を兼ねそなえていなければならない．この点でも抜群の力量を示すのはやはり N. Chomsky で，現段階での生成文法の研究成果を理解するのに一番確かな方法は，次の二つの文献を熟読することであろう．

[1]　Chomsky, N. (1995)：Language and nature. *Mind*, **104**, 1–61.
[2]　Chomsky, N. (1995)：*The Minimalist Program*. MIT Press.

[1]は「自然現象としての言語」という考えを徹底的に，かつ精緻に展開した論文であり，言語学の科学としてのあり方，他の自然諸科学との関係などに関して多くの示唆に富む．[2]は 1980 年代後半から 1990 年代中頃までの Chomsky の専門的論文を集めたもので，とても初学者向けとは言えないが，ある程度の生成文法のバックグラウンドがある読者が労をいとわず精読すれば，どのようにして極小モデルの基本を成す考え方が生じ，どういう経緯をたどって現在のような形を成すに至ったかが，技術的細部も含めて必ず理解できるであろう．

言語学および科学一般における極小主義の本質，さらに生成文法という知的企ての起源，展開，将来への展望等を Chomsky が詳細に語ったインタヴューとして以下のものがある．

[3]　Chomsky, N. (2004)：*The Generative Enterprise Revisited: Discussions with Riny Huybregts, Henk van Riemsdijk, Naoki Fukui and Mihoko Zushi*. Mouton de

Gruyter. 福井直樹・辻子美保子(訳),『生成文法の企て』岩波書店, 2003.

次の文献も生成文法の本質を理解する上で参考になる.
[4]　Chomsky, N. (2002) : *On Nature and Language*. Cambridge University Press.

参考文献

学習の手引き

Chomsky, N. (1994): *Language and Thought.* Moyer Bell.

第1章

Bloomfield, L. (1928) : A set of postulates for the science of language. *Language*, **2**, 153-164. Reprinted by Joos, M. (ed.), *Reading in Linguistics*, 1957, pp. 26-31, American Council of Learned Sciences.

Chomsky, N. (1955-56): Logical structure of linguistic theory. ms. (*Logical Structure of Linguistic Theory*, 1975, Plenum).

Chomsky, N. (1957): *Syntactic Structures.* Mouton. 勇康雄(訳),『文法の構造』研究社, 1975.

Chomsky, N. (1962): Explanatory models in linguistics. Nagel, E., Suppes, P. & Tarski, A. (eds.), *Logic, Methodology and Philosophy of Science*, pp. 528-550, Stanford University Press.

Chomsky, N. (1964): *Current Issues in Linguistic Theory.* Mouton. 橋本萬太郎・原田信一(訳),『現代言語学の基礎』大修館書店.

Chomsky, N. (1965): *Aspects of the Theory of Syntax.* MIT Press. 安井稔他(訳),『文法理論の諸相』研究社, 1970.

Chomsky, N. (1966): *Cartesian Linguistics.* Harper & Row. 川本茂雄(訳),『デカルト派言語学』みすず書房, 1970.

Chomsky, N. (1973): Conditions on transformations. Anderson, S. R. & Kiparsky, P. (eds.), *A Festschrift for Morris Halle*, pp. 232-286, Holt, Rinehart and Winston.

Chomsky, N. (1975): *Reflections on Language.* Pantheon Books. 井上和子・神尾昭雄・西山佑司(訳),『言語論』大修館書店, 1979.

Chomsky, N. (1980): On binding. *Linguistic Inquiry*, **11**, 1-46.

Chomsky, N. (1981): *Lectures on Government and Binding.* Foris Publications.

Chomsky, N. (1986): *Knowledge of Language: Its Nature, Origin and Use.* Praeger.

Chomsky, N. (1993): A minimalist program for linguistic theory. Hale, K. & Keyser, S. J. (eds.), *The View from Building 20: Essays in Linguistics in Honor of Sylvain Bromberger*, pp. 1-52, MIT Press.

Chomsky, N. (1995): *The Minimalist Program.* MIT Press.

Chomsky, N. & Halle, M. (1968): *The Sound Pattern of English.* Harper and Low.

Crain, S. & Nakayama, M. (1986): The structure dependence in grammar formation. *Language*, **62**, 522–543.

Garrett, M. F. (1975): The analysis of sentence production, Bower, G. (ed.) *Psychology of Learning and Motivation*, Vol. 9, pp. 137–177, Academic Press.

Garrett, M. F. (1991): Sentence processing. Osherson, D. & Lasnik, H. (eds.), *Language: An Invitation to Cognitive Science*, Vol. 1, MIT Press.

Halle, M. (1964a): On the basis of phonology. Foder, J. A. & Katz, J. J. (eds.), *The Structure of Language: Readings in the Philosophy of Language,* pp. 324–333, Prentice-Hall.

Halle, M. (1964b): Phonology in Generative Grammar. Foder, J. A. & Katz, J. J. (eds.), *The Structure of Language: Readings in the Philosophy of Language*, pp. 334–352, Prentice-Hall.

Hockett, C. F. (1958): *A Course in Modern Linguistics.* Macmillan.

今井邦彦（編）(1986)：『チョムスキー小事典』大修館書店．

Jackendoff, R. (1969): Some Rules of Semantic Interpretation for English. Doctoral dissertation, MIT.

Jackendoff, R. (1972): *Semantic Interpretation in Generative Grammar.* MIT Press.

Jackendoff, R. (1997): *The Architecture of the Language Faculty.* MIT Press.

Jespersen, O. (1924): *The Philosophy of Grammar.* Allen & Unwin.

梶田優(1977–1981)：生成文法の思考法(1)–(48)．英語青年，**123**(5)–**127**(4)，研究社．

Kajita, M. (1977): Towards a dynamic model of syntax. *Studies in English Linguistics*, **5**, 44–76.

Kajita, M. (1997): Some foundational postulates for the dynamic theories of language. *Studies in English Linguistics: A Festschrift for Akira Ota*, pp. 378–393, Taishukan Publishing.

筧寿雄・今井邦彦(1971)：『音韻論II』英語学大系2，pp. 105–453，大修館書店．

Kiparsky, P. (1971): Historical linguistics. Dingwall, W. O. (ed.), *A Survey of Linguistic Science*, pp. 576–649, University of Maryland.

Kiparsky, P. (1972): Explanation in phonology. Peters, S. (ed.), *Goals of Linguistic Theory*, pp. 189–227, Prentice-Hall.

Kiparsky, P. (1974): On the evaluation measure. Bruck, A., Fox, R. A. & La Galy, M. W. (eds.), *Papers from the Parasession on Natural Phonology*, pp. 328–337, Chicago Linguistic Society.

Lightfoot, D. (1979): *Principles of Diachronic Syntax*. Cambridge University Press.
MacWhinney, B. (1995): *The CHILDES Project: Tools for Analyzing Talk*. Lawrence Erlbaum Associates.
MacWhinney, B. & Snow, C. (1985): The child language data exchange system. *Journal of Child Language*, **12**, 271-296.
Marcus, M. P. (1980): *A Theory of Syntactic Recognition for Natural Language*. MIT Press.
O'Grady, W & Dobrovolsky, M(1996): *Contemporary Linguistic Analysis: An Introduction* (3rd edition). Copp Clark.
太田朗(1986):チョムスキー理論の基本的立場と現状.『ソフィア』(上智大学), pp. 443-451(太田朗『私の遍歴』(1997)に再録, pp. 201-207, 大修館書店).
Pinker, S. (1989): *Learnability and Cognition*. MIT Press.
Pinker, S. (1994): *The Language Instinct*. Harper Perennial. 椋田直子(訳),『言語を生みだす本能』(上,下), NHKブックス, 1995.
Prichett, B. L. (1992): *Grammatical Competence and Parsing Performance*. The University of Chicago Press.
Ross, J. R. (1967): Constraints on Variables in Syntax. Doctoral dissertation, MIT.
柴谷方良・大津由起雄・津田葵(1989):心理言語学.『英語学の関連分野』英語学大系 6, pp. 183-361, 大修館書店.
外池滋生 (1983):誤用の心理言語学.月刊言語, **12**(3), 52-60.

第2章

Chomsky, N. (1955a): *Transformational Analysis*. Ph.D. Dissertation, University of Pennsylvania.
Chomsky, N. (1955b): *The Logical Structure of Linguistic Theory*. ms. MIT, Published as a monograph by Plenum Press, in 1975.
Chomsky, N. (1956): Three Models for the Description of Language. *IRE Transactions on Information Theory*. IT-2.3, 113-124.
Chomsky, N. (1957): *Syntactic Structures*. Mouton. 勇康雄(訳),『文法の構造』研究社, 1975.
Chomsky, N. (1958): Linguistics, Logic, Psychology, and Computers. Carr III, J. W. (ed.), *Computer Programming and Artificial Intelligence*, pp. 429-456. University of Michigan.
Chomsky, N. (1965): *Aspects of the Theory of Syntax*. MIT Press. 安井稔(訳),『文法

理論の諸相』研究社，1970.

Chomsky, N. (1970): Remarks on Nominalization. Jacobs, R. A. & Rosenbaum, P. S. (eds.), *Readings in English Transformational Grammar*, pp. 184–221. Ginn & Co..

Chomsky, N. (1975): *Reflections on Language*. Pantheon Books. 井上和子・神尾昭雄・西山佑司(訳),『言語論』大修館書店，1979.

Chomsky, N. (1977): *Essays on Form and Interpretation*. North-Holland.

Chomsky, N. (1981): *Lectures on Government and Binding*. Foris.

Chomsky, N. (1982): *Noam Chomsky on the Generative Enterprise: A Discussion with Riny Huybregts and Henk van Riemsdijk*. Foris.

Emonds, J. (1976): *A Transformational Approach to English Syntax: Root, Structure-Preserving, and Local Transformations*. Academic Press.

Gardner, H. (1985): *The Mind's New Science*. Basic Books. 佐伯胖・海保博之(訳),『認知革命』産業図書，1987.

Hankamer, J. & Sag, I. A. (1976): Deep and surface anaphora. *Linguistic Inquiry*, **7**, 179–191.

Haley, M. C. & Lunsford, R. F. (1994): *Noam Chomsky*. Twayne.

Harris, Z. (1951): *Methods in Structural Linguistics*. University of Chicago Press.

Hasegawa, K. (1968): The passive construction in English. *Language*, **44**, 230–243.

Jackendoff, R. S. (1977): $\overline{X}$ *Syntax: A Study of Phrase*. MIT Press.

Katz, J. & Fodar, J. (1963): The structure of a semantic theory. *Language*, **39**, 170–210.

Lees, R. (1957): Review of Noam Chomsky, *Syntactic Structures*. *Language*, **33**, 375–408.

Leiber, J. (1991): *An Invitation to Cognitive Science*. Blackwell. 今井邦彦(訳),『認知科学への招待』新曜社，1994.

Miller, G. A. (1956): The magical number seven, plus or minus two: Some limits on our capacity for processing information. *Psychological Review*, **63**, 81–97.

Nakajima, H. (1982): The V^4 system and bounding category. *Linguistic Analysis*, **9**, 341–378.

Newmeyer, F. (1986): *The Politics of Linguistics*. University of Chicago Press.

Newmeyer, F. (1996): *Generative Linguistics*. Routledge.

Rizzi, L. (1986): *Relativized Minimality*. MIT Press.

Ross, J. R. (1967): *Constraints on Variables in Syntax*. Ph.D. Dissertation, MIT, Published as *Infinite Syntax!* by Ablex, in 1986.

Wasow, T. (1972): *Anaphoric Relations in English.* Ph.D. Dissertation, MIT.
Zipf, G. K. (1949): *Human Behavior and Least Effort.* Addison-Wesley.

第3章

Abney, S. P. (1987): *The English Noun Phrase in Its Sentential Aspect.* Ph.D. dissertation, MIT.

Aoun, J. (1986): *Generalized Binding.* Foris.

Aoun J., Hornstein, N. & Sportiche, D. (1983): On the formal theory of government. *The Linguistic Review,* **2**, 211–236.

Chomsky, N. (1964): *Current Issues in Linguistic Theory.* Mouton.

Chomsky, N. (1965): *Aspects of the Theory of Syntax.* MIT Press. 安井稔(訳),『文法理論の諸相』研究社, 1970.

Chomsky, N. (1970): Remarks on nominalization. In Jacobs & Rosenbaum (eds.) *Readings in English Transformational Grammar.* pp. 184–221, Ginn and Company.

Chomsky, N. (1973): Conditions on transformations. In Anderson and Kiparsky (eds.) *Festschrift for Morris Halle,* pp. 232–286. Holt, Rinehart and Winston.

Chomsky, N. (1975): *Reflections on Language.* Pantheon Books. 井上和子・神尾昭雄・西山佑司(訳),『言語論』大修館書店, 1979.

Chomsky, N. (1976): Conditions on rules of grammar. *Linguistic Analysis,* **2**, 303–351.

Chomsky, N. (1977): On *wh*-movement. In Culicover, Wasow, and Akmajian (eds.), *Formal Syntax,* pp. 71–132. Academic Press.

Chomsky, N. (1981): *Lectures on Government and Binding.* Foris Publications. 安井稔・原口庄輔(訳),『統率・束縛理論』研究社, 1986.

Chomsky, N. (1986a): *Knowledge of Language: Its Nature, Origin, and Use.* Prager. 田窪行則・郡司隆男(訳),『言語と知識——マナグア講義録(言語学編)』産業図書, 1989.

Chomsky, N. (1986b): *Barriers.* MIT Press. 外池滋生・大石正幸(監訳),『障壁理論』研究社.

Chomsky, N. (1993): A minimalist program for linguistic theory. In Hale and Keyser (eds.) *The View from Building 20.* pp. 1–52. Cambridge, Mass: MIT Press.

Chomsky, N. (1995): *The Minimalist Program.* MIT Press.

Chomsky, N. & Lasnik, H. (1977): Filters and control. *Linguistic Inquiry,* **8**, 425–504.

Emonds, J. (1970): *Root and Structure-Preserving Transformations.* Ph.D. dissertation, MIT.

Huang, C.-T. J. (1982): *Logical Relations in Chinese and the Theory of Grammar.* Ph.D. dissertation, MIT.

Jacobs, R. & Rosenbaum, P. (1968): *English Transformational Grammar.* Blaisdell.

Jackendoff, R. (1977): *X' Syntax: A Study of Phrase Structure.* MIT Press.

Kayne, R. (1981): ECP extentions. *Linguistic Inquiry,* **12**, 93–133.

Kayne, R. (1984): *Connectedness and Binary Branching.* Foris Publications.

Kayne, R. (1994): *The Antisymmetry in Syntax.* MIT Press.

Kitagawa, Y. (1986): *Subjects in Japanese and English.* Ph.D. dissertation, University of Massachusetts.

Koopman, H. & Sportiche, D. (1991): The position of subjects. *Lingua,* **85**, 211–258.

Kuroda, S.-Y. (1979): On Japanese passives. In Bedell et al. (eds.) *Explorations in Linguistics,* pp. 305–347. Kenkyusha.

Kuroda, S.-Y. (1988): Whether we agree or not: a comparative syntax of English and Japanese. In Poser (ed.), *Papers form the Second International Workshop on Japanese Syntax,* pp. 103–143. Center for the Study of Language and Information.

Lasnik, H. & Saito, M. (1984): On the nature of proper government. *Linguistic Inquiry,* **15**, 235–289.

Lasnik, H. & Saito, M. (1992): *Move α: Conditions on Its Application and Output.* MIT Press.

May, R. (1977): *The Grammar of Quantification.* Ph.D. dissertation, MIT Press.

May, R. (1985): *Logical Form: Its Structure and Derivation.* MIT Press.

Nishigauchi, T. (1990): *Quantification in the Theory of Grammar.* Kluwer Academic Press.

Perlmutter, D. M. (1968): *Deep and Surface Structure Constraints in Syntax.* Ph.D. dissertation, MIT.

Pesetsky, D. (1982): *Paths and Categories.* Ph.D. dissertation, MIT.

Pollock, J.-Y. (1989): Verb movement, Universal Grammar, and the structure of IP. *Linguistic Inquiry,* **20**, 265–424.

Rizzi, L. (1982): *Issues in Italian Syntax.* Foris.

Rizzi, L. (1986): Null objects in Italian and the theory of *pro. Linguistic Inquiry,* **17**, 501–557.

Rizzi, L. (1990): *Relativized Minimality.* MIT Press.

Ross. J. R. (1967): *Constraints on Variables in Syntax.* Ph.D. dissertation, MIT.

Saito, M. (1989): Scrambling as semantically vacuous A' movement. In Baltin &

Kroch (eds.) *Alternative Conceptions of Phrase Structure.* pp. 182–200. University of Chicago Press.

Stowell, T. (1981): *Origin of Phrase Structure.* Ph.D. dissertation, MIT.

Takezawa, K. (1987): *A Configurational Approach to Case Marking in Japanese.* Ph.D. dissertation, University of Washington.

Tonoike, S. (1991): Comparative syntax of English and Japanese. In Nakajima, H. (ed.), *Current English Linguistics in Japan*, pp. 455–506. Mouton de Gruyter.

Tonoike, S. (1992): Operator movements in Japanese. *Meiji Gakuin Review*, **84**, 79–142.

外池滋生(1994): 日本語は OVS 言語である. 月刊言語, **23**(3), 59–67.

Tonoike, S. (1995): Japanese as an OVS language. In Haraguchi, S. & Funaki, M. (eds.), *Minimalism and Linguistic Theory*, pp. 105–133. Hituzi Shobo.

Tonoike, S. (1997): On scrambling——Scrambling as a base-generated scopal construction. In Tonoike, S. (ed.), *Scrambling*, pp. 125–159. Kurosio Publishers.

Travis, L. (1984): *Parameters and Effects of Word Order Variation.* Ph.D. dissertation, MIT.

Watanabe, A. (1992): Subjacency and S-structure movement of *wh*-in-situ. *Journal of East Asian Linguistics*, **1**, 255–291.

第4章

Abney, S. (1987): *The English Noun Phrase in its Sentential Aspect.* Ph.D. dissertation, MIT.

Chomsky, N. (1951): *The Morphophonemics of Modern Hebrew.* Master's thesis, University of Pennsylvania. Garland (1979).

Chomsky, N. (1955): *The Logical Structure of Linguistic Theory.* Ms., Harvard University and MIT. Plenum (1975).

Chomsky, N. (1965): *Aspects of the Theory of Syntax.* MIT Press.

Chomsky, N. (1980): *Rules and Representations.* Columbia University Press.

Chomsky, N. (1988): *Language and Problems of Knowledge.* MIT Press.

Chomsky, N. (1993): A minimalist program for linguistic theory. In Hale, K. & Keyser, S. J. (eds.), *The View from Building 20*, pp. 1–52, MIT Press.

Chomsky, N. (1995a): Language and nature. *Mind*, **104**, 1–61.

Chomsky, N. (1995b): *The Minimalist Program.* MIT Press.

Chomsky, N. & Halle, M. (1968): *The Sound Pattern of English.* Harper & Row.

Collins, C. (1997) : *Local Economy.* MIT Press.
Elman, J. L., Bates, E., Johnson, M., Karmiloff-Smith, A., Parisi, D. & Plunkett, K. (1996) : *Rethinking Innateness.* MIT Press.
Fukui, N. (1986) : *A Theory of Category Projection and its Applications.* Ph. D. dissertation, MIT. [Revised version published as *Theory of Projection in Syntax.* CSLI Publications, 1995; distributed by Cambridge University Press.]
Fukui, N. (1988) : Deriving the differences between English and Japanese: A case study in parametric syntax. *English Linguistics*, **5**, 239–270.
Fukui, N. (1995) : The principles-and-parameters approach: A comparative syntax of English and Japanese. In Shibatani, M. & Bynon, T. (eds.), *Approaches to Language Typology*, pp. 327–372, Oxford University Press.
Fukui, N. (1996) : On the nature of economy in language. *Cognitive Studies* [認知科学], **3**(1), 51–71.
福井直樹(準備中):『変換生成文法』.
Fukui, N. & Saito, M. (1996) : Order in phrase structure and movement. Ms., University of California, Irvine and Nanzan University. [To appear in *Linguistic Inquiry*, **29**(3)]
Gleitman, L. & Landau, B. (eds.) (1994) : *The Acquisition of the Lexicon.* MIT Press.
Hempel, C. (1966) : *Philosophy of Natural Science.* Prentice-Hall.
Huang, C.-T. J. (1982) : *Logical Relations in Chinese and the Theory of Grammar.* Ph. D. dissertation, MIT.
Jacob, F. (1973) : *The Logic of Life.* Pantheon.
Jantsch, E. & Waddington, C. H. (1975) : *Evolution and Consciousness.* Addison-Wesley.
Kayne, R. (1994) : *The Antisymmetry of Syntax.* MIT Press.
Kimura, M. (1983) : *The Neutral Theory of Molecular Evolution.* Cambridge University Press.
Levin, B. (1993) : *English Verb Classes and Alternations.* University of Chicago Press.
Manzini, R. & Wexler, K. (1987) : Parameters, binding theory, and learnability. *Linguistic Inquiry*, **18**, 413–444.
Miller, G. & Chomsky, N. (1963) : Finitary models of language users. In Luce, R. D., Bush, R. & Galanter, E. (eds.), *Handbook of Mathematical Psychology* II, pp. 419–492, Wiley.
Pustejovsky, J. (1996) : *The Generative Lexicon.* MIT Press.

澤口俊之(1996)：『脳と心の進化論』日本評論社．
立花隆・利根川進(1990)：『精神と物質』文藝春秋．
高木貞治(1970)：『近世数学史談』(第三版)，共立出版．
Yamada, J.(1990): *Laura*. MIT Press.

索　引

A の上の A の原理　　100
A 連鎖　　150
A′ 連鎖　　150
α 移動　　87, 152
c 統御　　132
Chomsky 革命　　3, 56
Chomsky の獲得モデル　　11
D 構造　　xvi, 18, 40, 113
E–言語　　23
ECM 構文　　118
γ 標識　　148
GB 理論　　40
I–言語　　23, 169
Jespersen, O.　　23
Kiparsky, P.　　29
L 標示　　108
m 統御　　117
$\mathcal{NP}$　　211
NP 移動　　80, 114
NP 痕跡　　132
$\mathcal{P}$　　211
φ 素性　　182
pro　　132
PRO　　125, 132, 139, 142
PRO 定理　　141
Pro–drop 媒介変数　　155
Quine, W.　　23
Russell, B　　10
S 構造　　xvi, 18, 40, 112, 113
that 痕跡効果　　143
θ 基準　　122
θ 統率　　145

θ 役割　　120
θ 理論　　121
UG　　→ 普遍文法
WH 移動　　31, 82, 99
WH 痕跡　　132
WH 島条件(制約)　　106, 109, 201
X バー理論　　xiv, 29, 41, 93, 126, 156, 157
X^0 統率　　150
X^0 連鎖　　150

ア　行

アイコン　　212
安定状態　　xi, 169
依存関係　　33, 60, 64
一次投射　　126
一様性条件　　197
一致要素　　117
一般化束縛理論　　151
移動　　72, 137, 193
意味素性　　183
意味特性　　17
意味部門　　18
インデクス　　212
移し替えの技法　　189
運用システム　　6, 165, 166
枝分かれ節点　　132
演算子　　18
音韻規則　　18, 28
音韻素性　　183
音韻特性　　17
音韻部門　　18, 194

音声化　　194, 198
音声形式　　113, 165, 167
　——において収束　　198
音素　　27

カ 行

回帰性　　59
解析器　　211
外置　　72
改訂拡大標準理論　　38, 112
概念・意図システム　　165, 167
下位範疇化　　122
かき混ぜ規則　　38, 115
格　　174
画一性の条件　　123
格吸収　　119
拡大標準理論　　37, 112
確定主義的方法　　211
格の統率の下での付与　　117
格フィルター　　119
核文法　　32
可視性の条件　　122
過剰生成　　152
下接の条件　　90, 103
数え挙げ　　187
関係節化　　72
関係節の外置　　104
簡潔性　　xv, 27, 169, 197
完全解釈の原理　　198
完全機能複合　　137
木構造　　192
記述的妥当性　　25, 56, 70, 169
　——と説明的妥当性の緊張関係
　　　170
基底構造　　18, 65
基底部門　　35
起点　　121

機能範疇　　183
機能範疇パラメータ化仮説　　186
疑問演算子　　19
境界範疇　　90
境界理論　　111
強素性　　206
極小モデル　　xv, xvi, 42, 162, 163
局所性　　81
局所性条件　　205
局所的な情報　　204
句　　127
空範疇　　131
空範疇原理　　145, 148, 175
句構造規則　　17, 35, 61
屈折要素　　108
繰り上げ構文　　105, 119
繰り上げ変形　　105
経験主　　121
経済性　　78
経済性原理　　196, 197
計算システム　　181
計算部門　　187, 195
計算量理論　　211
形式素性　　187, 199
継承障壁　　109
計数列　　187
経路　　151
経路包含条件　　151
経路理論　　151
決定詞　　123
決定詞句　　123
牽引　　199, 200
原因　　121
言語　　21
言語運用　　34, 55
言語獲得　　8
言語獲得機構　　6, 26

索　引　231

言語間変異　　172
言語機能　　ix, 3, 164, 166, 179
言語産出　　7
言語知識　　4
言語能力　　34, 55
言語理解　　6
顕在部門　　195
厳密下位範疇化　　122
原理とパラメータ（媒介変数）のアプローチ　　xv, 32, 40, 154, 171
語彙項目　　181, 187
語彙パラメータ化仮説　　185
語彙範疇　　183
項　　111, 120
項位置　　135
項移動　　114
項構造　　121
構造依存性　　xiv, 76
構造格　　123
構造記述　　36, 67
構造主義言語学　　16, 22, 51
構造の二重性　　211
構造変化　　36, 67
構造保持仮説　　78, 127
後置詞　　58
後置詞句　　59
肯定証拠　　11
行動主義心理学　　xi, 51
コスト　　204
個別文法　　6, 20
固有障壁　　109
痕跡　　19, 38, 78, 109, 200
痕跡理論　　109

サ　行

再帰代名詞　　131
最後の手段の原理　　201

最小主部　　191
最小性　　201
　　――の条件　　145, 149
最小投射　　190, 191
最小領域　　197
最大投射　　108, 118, 126, 190, 191
最適性　　179
最適性理論　　196
削除　　72, 199
恣意性　　182, 212
恣意的指示のPRO　　141
刺激の貧困　　10
指示表現　　131
辞書　　35, 181
辞書部門　　17
時制文　　80, 105
時制文条件　　81, 105, 138, 173
自然言語　　16
自然類　　28
実詞　　183
実範疇　　131
指定主語　　81, 104
指定主語条件　　81, 104, 137, 173
指定部　　92, 126, 191
指定部先頭　　156
指定部末尾　　156
島　　82
　　――の制約　　31, 82, 101
斜格　　109, 114
習慣形成　　212
収束　　198
主格　　114, 125
　　――の島の条件　　174
主語　　125
主語条件　　106
主語・助動詞倒置規則　　12
主題　　121

受動化変形　　36
受動構文　　106, 114, 119
主要範疇　　130
主要部（主部）　　42, 92, 126, 190
主要部移動制約　　144
主要部終端型　　42
主要部先頭　　156
主要部先導型　　42
主要部（主部）パラメータ　　41, 206
主要部末尾　　156
循環節点　　103
瞬時獲得モデル　　44
順序関係　　206
上位範疇優先の原理　　100
照応形　　131
照応性　　140
照応表現　　79
上昇移動　　79
冗長性　　172
焦点　　37
小プロ　　132
障壁　　107, 108, 118
障壁理論　　205
初期理論　　33
深層構造　　35, 65
シンボル　　212
随意移動　　207
数機能　　177
数量詞繰り上げ　　114
制御PRO　　140
制御理論　　142
生成　　5, 55
生成文法　　4, 212
制約　　188
接辞移動変形　　36
説明的妥当性　　25, 56, 70, 85, 169
選言問題　　111, 149

先行詞統率　　145
潜在部門　　195
線条性対応公理　　206
選択　　189
選択制限　　60, 65
選択素性　　183
相互代名詞　　132
創造性　　57
相対化最小性　　201
相対的最小性　　150
相補分布　　131
属格　　114, 123
束縛　　133
束縛原理　　134
束縛条件　　134
束縛変項　　18
束縛理論　　175
阻止範疇　　108
素出力条件　　xvi, 168, 179
素性　　182
素性照合　　199

タ 行

大域的な情報　　204
第1次認知革命　　50
対格　　114, 125
第2次認知革命　　50, 98
大プロ　　132
代名詞　　131
代名詞性　　140
置換　　72
着点　　121
仲介レベル　　165, 167
中間段階　　188
調音・知覚システム　　165, 167
長距離依存性　　33
超繰り上げ構文　　201

直接否定証拠　xiii
チンパンジー　164
定常状態　xi
摘出領域条件　107
適正主要部統率　151
適正統率　145
転移性　212
典型的潜在統率子　150, 151
等位構造制約　102
等位接続詞　102
同一指標　133
統語的構成物　189, 190
統語特性　17
統語論自律の措定　77
動作主　121
動詞句　110
動詞句内主語仮説　156
投射　126, 190
投射原理　153
統率　114, 118
統率子　136
統率・束縛理論　xiii, 113, 117
統率範疇　136
統率理論　175
透明性　30
　——の原理　30

ナ 行

内在格　123
内心性　127
日本語　157
　——における格　125
　——の WH 移動　115
人称代名詞　131
認知革命　52
認知言語学　78
認知システム　165, 166

ハ 行

媒介変数　→ パラメータ
破砕　198
派生　188
　——の経済性　200
派生構造　65
派生的過程　188
ハミルトンの原理　213
パラメータ　154
パラメータ付き原理　32, 41
反証可能性　44
範疇素性　130, 183
範疇部門　17, 35
比較言語学　172
比較統語論　172
ヒクソン・シンポジウム　52
非項位置　135
非項移動　114
左枝条件　102
否定証拠　11
被動作主　121
評価尺度　27, 169
表示の経済性　198
表示のレベル　165
標準理論　34, 112
表層構造　18, 35, 65
付加　72
付加構造　110
付加部　107, 129
付加部条件　107
複合名詞句　31, 82
複合名詞句制約　83, 101
袋小路文　7
不適切移動　147
不透明性　30
不透明性条件　173

普遍文法　　x, 6, 16, 85, 169
プラトンの問題　　10, 169
ブール条件　　73
文主語　　83
文主語制約　　83, 101
分節　　110
文法　　5, 25
文法組織　　19, 34
文法範疇　　62
文脈自由　　62
文脈自由性　　59
分裂文　　130
併合　　189, 192
変換　　193
変換規則　　→　変形規則
変形　　53
変形規則　　xii, 18, 36, 65, 71, 85
変形部門　　35
変形文法　　212
弁別素性　　27
包括性条件　　197
補部　　92, 127, 191
補文標識　　89, 103
ポールロワイヤルの文法　　213

マ行

ミニマリストプログラム　　xv
命題島の条件　　105
モジュール　　41, 77
モジュール構造　　152

ヤ行

有限状態文法　　65, 213
与格　　125

ラ行

ラベル　　191
ラング　　22
了解ずみの主語　　120
理論　　25
隣接性の条件　　120
類推　　214
例外的格付与構文　　118
レキシコン　　66
連鎖　　109
論理形式　　18, 113, 165, 167
　　——において収束　　198

■岩波オンデマンドブックス■

言語の科学 6
生成文法

2004 年 9 月 3 日　第 1 刷発行
2019 年 6 月11日　オンデマンド版発行

著　者　田窪行則　稲田俊明　中島平三
　　　　外池滋生　福井直樹

発行者　岡本　厚

発行所　株式会社　岩波書店
　　　　〒101-8002　東京都千代田区一ツ橋 2-5-5
　　　　電話案内　03-5210-4000
　　　　https://www.iwanami.co.jp/

印刷／製本・法令印刷

© Yukinori Takubo, Toshiaki Inada, Heizo Nakajima,
Shigeo Tonoike, Naoki Fukui 2019
ISBN 978-4-00-730898-7　　Printed in Japan

ISBN978-4-00-730898-7

C3380 ¥6200E

定価(本体 6200 円+税)

景語説講話の第一回

水墨讃語

佐藤紀太郎 著

史游 オランダインドブックス